兴义民族师范学院2018年度博士科研基金项目（18 XYBS16）

兴义民族师范学院硕士学位授予立项建设重点支持学科建设项目
（050104中国古典文献学）

中国汉前
四灵文化研究

许继莹　著

浙江大学出版社
ZHEJIANG UNIVERSITY PRESS
·杭州·

图书在版编目(CIP)数据

中国汉前四灵文化研究 / 许继莹著 . —杭州:浙
江大学出版社,2023.7
ISBN 978-7-308-21569-5

Ⅰ.①中… Ⅱ.①许… Ⅲ.①中华文化－研究－古代
Ⅳ.①K231.07②K232.07

中国版本图书馆 CIP 数据核字(2021)第 138370 号

中国汉前四灵文化研究

许继莹 著

责任编辑	王荣鑫	吕倩岚
责任校对	吴 超	
封面设计	项梦怡	
出版发行	浙江大学出版社	
	(杭州市天目山路 148 号 邮政编码 310007)	
	(网址:http://www.zjupress.com)	
排 版	浙江时代出版服务有限公司	
印 刷	广东虎彩云印刷有限公司绍兴分公司	
开 本	880mm×1230mm 1/32	
印 张	11.75	
字 数	310 千	
版印次	2023 年 7 月第 1 版 2023 年 7 月第 1 次印刷	
书 号	ISBN 978-7-308-21569-5	
定 价	78.00 元	

序

徐传武

　　许继莹同志是我 2011 级博士研究生, 2011 年至 2016 年间, 他在山东大学文史哲研究院攻读中国古典文献学专业文化史方向的博士研究生。在学习期间, 他不仅研读了大量的专业书籍, 发表了一些颇见功力的专业论文, 为工作打下了坚实的基础, 而且不畏难题, 选择古代四灵文化作为学位论文题目。经过四年的辛勤笔耕, 终于完成了二十余万字的论文写作。在论文匿名评审和毕业答辩会上, 分别得到了评审专家和答辩委员会的一致好评, 并获得了优异成绩。如今, 他撰写的这本《中国汉前四灵文化研究》, 即将由浙江大学出版社出版。这是他在博士毕业论文的基础上, 进行了大幅度修改和补充之后, 形成的一部颇有研究深度、颇有创新见解的学术成果。

　　一部四灵文化发展史, 贯穿在五千年中华文明发展的历史之中, 直到现在四灵文化仍然保持强大的生命力, 作为四灵文化个体的龙、凤、麒麟、龟, 依旧活跃在我们当下社会生活中。四灵文化源远流长, 在原始宗教和神话传说中, 在古代信仰和动物崇拜里, 四灵文化是一个重要内容。四灵文化的形成是一个极其

1

漫长而又复杂的过程,它同原始宗教和氏族部落信仰密切相关,同民族形成、融合和迁移密不可分。四灵文化是中华大地上各民族间文化交流碰撞的产物,是伴随着以中原为中心的民族走向统一的过程而逐渐形成的。四灵文化从单个个体到形成四灵整体的过程,也是中国各民族从松散的结合走向真正融合的过程,是各氏族部落或民族间文化交流孕育出来的一个重要结晶。我们可以看到,中华文化从一开始就表现出强大的向心力和凝聚力,具有极大的包容性和整合力,中华文明历经五千年而不衰,令世界感叹她独一无二的顽强生命力,窥一斑而知全豹,似乎可以从四灵文化中找出某些轨迹和线索。

随着现代社会的建立,"四灵"作为一个整体概念已经失去了使用的社会环境,逐渐消失在历史长河里,但组成"四灵"的个体在现实生活中继续被广泛应用,在现代建筑、雕塑、绘画、服饰、器物器皿、宗教和民间信仰中较为常见,与时俱进,推陈出新,增加了新元素,赋予了新内涵,呈现出与现代生活相适应的新形象。

这部学术论著有诸多的学术创新。诸如从历史发展角度厘清了"四灵"的概念及其影响。作者认为,自汉至明清时期,"四灵"的内容顺着主辅两条线索传承下来。一条是主线,在社会上层和民间广泛应用,这就是麟凤龟龙;另一条辅线主要在道教、神话传说和民间信仰中传承,这就是一般称作'四灵神君'的青龙、白虎、朱雀、玄武"。书中提出了"四灵"形成的"民族融合说"。在陈久金"图腾说"、倪润安"天象和兵家说"及萧兵"生命力说"的基础上,提出了"四灵"的形成是以中原为中心的某个部落或民族信仰通过民族认同,不断发展民族文化,整合上升为共同信仰的结果。这部学术论著开创性地阐释了《史记》中龙文化与皇权的关系。受大一统思想影响,司马迁在《史记》中创造性地把龙和皇帝联系在一起:秦始皇是第一位被比喻为龙的皇帝;在刘邦身上运用了龙脉系统,来证明大汉王朝是正统的、应天命而建的、不可替代的封建政权。司马迁将刘邦比喻成龙,是基于汉政权正当性和合法性的需要,《史记》在中国龙文化的发展演变中具有重要的思想、文化和文献价值。这部学术论著探讨了封建统治者用"凤"作为执政年号的原因。以汉宣帝为例,从天人感应的视角,探讨了帝王年号用凤的原因。帝王年号用凤的思想根源是"万物有以相连"理论产生的天人感应,而汉宣帝之所以用"凤"作为自己的执政年号,主要是从舆论上证明自己继承帝位的正当性,赢得民心,粉饰太平,同时让自己的心灵得到慰藉。这部学术论著还有其他一些独到的、言之成理和自圆其说的论述,值得我们重视。

许继莹同志认为,这部论著的付梓,只是一个阶段性的成果。他还想对四灵文化继续进行更为全面深入的研究。他打算补充汉代画像石、画像砖以及其他具体的考古实物图像资料,以作探讨和研究。他认为图像是当时人们观念的载体,通过图像更能直观体现"四灵"观念的演变,为进一步深入研究提供良好基础。许继莹同志认为,"四灵"形成是社会思想意识的一种表象,根源上是中国历史上以中原为中心融合周围蛮夷各部落民族的结果,是某个部落或民族信仰整合后上升为共同信仰的结果。他还想从民族融合的角度继续加深和拓广探讨"四灵"形成过程,从而对中国历史上以中原为中心融合周围蛮夷各部落民族的文化现象和过程有更深入的理解和剖析。许继莹同志还想以时间为轴,纵向比较"四灵"个体之间地位的此消彼长。他认为四灵之中,龟与龙的地位变化最大,龟的地位呈下降趋势,龙呈上升趋势,麒麟下降趋势较小,凤的变化最小,等等,从这诸多方面继续探讨这种思想观念变化背后的社会原因。"气有浩然,学无止境"是我们山东大学的校训。我们对好些问题的探讨、研究,也是永无止境的。

许继莹同志不但学习刻苦,钻研深入,学风纯正,而且品德优异,性格和善,对待师长非常礼貌周到,所有老师没有不说好的,对待同事、同学也是关心备至,同事、同学都乐于和他交心,成为朋友。现在好些师生关系紧张,同事之间矛盾重重,这是我们每个人都应该好好检讨的。许继莹同志离开山东,前往贵州,我心中着实有些恋恋不舍,隐隐地也怕他跑到这么远的一个新地方,"打生不如混熟",会有更多的不容易。结果,许继莹同志远赴贵州,工作、家庭安排,各个方面都做得很好。这一方面说明贵州当地的领导同事对他很好,另一方面也说明他各个方面都很优秀,包括待人处事等各个方面都是很招人喜欢的。我年老体弱,想起我的这些像许继莹这样的好学生,心中都是莫大的安慰。

这部书稿准备付梓,继莹同志嘱我为序。我看到学生们的业绩,心中十分地高兴和快乐。同时,更祝愿他一如既往,不懈努力,在将来的工作中,取得更加优异的成绩,希望他不断地拿出更多、更好、更新的佳作来!

2021 年 4 月 19 日

目　录

绪　论

第一节　"四灵"形成背景及过程

　　"四灵"的整体或个体经常出现在我国的古建筑、雕塑、壁画、服饰中,出现在我国的古代文化典籍和考古发现中,出现在我国的神话传说和道教、佛教中,出现在一些器物器皿中。对"四灵"的研究和解读,关系到对传统文化文本的研读和理解,随着中华民族的崛起和中外文化交流的加强,中国的传统文化在世界上也受到前所未有的重视。我们在继承和发掘我国古代优秀传统文化的过程中,在对外文化交往中,必然会遇到一些深层次的、涉及民族精神和民族心理的文化现象,需要及时做出解答。其中"四灵"文化是一个重要内容,"四灵"文化不仅涉及范围广,而且与我们民族心理、民族精神等深层次的文化现象解读和阐释密切相关。那么,"四灵"文化究竟是怎样的? 本书将围绕这一问题展开。

一、"四灵"概念的提出

（一）目前学术界"四灵"主要说法

一直以来，"四灵"概念的内涵众说纷纭，各人基于自己对文献的理解和认识，见仁见智。

如娄建红在他的硕士毕业论文《汉四神铜镜探微》中认为："四神"作为中国古代神话体系中的四方神灵，又称"四灵"、"四维"、"四象"、"四兽"、"四宫"等。他把"四灵"同"四神"、"四维"、"四象"、"四兽"、"四宫"等同，混为一谈。

王小盾的《中国早期思想与符号研究》一书——被娄建红认为是对四神研究最为系统全面和影响范围最大的专著——则认为"四灵"的主要身份是动物神和天文神：作为动物神，它是"四兽"；作为天文神，它是"四象"和"四星"。它既是古代动物崇拜和动物分类观念的产物，又是古代天体崇拜和黄道分区观念的产物，是一个同五行理论紧密相连的独立思想体系，一个以五行思想为基础的宇宙论体系，可以说是无所不容，无所不包。

《后汉书·冯衍传》注释里谈到四灵时说："天有二十八宿，成龙虎龟凤之形。在地为四灵，东方为青龙，西方为白虎，南方为朱雀，北方为龟蛇。"[①]

以上几种说法最有代表性，当然还有其他说法。那么，"四灵"究竟同"四神"、"四维"、"四象"、"四宫"、"四星"、"四兽"是怎样的关系？它包括哪些内容？怎样定义呢？

---

① 范晔《后汉书》，中华书局 1965 年版，第 999 页。

（二）"四灵"的提出

"四灵"一词最早出现在《礼记·礼运》中："何谓四灵？麟、凤、龟、龙，谓之四灵。故龙以为畜，故鱼鲔不淰；凤以为畜，故鸟不獝；麟以为畜，故兽不狘；龟以为畜，故人情不失。"①其大意：什么叫四灵？麟、凤、龟、龙，叫作四灵。因此以龙作为家畜，大大小小的鱼都不惊走；以凤作为家畜，鸟不惊飞；以麟作为家畜，野兽不惊走；以龟作为家畜，占卜人事就准确。这一段落之前的两段，也出现了"四灵"：

> 故圣人作则，必以天地为本，以阴阳为端，以四时为柄，以日、星为纪，月以为量，鬼神以为徒，五行以为质，礼义以为器，人情以为田，四灵以为畜。②

清人孙希旦在解释"四灵以为畜"时说："四灵以为畜者，四灵并至，圣人养之，若养六畜然也。"③其说甚是。清人朱彬解释为"四灵并至，圣人畜之，如养牛马然"④。

> 以天地为本，故物可举也。以阴阳为端，故情可睹也。以四时为柄，故事可劝也。以日、星为纪，故事可列也。月以为量，故功有艺也。鬼神以

---

① 杨天宇《礼记译注》，上海古籍出版社 1997 年版，第 380 页。
② 杨天宇《礼记译注》，上海古籍出版社 1997 年版，第 378 页。
③ 孙希旦《礼记集解》，中华书局 1989 年版，第 613 页。
④ 朱彬《礼记训纂》，中华书局 1996 年版，第 349 页。

为徒，故事有守也。五行以为质，故事可复也。礼
仪以为器，故事行有考也。人情以为田，故人以为
奥也。四灵以为畜，故饮食有由也。①

孙希旦在解释"四灵以为畜，故饮食有由也"时说："四灵为
群物之长，既为圣人所畜，则其属并随而至，得以充庖厨，故饮食
有由。"②

由上文可以看出，四灵在《礼记》中是作为家畜来看待的，不
过四灵在家畜中的地位最高：在鱼类里面，龙是最高首领；在鸟
类里面，凤是最高首领；在野兽里面，麒麟是最高首领；占卜时把
龟作为家畜，处理人事就会恰当合理，没有闪失。不仅如此，正
是因为把四灵作为家畜来看待，来分类，民众的饮食才有了来
源，不至于挨饿。民以食为天，不挨饿，吃得饱，是古往今来多少
民众的期盼，多少政治家为之奋斗的理想，把四灵作为家畜，这
种期盼就变为现实，理想就能够实现，可见四灵的重要。

（三）《礼记·礼运》写作年代与"四灵"出现时间

1.《礼记》成书年代和主要内容

我们探讨"四灵"出现的时间，就不得不讨论《礼记》的成书
时间。《礼记》四十九篇的成篇年代和编选成书过程，千百年来，
学术界有不同的看法，是较难解决的问题。《礼记》是一部论述
先秦礼制的论文集，作者并非一人，写作年代不一，由孔子弟子、
门人及后学者撰写而成。先秦时期，有的单篇流传，有的收录在

---

① 杨天宇《礼记译注》，上海古籍出版社 1997 年版，第 378—379 页。
② 孙希旦《礼记集解》，中华书局 1989 年版，第 614 页。

孔子弟子的著作中,或被编选在儒家弟子传授的不同"记"文中。全书记述了以周王朝为主的秦汉以前的典章、名物制度和自天子以下各等级的冠、昏、丧、祭、燕、享、朝、聘等礼仪及家庭、社会人际交往中的各种礼俗,反映了儒家学派的思想观念。[①]

最早提出《礼记》编纂者和编纂年代问题的学者是东汉的郑玄,嗣后,历代学者和文献,对这一问题均有不同的说法和记载。但多数学者认为《礼记》由戴圣编选而成。王锷先生在参考了各方观点后认为,《礼记》成书大约在西汉元帝时期至汉成帝初期,此后,才以一本专书的形式流传。

2.《礼运》成篇年代和主要内容

《礼运》的作者和成篇年代,历史上也有不同看法。王锷先生在综合了各家观点后认为,《礼运》是经多人多次记录整理而成,大概写成于战国初期,全篇都是孔子与子游讨论礼制的文字,主体部分大概是子游记录整理完成的。在成书之后流传过程中,大约在战国晚期掺入了阴阳五行家之言,又经后人整理而成为目前的样子。[②]

3.《礼运》篇中有关"四灵"文字段落和写成时间

我们目前所看到的《礼运》篇中有关"四灵"文字段落的内容,是孔子与子游讨论礼制。这是原本春秋时期就有的文字呢,还是战国以后掺入增加的呢?

我们知道,在前面的文字中,[③]"四灵"出现的背景是与"阴阳"、"五行"、"河图"、"洛书"等词语紧密联系在一起的。据此,

[①]　王锷《〈礼记〉成书考》,中华书局 2007 年版,第 2 页。
[②]　王锷《〈礼记〉成书考》,中华书局 2007 年版,第 241 页。
[③]　杨天宇《礼记译注》,上海古籍出版社 1997 年版,第 378—385 页,关于"四灵"的文字。

有人判断,①这些文字出现的时间大约在战国晚期。这种看法是否正确呢? 此类含有"四灵"的内容,是否在这个时间段其他文献中出现过? 我们看以下文字:

> 古者明王之求贤也,不避远近,不论贵贱,卑爵以下贤,轻身以先士……夫士不可妄致也:覆巢破卵,则凤皇不至焉;刳胎焚夭,则麒麟不往焉;竭泽漉鱼,则神龙不下焉。夫禽兽之愚而不可妄致也,而况于火食之民乎! 是故曰:待士不敬,举士不信,则善士不往焉;听言耳目不瞿,视听不深,则善言不往焉……夫求士不遵其道而能致士者,未之尝见也。然则先王之道可知已,务行之而已矣。②

这是出现在《尸子》里面的一段话,其中出现了"四灵"中的凤、麟、龙三灵,并且是把三灵当作禽兽之长来看待的。我们可以据此推断,完整"四灵"出现时间不会早于《尸子》,应该在时间上稍晚于《尸子》。尸子是战国时人,大约生活在公元前390年至前330年间。尸子曾在秦国生活过,参与过商鞅变法。后因商鞅惨遭车裂酷刑(公元前338年),尸子秘密逃亡蜀地,在蜀地终老一生。朱海雷据此推测,《尸子》一书写于此时。就是说,《尸子》成书时间在公元前338以后,公元前330年之前。

在《吕氏春秋》里面,已经有了较完整的麟凤龟龙,但是四灵

---

① 金景芳和任铭善等人的观点。
② 朱海雷《尸子译注》,上海古籍出版社 2006 年版,第 14—15 页。

的说法还没有出现：

> 二曰凡帝王者之将兴也，天必先见祥乎下民。黄帝之时，天先见大螾大蝼蛄蝼，黄帝曰："土气胜。"……夫覆巢毁卵则凤凰不至，刳兽食胎则麒麟不来，干泽涸渔则龟龙不往。物之从同，不可为记。子不遮乎亲，臣不遮乎君。君同则来，异则去。故君虽尊，以白为黑，臣不能听。父虽亲，以黑为白，子不能从。黄帝曰："芒芒昧昧，因天之威，与元同气。"故曰同气贤于同义，同义贤于同力，同力贤于同居，同居贤于同名。①

　　由此我们可以推出结论："四灵"观念的提出应该稍晚于《吕氏春秋》的成书时间，但不会相差多少，②可见，有"四灵"的部分文字应该出现在战国晚期。我认为这一推论比较恰当。那么，"四灵"是在怎样的历史条件下形成的？形成过程是怎样的？

二、四灵形成的时代知识背景

　　（一）时代背景——春秋战国时期的混乱无序和礼制松弛

　　春秋战国时期，由于周室衰微，"礼乐征伐自诸侯出"，诸侯

---

① 许维遹《吕氏春秋集释》，中华书局 2009 年版，第 284－288 页。
② 据《史记·吕不韦列传》记载，秦王政元年（公元前 246 年）吕不韦为秦相，到秦王政十年（公元前 237 年）出吕不韦到河南，《吕氏春秋》当写于此时期。

之间互相攻伐,使得中国历史进入了一个长期的混乱和无序的时代。

1. 春秋时期的混乱和无序

春秋近三百年的四百八十多次战争事件之中,较大的战争有晋楚城濮之战(公元前 632 年)、秦晋崤之战(公元前 630 年)、晋楚邲之战(公元前 597 年)、齐晋鞌之战(公元前 589 年)、晋秦麻隧之战(公元前 578 年)和鄢陵之战(公元前 575 年)等,这些战争引起了中华民族的大变革,也使东周社会发生了巨大的变化。战争,是春秋时代最为普遍的社会现象,也是当时社会发展变革的催化剂。《春秋繁露·灭国》上篇说,春秋"弑君三十六,亡国五十二"。

2. 战国时期的混乱和无序

战国时期,战争的规模、激烈程度、持续时间都远远超过春秋时期。例如春秋时期的城濮之战规模不小,从战争双方投入的兵力来看,不过数万人而已。① 战国时期的长平之战,仅赵军被秦坑杀者就有四十五万人之多,秦、赵两国投入兵力达百万之众,战争规模变得空前之大。

春秋时期,战争的持续时间是很短的。城濮之战一天解决战斗,鄢陵之战在当时可以说是比较复杂的战争了,也在两日之内结束了战斗。秦晋崤之战、楚宋泓之战、齐晋鞌之战等都是在很短的时间内结束的。而战国时期,长平之战耗时三年,可谓是旷日持久。

---

① 本部分采用了陕西师范大学 2012 届研究生杨德权的硕士毕业论文《西周春秋与战国战争规模比较》中第五章"西周春秋与战国军事战争比较研究"的内容。

3. 礼制的松弛导致社会无序动荡

虽然生产力的发展是决定社会变革的根本动力,但作为上层建筑之一的礼制的破坏也是导致社会无序动荡的原因。

同战国相比,春秋时期战争观受到礼乐制度的约束。突出表现在以下几点:

一是以礼为先、不尚杀戮。《左传》成公十六年记载的晋、楚鄢陵之战中,晋将郤至和韩厥都表现出对敌方国君的礼敬。战国时这种以礼为先、不尚杀戮的战争观念荡然无存,出现了"争地以战,杀人盈野,争城以战,杀人盈城"的现象。

二是穷寇勿迫、不赶尽杀绝。《左传》宣公十二年,就有晋、楚之间的两次"纵敌"行为,胜利者竟因为敌人临时献上一只麋鹿而放弃追杀,这其实和当时信奉的作战观念有关,只达到"服之而已"的目的。《谷梁传》隐公五年云:"伐不输时,战不逐奔,诛不填服"。《淮南子·泛论训》也有"古之伐国,不杀黄口,不获二毛"的记载。

战国时期,"攻伐无罪之国,入其国家边境……堕其城郭,以湮其沟地,攘杀其牲牷,燔溃其祖庙,劲杀其万民,覆其老弱……"战争的残酷和血腥,使得当时的社会变成人间地狱,礼制的约束已变得无足轻重,可有可无。社会需要秩序,人民需要安宁,天下统一是人心所向,大势所趋。人们迫切希望新秩序的建立,新的礼制再兴。四灵正是社会理想在自然界的投射和反映,寄托了当时人们渴望和平、安宁、有序的愿望和理想。

(二)知识背景——《子华子》、《考工记》中的脊椎动物分类

随着对自然界认识水平的提高,人们丰富了对动物的认知,

开始建立关于动物的知识体系。从春秋末期的《子华子》，到战国初期的《考工记》，可能是受当时兴起的"五行"思想影响，都把动物分成五类。

1. 春秋末期《子华子》的分类

> 子华子曰：周天之日为数三百有六十，闰月之时为数三百有六十，天地之大数不过乎此。五方之物，其为数亦如之。鳞虫三百有六十，震宫苍龙为之长；羽虫三百有六十，离宫朱鸟为之长；毛虫三百有六十，兑宫麒麟为之长；介虫三百有六十，坎宫伏龟为之长；裸虫三百有六十，盈宇宙之间，人为之长。一人之身，为骨凡三百有六十，精液之所朝夕也，气息之所吐吸也，心意知虑之所识也，手足之所运动而指股之所信屈也，皆与天地之大数，通体而为一，故曰天地之间人为贵。①

子华子，春秋末期晋国人，生活在庄子之前，与孔子同时代。他重视养生，其"六欲皆得其宜"、"动以养生"等观点，至今仍有重大的实用价值。

春秋末期人们把"五方之物"划为五类，鳞虫之中震宫苍龙为之长；羽虫离宫朱鸟为之长；毛虫兑宫麒麟为之长；介虫坎宫伏龟为之长；裸虫人为之长。

---

① 子华子《子华子》，岳麓书社 1993 年版，第 3003 页。

2. 战国初期《考工记》的分类①

第十八篇《梓人》，已经对脊椎动物有了分类，"天下之大兽五：脂者、膏者、赢者、羽者、鳞者。宗庙之事，脂者、膏者以为牲，赢者、羽者、鳞者以为笋虡"，②并对赢属、羽属、鳞属给出界定。

脂者，兽类的一部分。"戴角者脂，无角者膏。"③

膏者，肥也。段氏解释说："如无角者膏是也。"④

赢者，厚唇弇口，出目短耳，大胸燿后，大体短脰，若是者谓之赢属。⑤ 根据苟萃华的研究，赢是指裸身的人。⑥ 闻人军根据1978年随县曾侯乙墓出土的六具钟虡铜人，证明《考工记》中的"赢属"的确是指人类。⑦

羽者，锐喙决吻，数目鹩脰，小体骞腹，若是者谓之羽属。⑧鸟长毛也。⑨

鳞者，小首而长，抟身而鸿，若是者谓之鳞属，以为笋。⑩《周礼》："川泽，其动物宜鳞物。"⑪郑玄注："鳞物，鱼龙之属。"

综合上述，赢者是人类。除人之外，还剩下四种。脂者和膏者的区别不大，在于有角和无角。羽者是鸟类，鳞者是鱼龙之类。

---

① 据闻人军的考证结果。
② 闻人军《考工记译注》，上海古籍出版社2008年版，第97—98页。
③ 许慎撰，段玉裁注《说文解字注》，上海古籍出版社1988年版，第175页。
④ 许慎撰，段玉裁注《说文解字注》，上海古籍出版社1988年版，第169页。
⑤ 许慎撰，段玉裁注《说文解字注》，上海古籍出版社1988年版，第169页。
⑥ 苟萃华《"赢"非兽类辨》，《科学史集刊》第5期，科学出版社，1963年4月。
⑦ 闻人军《考工记译注》，上海古籍出版社2008年版，第98页，小注⑤。
⑧ 闻人军《考工记译注》，上海古籍出版社2008年版，第97页。
⑨ 许慎撰，段玉裁注《说文解字注》，上海古籍出版社1988年版，第138页。
⑩ 闻人军《考工记译注》，上海古籍出版社2008年版，第97页。
⑪ 杨天宇《周礼译注》，上海古籍出版社2004年版，第147页。

其他较小的,"外骨,内骨,却行,仄行,连行,纡行,以脰鸣者,以旁鸣者,以股鸣者,以胸鸣者,谓之小虫。"①郑玄释"外骨"为龟属,释"内骨"为"鳖属"。其他大多为昆虫。

这样,大兽的分类是脂者、膏者、赢者、羽者、鳞者等五类。

从春秋时期《子华子》记载的鳞虫、羽虫、毛虫、介虫、裸虫的动物分类方法,到战国初期《考工记》记载的脂者、膏者、赢者、羽者、鳞者等的脊椎动物分类方法,在认识水平上已经有了很大提高。两者既有联系又有区别。种类上划分得更细了,把小虫划分出来,单独列为一类,介虫并入其中。鳞虫发展为鳞者,羽虫发展为羽者,裸虫发展为赢者,毛虫发展为脂者、膏者。这样,古人就把脊椎动物分成在陆地上跑的(脂者、膏者),水里游的(鳞者),天上飞的(羽者)三个大类,再加上其他较小的"小虫"。

战国初期脊椎动物分类观念的形成,说明人对自然界中动物生理特征的把握已经到了一定的高度。这种认识也必然反映到社会生活中来。

为了更好地实现以"礼"治天下的目标,"四灵"成为以"礼"治天下的一项内容,即以四灵为畜;同时"四灵"作为祥瑞,也是"礼"大兴天下的一种标志。就是说,在"礼"的构建下出现了"四灵","四灵"和"礼"联系在一起,密不可分。"礼"作为一种社会制度的实行,使得社会尊老爱幼,井然有序;哪怕在自然界,动物也有"长",使得动物像人一样各行其是,尊卑有序。不仅如此,没有人间的礼制,哪来群物的安宁,群物的秩序正是人们实现了礼制的结果,是礼制从社会向群物的延伸:

① 闻人军《考工记译注》,上海古籍出版社 2008 年版,第 97 页。

　　　　故礼之不同也，不丰也，不杀也，所以持情而
　　　合危也。……故天不爱其道，地不爱其宝，人不爱
　　　其情。故天降膏露，地出醴泉，山出器车，河出马
　　　图，凤凰、麒麟皆在郊棷，龟、龙在宫沼，其余鸟兽
　　　之卵胎，皆可俯而窥也。则是无故，先王能修礼以
　　　达义，体信以达顺，故此顺之实也。[①]

　　这段话的大意是，礼的不同，不可以增加，不可以减少……
天不隐藏育民之道，地不隐藏养民之宝，人不隐藏真实之情。因
此天降雨露，地出甘泉，山出造车的器材，黄河中有龙马背负
《图》而出，凤凰、麒麟都出现在郊区的沼泽中，龟和龙都蓄养在
宫池里，其他各种鸟的卵和怀孕的兽，都可以俯首即见。做到这
样并没有别的原因，只是因为先王能加强礼而通达义，体现信而
通达顺，因此获得这种天下大顺的结果。

　　天降雨露，地出甘泉，山出造车，河出马《图》，凤凰、麒麟、龟
和龙纷至沓来，是天下礼义大兴的结果。"四灵"作为表现古代
礼制大行于天下的祥瑞，作为天下太平安宁的征兆，是实现了以
礼治理天下后的必然反映。这个观点被后来的统治者反复引
用：封建统治者认为自己政治清明，天下民众安居乐业之时，"四
灵"必会出现。而民众看到"四灵"出现，一定会及时报告官府，
上达朝廷。朝廷常常颁诏书于天下，与民同喜，报告者也会因此
获得奖赏。

---

①　杨天宇《礼记译注》，上海古籍出版社 1997 年版，第 385 页。

三、四灵组合的历史过程

四灵的组合，是一个漫长而又复杂的过程。首先是麟、凤、龙分别为飞禽、走兽、水中游的动物之"首领"观念的产生。之后，从二灵结合到三灵结合，最后四灵在战国末期形成。

（一）《尚书》、《孟子》及《吕氏春秋》中四灵个体文化涵义

麟、凤、龟、龙在人们的思想文化观念中各自都经历了一个发展过程。至少发展到战国时期，麟、凤、龙作为"首领"的象征已经确定下来；龟预测吉凶的本领则早在商代已经确信无疑。

1. 龙作为首领

《吕氏春秋·介立》把晋文公重耳比作龙。

> 晋文公反国，介子推不肯受赏，自为赋诗曰："有龙于飞，周遍天下。五蛇从之，为之丞辅。龙反其乡，得其处所。四蛇从之，得其露雨。一蛇羞之，桥死于中野，悬书于公门，而伏于山下。"文公闻之曰："嘻！此必介子推也。"①

《史记·秦始皇本纪》第一次把至高无上的天子和龙连在一起：

> 三十六年，荧惑守心。有坠星下东郡，至地为

---

① 许维遹《吕氏春秋集释》，中华书局 2009 年版，第 264 页。

石，黔首或刻其石曰"始皇帝死而地分"。始皇闻
之，遣御史逐问，莫服，尽取石旁居人诛之，因燔销
其石。始皇不乐，使博士为《仙真人诗》，及行所游
天下，传令乐人歌弦之。秋，使者从关东夜过华阴
平舒道，有人持璧遮使者曰："为吾遗滈池君。"因
言曰："今年祖龙死。"使者问其故，因忽不见，置其
璧去。使者奉璧具以闻。始皇默然良久，曰："山
鬼固不过知一岁事也。"退言曰："祖龙者，人之先
也。"使御府视璧，乃二十八年行渡江所沉璧也。
于是始皇卜之，卦得游徙吉。迁北河榆中三万家。
拜爵一级。[①]

　　《吕氏春秋》把晋文公比喻成龙，晋文公是春秋五霸之一，是
诸侯之首；《史记·秦始皇本纪》把至高无上的天子和龙连在一
起，"首领"的象征意义更为明显。

　　2.凤、麒麟作为首领

　　　　（孟子）曰："宰我、子贡、有若，智足以知圣人，
　　　污不至阿其所好。宰我曰：'以予观于夫子，贤于
　　　尧、舜远矣。'子贡曰：'见其礼而知其政，闻其乐而
　　　知其德，由百世之后，等百世之王，莫之能违也。
　　　自生民以来，未有夫子也。'有若曰：'岂惟民哉？
　　　麒麟之于走兽，凤凰之于飞鸟，泰山之于丘垤，河
　　　海之于行潦，类也。圣人之于民，亦类也。出于其

---

① 司马迁《史记》，中华书局1982年版，第259页。

类，拔乎其萃，自生民以来，未有盛于孔子也。'"①

至少在孟子时代，麒麟、凤凰作为走兽、飞鸟首领的观念已经确定下来。如圣人孔子相比于"生民"，"出于其类，拔乎其萃"一样，麒麟在走兽中的地位，凤凰在飞鸟中的地位，也是首屈一指的。

3. 龟预测人情得失

《尚书·商书·西伯勘黎》里，有明确的关于龟能够传达天命、预测吉凶的记载：

> 西伯既勘黎，祖伊恐，奔告于王。
>
> 曰："天子！天既讫我殷命，格人元龟，罔敢知吉。非先王不相我后人，惟王淫戏用自绝。故天弃我，不有康食，不虞天性，不迪率典。今我民罔弗欲丧，曰：'天曷不降威？'大命不挚，今王其如台？"王曰："呜呼！我生不有命在天？"
>
> 祖伊反曰："呜呼！乃罪多，参在上，乃能责命于天。殷之即丧，指乃功，不无戮于尔邦。②

由于商人尤重鬼神，商代是龟崇拜的繁荣时期，是龟文化大力发展时期，也是龟卜在中国历史上占据最重要地位的时期。上至出征作战、祭祀、农业收成等国家大事，小至天气、生病、生子、梦境等个人关心的琐碎小事，都要通过占卜来预测吉凶。商

---

① 杨伯峻《孟子译注》，中华书局 2010 年版，第 58 页。

② 顾颉刚、刘起釪《尚书校释译论》，中华书局 2005 年版，第 1047—1053 页。

代建立了完备的、专门的占卜机构，并制定了严密的占卜程序。
这为以后龟卜的继续发展和繁荣提供了经验和指导。

麟、凤、龙为"首领"的象征，龟能够传达天命、预测吉凶，这
一观念的形成，为四灵的最终结合做好了思想认识上的准备，是
不可缺少的必要条件。

(二)诸子中的两灵结合

随着社会进步和人们认识水平的提高，思想观念也在不断
碰撞和融合，从已有观念概括出更高层次的东西，新的观念和思
想也随之产生。

1. 凤凰、麒麟的结合

《文子》中已有二者并举之用例。

> (1)老子曰："昔黄帝之治天下，调日月之行，
> 治阴阳之气，节四时之度，正律历之数，别男女，明
> 上下，使强不掩弱，众不暴寡，民保命而不夭，岁时
> 熟而不凶，百官正而无私，上下调而无尤，法令明
> 而不暗，辅佐公而不阿，田者让畔，道不拾遗，市不
> 豫贾。故于此时，日月星辰，不失其时，风雨时节，
> 五谷丰昌，凤凰翔于庭，麒麟游于郊。①
>
> (2)老子曰："衰世之主，钻山石，挈金玉，擿蚌
> 蜃，消铜铁，而万物不滋。刳胎焚郊，覆巢毁卵，凤
> 凰不翔，麒麟不游。"②

---

① 王利器《文子疏义》，中华书局 2009 年版，第 73—74 页。
② 王利器《文子疏义》，中华书局 2009 年版，第 526—527 页。

《汉书·艺文志》道家类著录《文子》九篇,班固在其条文下注明:"老子弟子,与孔子同时,而称周平王问,似依托者也。"未载文子名字籍贯。①

凤凰、麒麟的结合虽然出现在《文子》里,但这不是两灵结合的起点,两灵结合的习惯用法肯定流行了很长时间,直到这时才在《文子》中出现。

《孟子》、《荀子》和《管子》等古籍里,也都出现了凤凰、麒麟的结合。

(3)(孟子)曰:"宰我、子贡、有若,智足以知圣人,污不至阿其所好。宰我曰:'以予观于夫子,贤于尧、舜远矣。'子贡曰:'见其礼而知其政,闻其乐而知其德,由百世之后,等百世之王,莫之能违也。自生民以来,未有夫子也。'有若曰:'岂惟民哉?麒麟之于走兽,凤凰之于飞鸟,泰山之于丘垤,河海之于行潦,类也。圣人之于民,亦类也。出于其类,拔乎其萃,自生民以来,未有盛于孔子也。'"②

(4)鲁哀公问舜冠于孔子,孔子不对。三问,不对。哀公曰:"寡人问舜冠于子,何以不言也?"孔子对曰:"古之王者有务而拘领者矣,其政好生而恶杀焉。是以凤在列树,麟在郊野,乌鹊之巢可俯而窥也。君不此问,而问舜冠,所以不对也。"③

(5)桓公既霸,会诸侯于葵丘,而欲封禅。

---

① 陈国庆《汉书艺文志注释汇编》,中华书局1983年版,第122页。
② 杨伯峻《孟子译注》,中华书局2010年版,第58页。
③ 张觉《荀子译注》,上海古籍出版社2012年版,第454页。

……"今凤凰麒麟不来，嘉谷不生，而蓬蒿藜莠茂，鸱枭数至，而欲封禅，毋乃不可乎？"于是桓公乃止。①

2. 龙凤结合

《荀子》、《楚辞》中有龙凤并举之例。

（1）道德纯备，谗口将将。仁人绌约，敖暴擅强；天下幽险，恐失世英。螭龙为蝘蜒，鸱枭为凤皇。比干见刳，孔子拘匡。昭昭乎其知之明也！郁郁乎其遇时之不祥也！②

（2）为余驾飞龙兮，杂瑶象以为车。何离心之可同兮，吾将远逝以自疏。邅吾道夫昆仑兮，路修远以周流。扬云霓之晻蔼兮，鸣玉鸾之啾啾。朝发轫于天津兮，夕余至乎西极。凤凰翼其承旂兮，高翱翔之翼翼。③

（3）朝发轫于天津兮，夕余至乎西极。凤皇翼其承旂兮，高翱翔之翼翼。忽吾行此流沙兮，遵赤水而容与。麾蛟龙以梁津兮，诏西皇使涉予。④

同麟、凤、龟、龙个体相比，凤凰麒麟的结合、龙凤的结合前进了一步，为三灵的结合打下了基础。

---

① 黎翔凤《管子校注》，中华书局 2004 年版，第 952—953 页。
② 张觉《荀子译注》，上海古籍出版社 2012 年版，第 389 页。
③ 洪兴祖撰，白化文等点校《楚辞补注》，中华书局 1983 年版，第 42—44 页。
④ 洪兴祖撰，白化文等点校《楚辞补注》，中华书局 1983 年版，第 44—45 页。

（三）《文子》、《尸子》及《淮南鸿烈》之凤麟龙三灵结合

凤、麟、龙三灵，分别代表天上飞的、地上跑的、水中游的三类脊椎动物，它们的结合，表明人们的认识水平有了进一步的提高。

> （1）平王问文子曰："吾闻子得道于老聃，今贤人虽有道，而遭淫乱之世，以一人之权，而欲化久乱之民，其庸能乎？"文子曰："夫道德者，匡邪以为正，振乱以为治，化淫败以为朴，淳德复生，天下安宁，要在一人。……积道德者，天与之，地助之，鬼神辅之。凤凰翔其庭，麒麟游其郊，蛟龙宿其沼。故以道莅天下，天下之德也。无道莅天下，天下之贼也。以一人与天下为仇，虽欲长久，不可得也。尧、舜以是昌，桀纣以是亡。平王曰："寡人敬闻命矣。"①

现存典籍里，《文子》一书是较早把凤凰、麒麟、蛟龙三者连在一起的，文子是与孔子同时代的人，可见凤、麟、龙三灵结合出现较早。

> （2）古者明王之求贤也，不避远近，不论贵贱，卑爵以下贤，轻身以先士。故尧从舜于畎亩之中，北面而见之，不争礼貌，此先王之所以能正天地利

---

① 王利器《文子疏义》，中华书局 2009 年版，第 255—256 页。

万物之故也。今诸侯之君，广其土地之富，而奋其兵草之强以骄士；士亦务其德行，美其道术以轻上：此仁者之所非也。曾子曰："取人者必畏，与人者必骄。"今说者怀畏而听者怀骄，以此行义不亦难乎？非求贤务士而能致大名于天下者，未之尝闻也。夫士不可妄致也：覆巢破卵，则凤皇不至焉；刳胎焚夭，则麒麟不往焉；竭泽涸鱼，则神龙不下焉。①

（3）昔者，黄帝治天下，而力牧、太山稽辅之，以治日月之行律，治阴阳之气，节四时之度，正律历之数，别男女，异雌雄，明上下，等贵贱，使强不掩弱，众不暴寡，人民保命而不夭，岁时熟而不凶，百官正而无私，上下调而无尤，法令明而不暗，辅佐公而不阿……于是日月精明，星辰不失其行，风雨时节，五谷登熟，虎狼不妄噬，鸷鸟不妄博，凤皇翔于庭，麒麟游于郊，青龙进驾，飞黄伏皁，诸北、儋耳之国莫不献其贡职。然犹未及虑戏氏之道也。②

以上引用的三则材料里，三灵的排列顺序都是凤皇（凰）、麒麟、蛟龙（神龙或青龙），凤凰第一位，麒麟第二位，龙排在末位，排列顺序固定，没有发生变化。四灵只缺少龟这一灵了。

龟是最后一个加入的，它不作为动物之长，却是预测吉凶、

---

① 朱海雷《尸子译注》，上海古籍出版社 2006 年版，第 14—15 页。
② 刘文典《淮南鸿烈集解》，中华书局 2013 年版，第 246—248 页。

关乎人情得失的灵物。在战国末期,只有儒家还提倡龟卜,道家、法家早就对龟卜持怀疑和否定态度,如子华子:

> 周公之佐成王也,希膳不彻于前,钟鼓不解于悬,而歌雍咏勺,六服承德。凡祯祥瑞应之物,有之足以备其数,无之不缺于治。圣王已没,天下大乱,父子贸性,君臣失纪,未有甚于今日也,然且日月星辰衡陈于上,与治世同焉而已矣。故曰天道远,人道迩。待著龟而袭吉,福之末也。颠蹶望拜而谒焉,其待则薄矣。①

子华子与孔子同时代,思想接近道家。他提出了"天道远,人道迩。待著龟而袭吉,福之末也"的观点,对前人深信不疑的"天道"大胆提出质疑,不再盲从和迷信。

庄子对待龟的态度是哀其不幸。那种对待龟的庄重和严肃态度全不见踪影:

> 庄子钓于濮水,楚王使大夫二人往先焉,曰:"愿以境内累矣!"庄子持竿不顾,曰:"吾闻楚有神龟,死已三千岁矣,王巾笥而藏之庙堂之上。此龟者,宁其死为留骨而贵乎?宁其生而曳尾于涂中乎?"二大夫曰:"宁生而曳尾涂中。"庄子曰:"往矣,吾将曳尾于涂中。"②

---

① 子华子《子华子》,岳麓书社 1993 年版,第 2350 页。
② 王先谦《庄子集解》,中华书局 1987 年版,第 147—148 页。

在《庄子·秋水》篇中,对于庙堂之上龟的死,庄子给予深深的同情。龟的这种结局,庄子无疑是不赞成的。《庄子·外物》篇中,对于占卜的龟,庄子更是在嬉笑中有讽刺:

> 龟至,君再欲杀之,再欲活之,心疑,卜之,曰:"杀龟以卜,吉。"乃刳龟,七十二钻而无遗策。仲尼曰:"神龟能见梦于元君,而不能避余且之网;知能七十二钻而无遗策,不能避刳肠之患。如是,则知有所困,神有所不及也。虽有至知,万人谋之。鱼不畏网而畏鹈鹕。去小知而大知明,去善而自善矣。"①

对于龟虽能传达上天的命令,预卜大事的吉凶,却连自身都难保的结局,给予无情的讽刺和嘲弄。

到了战国末期,韩非子则走得更远:

> 凿龟数策,兆曰大吉,而以攻燕者,赵也。凿龟数策,兆曰大吉,而以攻赵者,燕也。……故曰:龟策鬼神不足举胜,左右背乡不足以专战。然而恃之,愚莫大焉。②。

韩非子提出了"龟策鬼神不足举胜,左右背乡不足以专战。然而恃之,愚莫大焉"的观点,指出龟卜不足据,不可靠,不可信,

---

① 王先谦《庄子集解》,中华书局1987年版,第240—241页。
② 王先慎《韩非子集解》,中华书局2013年版,第121—123页。

如果依赖龟卜之类,是极其愚蠢的行为。对龟卜可以预测吉凶、传达天命的说法给予彻底的否定,主张人们应该完全抛弃龟卜。

(四)《吕氏春秋》之"四灵"结合

> 二曰凡帝王者之将兴也,天必先见祥乎下民。黄帝之时,天先见大螾大蝼蛄蝼,黄帝曰:"土气胜。"……夫覆巢毁卵则凤凰不至,刳兽食胎则麒麟不来,干泽涸渔则龟龙不往。物之从同,不可为记。子不遮乎亲,臣不遮乎君。君同则来,异则去。故君虽尊,以白为黑,臣不能听。父虽亲,以黑为白,子不能从。黄帝曰:"芒芒昧昧,因天之威,与元同气。"故曰同气贤于同义,同义贤于同力,同力贤于同居,同居贤于同名。①

《吕氏春秋》里已经有较完整的麟凤龟龙,但是四灵的说法还没有出现,由此我们可以推出结论:"四灵"观念的提出应该稍晚于《吕氏春秋》的成书时间,但不会相差多少。战国末期,随着《礼记·礼运》篇的完成,四灵最终形成。四灵的形成,是儒家在战国末期为了反映民众渴望和平安宁的愿望,早日过上社会秩序井然、礼乐大兴的生活,在新形势下提出的理想。

---

① 许维遹《吕氏春秋集释》,中华书局 2009 年版,第 284—288 页。

第二节　汉代四灵发展及四灵概念界定

"四灵"作为一个整体在战国末期形成之后,在新的时代、新的历史条件下继续发展。有秦一代,法家大行其道,儒家理想社会中出现的"四灵",与当时国家强力推行的治国理念和社会氛围格格不入。"焚书坑儒"有着深刻的社会背景,不是偶然发生的,因此,"四灵"在秦代的暂时沉寂是不言而喻的。

汉朝建立之后,为了巩固国家政权,在思想意识方面做了许多工作。叔孙通制定礼仪,使朝廷上下尊卑有序,皇权得到确认和巩固;汉文帝时诸博士奉命撰写《王制》,使民族国家观念得到加强;张苍为汉家确立律历,从宇宙论上确立汉为正统;汉武帝时申公拟建明堂,并制定巡狩、封禅、改历、易服色等一系列计划,确认了天子的合理性与权威性。虽然西汉黄老与儒家思想并行,但为统治者服务的儒家学说,越来越受到当权者的欢迎。因此,"四灵"的重新兴起也是在预料之中的。

一、四灵体系在西汉的发展

在西汉,从最初对远古五帝三王的追忆,到为现实政治生活及思想意识形态服务,四灵作为当时政治权力的重要舆论工具之一,越来越受到最高统治者的重视:

> (1)所以览五帝三王,怀天气,抱天心,执中含
> 和,德形于内,以著凝天地,发起阴阳,序四时,
> ……故景星见,祥风至,黄龙下,凤巢列树,麟止郊

野。德不内形,而行其法藉,专用制度,神祇弗应,福祥不归,四海不宾,兆民弗化。故德形于内,治之大本。此《鸿烈》之《泰族》也。①

(2)《春秋》何贵乎元而言之?元者,始也,言本正也。道,王道也。王者,人之始也。……父不哭子,兄不哭弟。毒虫不螫,猛兽不搏,抵虫不触。故天为之下甘露,朱草生,醴泉出,风雨时,嘉禾兴,凤凰麒麟游于郊。②

《春秋繁露》是西汉董仲舒(约前179—前104)的主要著作,凤凰、麒麟、黄龙出现在五帝三王时代,这是最能体现儒家社会理想的时代。

(3)孔子既不得用于卫,将西见赵简子。至于河而闻窦鸣犊、舜华之死也,临河而叹曰:"美哉水,洋洋乎!丘之不济此,命也夫!"子贡趋而进曰:"敢问何谓也?"孔子曰:"窦鸣犊、舜华,晋国之贤大夫也。赵简子未得志之时,须此两人而后从政;及其已得志,杀之乃从政。丘闻之也,刳胎杀夭则麒麟不至郊,竭泽涸渔则蛟龙不合阴阳,覆巢毁卵则凤皇不翔。何则?君子讳伤其类也。夫鸟兽之于不义也尚知辟之,而况乎丘哉!"③

---

① 刘文典《淮南鸿烈集解》,中华书局2013年版,第858页。
② 苏舆撰,钟哲点校《春秋繁露义证》,中华书局1992年版,第100—103页。
③ 司马迁《史记》,中华书局1982年版,第1926页。

反之,在礼制不行、"征伐"从诸侯出的春秋时代,麒麟、蛟龙、凤皇(凰)是不会出现的。

> (4)故曰:"有羽之虫三百六十,而凤凰为之长;有毛之虫三百六十,而麒麟为之长;有甲之虫三百六十,而神龟为之长;有鳞之虫三百六十,而蛟龙为之长;裸之虫三百六十,而圣人为之长。此乾坤之美类,禽兽万物之数也。"故帝王好坏巢破卵,则凤凰不翔焉;好竭水搏鱼,则蛟龙不出焉;好刳胎杀夭,则麒麟不来焉;好填壑塞谷,则神龟不出焉。[1]

戴德是西汉元帝时期(前48—前33)的人,生卒年不详。《大戴礼记·易本命》中讲了如果不幸生活在不讲仁义、不守人道的帝王时代,则"四灵"是肯定不会出现的。

> (5)(元光元年)五月,诏贤良曰:"朕闻昔在唐虞,画象而民不犯……周之成康,刑措不用,德及鸟兽,教通四海。……星辰不孛,日月不蚀,山陵不崩,川谷不塞;麟凤在郊薮,河洛出图书。"[2]
> (6)董仲舒册曰:"古以大治,上下和睦,习俗美盛,不令而行,不禁而止,吏无奸邪,民无盗贼,囹圄空虚,德润草木,泽被四海,凤凰来集,麒麟来

---

[1]　王聘珍《大戴礼记解诂》,中华书局1983年版,第259—260页。
[2]　班固《汉书》,中华书局1962年版,第160页。

游,以古准今,壹何不相逮之远也。"①

这两则材料都是对五帝三王时代的赞美和追忆,体现了人们对天下安宁和平的向往。

> (7)濯濯之麟,游彼灵畤。……宛宛黄龙,兴
> 德而升。②

这是司马相如死后,他的遗札中赞美皇帝封禅时的语句。

> (8)于是吴王穆然,俯而深惟,仰而泣下交颐,
> 曰:"……行此三年,海内晏然,天下大洽,阴阳和
> 调,万物咸得其宜;国无灾害之变,民无饥寒之色,
> 家给人足,蓄积有余,囹圄空虚;凤凰来集,麒麟在
> 郊,甘露既降,朱草萌芽;远方异俗之人向风慕义,
> 各奉其职而来朝贺。"③

这是东方朔《答客难》里面的一段话,讲了吴王布德惠、施仁义三年之后,天下大治,凤凰麒麟就出现了。

> (9)(扬雄)以为昔在二帝三王……国家殷富,
> 上下交足,故甘露零其庭,醴泉流其唐,凤凰巢其

① 班固《汉书》,中华书局1962年版,第2520页。
② 班固《汉书》,中华书局1962年版,第2608页。
③ 班固《汉书》,中华书局1962年版,第2872页。

树,黄龙游其沼,麒麟臻其囿,神爵栖其林。①

这是对唐尧舜禹和夏商周时代的赞美:那时,四灵作为祥瑞,经常出现。

(10)上犹谦让而未俞也,方将上猎三灵之流,下决醴泉之滋,发黄龙之穴,窥凤凰之巢,临麒麟之囿,幸神雀之林。②

这是扬雄的名篇《校猎赋》里的句子,是在规劝皇帝莫游猎无度,应该以民生为己任,"立君臣之节,崇圣贤之业"。关于打猎的范围,则写到了黄龙、凤凰、麒麟三灵。

(11)上策诏诸儒,制曰:盖闻上古至治,画衣冠,异章服,而民不犯;阴阳和,五谷登,六畜蕃,甘露降,风雨时,嘉禾兴,朱草生,山不童,泽不涸;麟凤在郊薮,龟龙游于沼,河洛出图书……咸得其宜。③

这是汉武帝在元光五年(前130)颁布的诏书,里面提到了麟凤龟龙,既是对上古至治之时的描绘,也表现了汉武帝渴望国家繁荣昌盛的理想。

---

① 班固《汉书》,中华书局1962年版,第3540页。
② 班固《汉书》,中华书局1962年版,第3553页。
③ 班固《汉书》,中华书局1962年版,第2613—2614页。

（12）惟元始五年五月庚寅，太皇太后临于前殿，延登，亲召之曰：公进，虚听朕言。……是以四海雍雍，万国慕义，蛮夷殊俗，不召自至，渐化端冕，奉珍助祭。寻旧本道，尊术重古，动而有成，事得厥中。至得要道，通于神明，祖考嘉享。光耀显章，天符仍臻，元气大同。麟凤龟龙，众祥之瑞，七百有余。遂制礼作乐，有绥靖宗庙社稷之大勋。①

元始是西汉平帝的年号，元始五年是公元 5 年。当时王莽擅权，野心还没有暴露，太皇太后对王莽称赞有加，其中提到了四灵。

（13）太皇太后临政，有龟龙麟凤之应，五德嘉符，相因而备。②

西汉孺子婴居摄二年，即公元 7 年，翟方进的儿子翟义举兵反莽。王莽一方面派兵东征，一面依《周书》作《大诰》，以上就是《大诰》里的话。"有龟龙麟凤之应"，证明当今之世乃是盛世，并非乱世，王莽以此自白并无篡位之心。

（14）凤飘飘其高逝兮，夫固自引而远去。袭九渊之神龙兮……使麒麟可系而羁兮，岂云异夫犬羊？③

---

① 班固《汉书》，中华书局 1962 年版，第 4073—4074 页。
② 班固《汉书》，中华书局 1962 年版，第 3432 页。
③ 班固《汉书》，中华书局 1962 年版，第 2224 页。

贾谊《吊屈原赋》的最后，对屈原生活在乱世深表同情，其中对凤、神龙、麒麟的描写，衬托了屈原的悲剧命运。

(15)河出图，洛出书，神龙至，凤凰翔，德泽天下，灵光施四海。此谓配天地，治国大体之功也。[①]

(文帝十五年，即公元前 163 年)晁错认为，当国家大治之时，一定有神龙、凤凰等祥瑞出现。

(16)霍将军歌者，霍去病之所作也。去病为讨寇校尉，为人少言，勇而有气，使击匈奴，斩首二千。复六出，斩首千余万级，益封万五千户、侯禄、大将军等。于是志得意欢，乃援琴而歌之曰："四夷既获，诸夏康兮。国家安宁，乐无央兮。载戢干戈，弓矢藏兮。麒麟来臻，凤凰翔兮。与天相保，永无疆兮。亲亲百年，各延长兮！"[②]

蔡邕的《琴操》记载了霍去病在大破匈奴，志得意满之后，用麒麟凤凰来表达对国家和平安宁、繁荣昌盛之大好局面的向往和赞颂。

(17)舜尽孝道以供养瞽瞍，瞽瞍与象，为浚禀

---

① 班固《汉书》，中华书局 1962 年版，第 2293 页。
② 蔡邕《琴操》，陈文新译注《雅趣四书》，崇文书局 1998 年版，第 52 页。

> 涂井之谋,欲以杀舜。……及立为天子,天下化
> 之,蛮夷率服。北发、渠搜、南抚、交阯,莫不慕义,
> 麟凤在郊。故孔子曰:"孝弟之至,通于神明,光于
> 四海。"舜之谓也。①
>
> (18)昔者唐、虞崇举九贤,布之于位,而海内
> 大康,要荒来宾,麟凤在郊。②

刘向(约前77—前6),原名更生,字子政,西汉楚国彭城(今江苏徐州)人,西汉经学家、目录学家、文学家,其散文主要是奏疏和校雠古书的"叙录"。在刘向编著的《新序》里,记载了唐尧、虞舜天下大化之时,麟凤作为祥瑞出现之事。

综合上述,"四灵"在西汉主要有三种用法,均为人们对于五帝三王时代的追忆。这种追忆,表现了儒家的天下大治和平安宁的社会理想,"四灵"作为一种标志、一种象征,必然要出现。因此,当人们称赞当时社会时,四灵必然出现。反之,人们对当时社会不满时,四灵远藏,肯定消失不见。总之,作为祥瑞之"四灵"的出现,成为衡量一个社会、一个朝廷盛衰治乱的标准。

二、四灵体系在东汉的发展

同西汉相比,四灵在东汉的使用有两个明显特点:一是同皇权的联系更密切、更直接;二是从皇帝本人扩展到一些杰出的地方官身上,应用范围扩大了。

---

① 刘向编著,石光瑛校释《新序校释》,中华书局2009年版,第8—16页。
② 刘向编著,石光瑛校释《新序校释》,中华书局2009年版,第149—168页。

范晔的《后汉书》中，相关用例非常之多：

> （1）（更始二年）衍因以计说永曰："……皇帝以圣德灵威，龙兴凤举，率宛、叶之众，将散乱之兵，唶血昆阳，长驱武关，破百万之陈，摧九虎之军，雷震天下，攘除祸乱，诛灭无道，一期之间，海内大定。①

> （2）（建武元年）行到南平棘，诸将复固请之。光武曰："寇贼未平，四面受敌，何遽欲正号位乎？诸将且出。"耿纯进曰："天下士大夫捐亲戚，弃土壤，从大王于矢石之间者，其计固望其攀龙鳞，附凤翼，以成其所志耳。……时不可留，众不可逆。"纯言甚诚切，光武深感，曰："吾将思之。"②

这是发生在公元24年、25年的事情。当时王莽已死，天下无主，群雄逐鹿中原。无论是"龙兴凤举"，还是"攀龙鳞，附凤翼"，四灵中的龙凤都和皇权联系起来，中国历史上龙凤连在一起，比喻皇权和政权，应该是从这里开始的。

> （3）（建初元年）逮于是具条奏之曰："……陛下通天然之明，建大圣之本，改元正历，垂万世则，是以麟凤百数，嘉瑞杂还。"③

---

① 范晔《后汉书》，中华书局1965年版，第966页。
② 范晔《后汉书》，中华书局1965年版，第21页。
③ 范晔《后汉书》，中华书局1965年版，第1238页。

建初元年,即公元 76 年,麟凤作为祥瑞出现。

(4)(元和三年)明年复下诏曰:"朕以不德,膺
祖宗弘烈。乃者鸾凤仍集,麟龙并臻,甘露宵降,
嘉谷滋生,赤草之类,纪于史官。"①

(5)(章和元年七月)壬戌,诏曰:"朕闻明君之
德……乃者凤凰仍集,麒麟并臻,甘露霄降,嘉谷
滋生,芝草之类,岁月不绝。"②

元和三年,即公元 86 年,章和元年,即公元 87 年。汉章帝
在诏书里,屡屡把四灵和皇帝本人的仁德联系在一起。四灵从
一般用在五帝三王身上,转而用在当下的皇帝本人身上。四灵
同现实的联系,同皇权、政权的联系,更加密切了。这可能是因
为汉章帝"好儒术"的缘故。③

(6)(桓彬)父麟,字元凤,早有才惠。④

这条材料中,人的名与字都是四灵的一员,联系非常密切。

(7)帝东巡狩,凤凰黄龙并集,终赞颂嘉瑞,上
述祖宗鸿业,凡十五章,奏上,诏贳还故郡。⑤

---

① 范晔《后汉书》,中华书局 1965 年版,第 1202—1203 页。
② 范晔《后汉书》,中华书局 1965 年版,第 157 页。
③ 范晔《后汉书》,中华书局 1965 年版,第 129 页。
④ 范晔《后汉书》,中华书局 1965 年版,第 1260 页。
⑤ 范晔《后汉书》,中华书局 1965 年版,第 1600—1601 页。

（8）操故书激励融曰："盖闻唐虞之朝，有克让之臣，故麟凤来而颂声作也。"①

（9）秦彭字伯平，扶风茂陵人也。……（秦彭）在职六年，转颍川太守，仍有凤凰、麒麟、嘉禾、甘露之瑞，集其郡境。肃宗巡行，再幸颍川，辄赏赐钱谷，恩宠甚异。②

以上三条，凤凰、麒麟都作为祥瑞出现。

（10）（桓帝时）升曰："吾闻赵杀鸣犊，仲尼临河而反；覆巢竭渊，龙凤逝而不至。……夫龙不隐鳞，凤不藏羽，网罗高悬，去将安所？虽泣何及乎？"③

这条材料中，龙凤的隐藏又和乱世联系在一起。

（11）元初二年，上《广成颂》以讽谏。其辞曰：……方今大汉收功于道德之林，致获于仁义之渊……宗重渊之潜龙……遂栖凤凰于高梧，宿麒麟于西园。④

这条材料中，四灵和现存政权紧密联系。

---

①　范晔《后汉书》，中华书局1965年版，第2272页。
②　范晔《后汉书》，中华书局1965年版，第2467—2468页。
③　范晔《后汉书》，中华书局1965年版，第2776页。
④　范晔《后汉书》，中华书局1965年版，第1969页。

综合上述,在东汉,四灵主要有两种用法:一是作为盛世的祥瑞;一是开始和当时皇帝本人联系在一起,同皇权、政权紧密联系在一起,这是在新时代的一种创新用法。总之,从西汉到东汉四百余年,四灵作为儒家的创造,随着儒家同皇权联系越来越紧密,四灵也直接应用于现实社会中,直接为现实服务。

三、四灵的异化

四灵之名在战国末期出现后,随着社会的发展和时代的进步,四灵出现新的变化,衍生出新的形式。

(一)《校猎赋》之"三灵"

> 上犹谦让而未俞也,方将上猎三灵之流,下决醴泉之滋,发黄龙之穴,窥凤凰之巢,临麒麟之囿,幸神雀之林。[1]

在《校猎赋》里,扬雄提出了"三灵"概念。很明显,"三灵"是在"四灵"基础上提出来的,龙凤麒麟作为天上、地上、水中动物的首领出现。

(二)《三辅黄图》之"天之四灵"

《三辅黄图》是一本记录秦都咸阳、汉都长安的书,在第三卷记述未央宫的文字里面,提出了"天之四灵"的概念:"苍龙、白

---

[1] 班固《汉书》,中华书局 1962 年版,第 3553 页。

虎、朱雀、玄武,天之四灵,以正四方,王者制宫阙殿阁取法焉。"①

> (建武末)冯衍作《显志赋》,其辞曰:"览天地
> 之幽奥兮,统万物之维网;究阴阳之变化兮,昭五
> 德之精光。跃青龙于沧海兮,豢白虎于金山;凿岩
> 石而为室兮,托高阳以养仙。神雀翔于鸿崖兮,玄
> 武潜于婴冥;伏朱楼而四望兮,采三秀之华英。
> ……披绮季之丽服兮,扬屈原之灵芬。高吾冠之
> 岌岌兮,长吾佩之洋洋;饮六醴之清液兮,食五芝
> 之茂英。"②

历史上没有记载《三辅黄图》的作者姓名,至于写成时间,也
有不同说法。③今人一般认为陈直所断"东汉末曹魏初"较为切合
实际。"天之四灵"的说法应该早就流传了一段时间,最晚出现
于《三辅黄图》成书时,比"四灵"的提出晚了四五百年。"天之四
灵"与星象密切相关,之所以有"天之四灵"的说法,是因为"四
灵"早已为人们所熟悉,古人为了更好地概括与记忆,就把地上
的名称运用到了天上,把"四象"叫作"天之四灵"。"天之四灵"
一般用于神话和传说当中。

(三)《尚书纬》之"五灵"

东汉郑玄反对虎在"四灵"的说法:

---

① 何清谷《三辅黄图校释》,中华书局 2005 年版,第 160 页。
② 范晔《后汉书》,中华书局 1965 年版,第 999 页。
③ 如孙星衍序断为汉末,晁公武《郡斋读书志》定为梁、陈间。

> 郑驳云：古者圣贤言事，亦有效三者，取象天
> 地人；四者，取象四时；五者，取象五行。今云麟凤
> 龟龙，谓之四灵，则当四时，明矣。虎不在灵中，空
> 言西方虎者，麟中央，得无近诬乎？①

西晋杜预曾经在《春秋左氏传序》一文中用过"五灵"的
说法：

> 麟凤五灵，王者之嘉瑞也。②

唐朝孔颖达在注疏中认为"五灵"出自《尚书纬》一书：

> 麟、凤与龟、龙、白虎者，神灵之鸟兽，王者之
> 嘉瑞也。……五灵之文，出《尚书纬》也。……杜
> 欲遍举诸瑞，故备言五灵也。

《尚书纬》提出五灵的说法，孔颖达明确把白虎加入四灵，形
成五灵，即麟、凤、龟、龙、白虎。应该说五灵的提出和五行密切
相关。

四灵的异化导致四灵用法的扩大化与复杂化，追本溯源，这
些异化都是在四灵基础上产生的，只要牢牢把握四灵的本义，我
们就不会混淆四灵名称在不同语境中的不同含义。

---

① 伏生撰，郑玄注，陈寿祺辑校《尚书大传》，上海书店出版社 2012 年版，第 362 页。
② 萧统编，海荣、秦克标校《文选》，上海古籍出版社 1998 年版，第 382 页。

（四）四灵与天之四灵的关系

1. 四灵与天之四灵的区别

四灵作为同盛世联系在一起的祥瑞，同皇权、政权紧密联系。下列用法都是如此：

　　（1）故曰：有羽之虫三百六十，而凤凰为之长；有毛之虫三百六十，而麒麟为之长；有甲之虫三百六十，而神龟为之长；有鳞之虫三百六十，而蛟龙为之长；裸之虫三百六十，而圣人为之长。此乾坤之美类，禽兽万物之数也。故帝王好坏巢破卵，则凤凰不翔焉；好竭水搏鱼，则蛟龙不出焉；好刳胎杀夭，则麒麟不来焉；好填壑塞谷，则神龟不出焉。[①]

　　（2）惟元始五年五月庚寅，太皇太后临于前殿，延登，亲召之曰：公进，虚听朕言。……是以四海雍雍，万国慕义，蛮夷殊俗，不召自至，渐化端冕，奉珍助祭。寻旧本道，尊术重古，动而有成，事得厥中。至得要道，通于神明，祖考嘉享。光耀显章，天符仍臻，元气大同。麟凤龟龙，众祥之瑞，七百有余。遂制礼作乐，有绥靖宗庙社稷之大勋。[②]

　　（3）太皇太后临政，有龟龙麟凤之应，五德嘉符，相因而备。[③]

① 王聘珍《大戴礼记解诂》，中华书局 1983 年版，第 259—260 页。
② 班固《汉书》，中华书局 1962 年版，第 4073—4074 页。
③ 班固《汉书》，中华书局 1962 年版，第 3432 页。

材料(2)用的是"麟凤龟龙",材料(3)用的是"龟龙麟凤",可以看出,四灵的排列顺序在西汉末年仍然有变化,尚未固定。

天之四灵同神话传说、旗帜图案联系在一起:

> (天凤五年)仁见莽免冠谢,莽使尚书劾仁:"乘乾车,驾坤马,左苍龙,右白虎,前朱雀,后玄武,右杖威节,左负威斗,号曰赤星,非以骄仁,乃以尊新室之威命也。仁擅免天文冠,大不敬。"有诏勿劾,更易新冠。其好怪如此。[①]

天凤是新朝王莽的年号,天凤五年是公元18年。

> (建武末)冯衍作《显志赋》,其辞曰:"览天地之幽奥兮,统万物之维网;究阴阳之变化兮,昭五德之精光。跃青龙于沧海兮,豢白虎于金山;凿岩石而为室兮,托高阳以养仙。神雀翔于鸿崖兮,玄武潜于婴冥;伏朱楼而四望兮,采三秀之华英。……披绮季之丽服兮,扬屈原之灵芬。高吾冠之岌岌兮,长吾佩之洋洋;饮六醴之清液兮,食五芝之茂英。"[②]

建武是光武帝刘秀的年号,从公元25年到56年,共32年。

---

① 班固《汉书》,中华书局1962年版,第4153页。
② 范晔《后汉书》,中华书局1965年版,第999页。

2.四灵与天之四灵的联系

三国以后，"天之四灵"开始简称"四灵"，天之四灵与四灵的用法开始合流，混淆在一起用了。如曹植在《神龟赋》中写道：

> 嘉四灵之建德，各潜位乎一方，苍龙虬于东岳；白虎啸于西岗；玄武集于寒门；朱雀栖于南乡。顺仁风以消息，应圣时而后翔，嗟神龟之奇物，体乾坤之自然。[①]

在这里，曹植把"天之四灵"直接叫作"四灵"。在《礼记·礼运》提出四灵观念四百多年后，"四灵"的含义扩展了，但以后人们在谈到四灵时，仍然主要是指麟凤龟龙。

从西汉到东汉，由于儒家同皇权联系越来越紧密，四灵在整个汉代的发展也是从对上古五帝三王时代的歌颂，到直接为现存政权当今皇帝服务，同现实社会、同政治生活联系越来越密切。到汉末魏初，"天之四灵"的出现，使得"四灵"的含义扩展了，但我们仍能通过具体语境判断出是四灵还是天之四灵，两者区别很明显，四灵主要指麟凤龟龙。

四、"四灵"概念辨析及界定

（一）"四灵"概念辨析

"四灵"有多种说法，如娄建红的硕士论文把"四宫"、"四维"

---

① 　曹植著，赵幼文校注《曹植集校注》，人民文学出版社1984年版，第96页。

也叫作"四灵",这样划分漫无边际,太宽泛了,显然没有仔细考证,应该是搞错了。下面我们逐一辨析,看它们有何异同。

无论是原始农业、渔业还是畜牧业,远古人类为了生存,就必须对时间和空间有一定的感知和把握。人类对空间和时间概念的科学化,不仅是生存的前提条件,也为平时的生产和生活提供智力支持,中国古代天文学就是在这个基础上发展而来的。由古代中国所处的地理位置所决定,中国古代天文学、神话、宗教等具有自己民族的特色,以下所分析的概念与中国古代天文学密切相关。

"四维":"古人以十二地支平分地平方位为十二等份,不仅可以表示四方,同时可以表示四维。按照传统的说法,子、午、卯、酉分别指示北、南、东、西四方,位于其间的丑寅、辰巳、未申、戌亥置于正方形的四角,也叫四钩,分别指示东北、东南、西南、西北四维,由于四方与二分二至的固定联系,所以子、午、卯、酉既指四方,也指四气,而四维则象征二启二闭。"①可见,四维指东北、东南、西南、西北四个方向,还常常与立春、立夏、立秋、立冬相联系。这个说法《淮南子·天文训》有记载,"丑寅"、"辰巳"、"未申"和"戌亥"叫作四钩,"子午"和"卯酉"叫作"二绳"。"东北为报德之维也,西南为背阳之维,东南为常羊之维,西北为蹄通之维。"②以后,人们又用"艮、巽、坤、乾,分别表示东北、东南、西南、西北"③。

"四宫":《史记·天官书》把当时人们可见范围内的星空分

---

① 冯时《中国古代的天文与人文》,中国社会科学出版社 2006 年版,第 41—42 页。
② 刘文典《淮南鸿烈集解》,中华书局 2013 年版,第 115 页。
③ 陈久金、杨怡《中国古代天文与历法》,中国国际广播出版社 2010 年版,第 9 页。

成五个大天区,叫五宫。^① 中宫是指位于北极周围的星空。中宫
以外的天空区域,"以春分那一天黄昏时的观测为准,按东、西、
南、北分为四宫,每宫又派生出七宿,共二十八宿"^②。"二十八宿
的本义应该是月亮运行中的二十八个宿营地。"^③"是为了观测任
何一天的月亮在恒星间的位置。"^④可见,"四宫"指东宫、西宫、南
宫、北宫四个天区。各宫所包括宿名如表 0-1。

表 0-1 二十八宿名称

宫名	宿名						
东宫	角	亢	氐	房	心	尾	箕
北宫	斗	牛	女	虚	危	室	壁
西宫	奎	娄	胃	昴	毕	觜	参
南宫	井	鬼	柳	星	张	翼	轸

"四象":按照冯时的观点,在中国星官体系中,"象"是最基
本的概念,"四象"是四个赤道宫的象征,是由五种动物组成东宫
苍龙、西宫白虎、南宫朱雀和北宫玄武四组灵物,^⑤有四种不同的
颜色并且代表四个方向,与二十八宿完成固定配合的严整形
式。^⑥"古人观测星象与今天不同,他们并不仅仅是去简单地记
忆某一颗星,而更重视观测由某些星组成的象,这些星最终被连

① 司马迁《史记》,中华书局 1962 年版,第 1289—1311 页。
② 陈久金、杨怡《中国古代天文与历法》,中国国际广播出版社 2010 年版,第 31—32 页。
③ 陈久金、杨怡《中国古代天文与历法》,中国国际广播出版社 2010 年版,第 32 页。
④ 陈久金《斗转星移映神州——中国二十八宿》,海天出版社 2012 年版,第 3 页。
⑤ 玄武是龟蛇合体。
⑥ 冯时《中国天文考古学》,中国社会科学出版社 2010 年版,第 409 页。

接起来,形成各种常见的图案,从而建筑起古人观象授时的观象基础。因为就天文本身的古老含义而言,天文也就是天象。所以,四象虽然名义上以四组动物的形象存在,其实只是众多星象构成的四组动物形象而已。"[1]

可见,"四象"就是古人为了方便观测和记忆天文,把四宫中二十八宿中的星想象连接成四组动物形象,分别是东宫苍龙、西宫白虎、南宫朱雀和北宫玄武。

"四神":四神是一个历史概念,不同历史时期名称不同。在河姆渡文化时期,分守四方的凤鸟既是四方神,又是四时神。《尧典》将羲仲、羲叔、和仲、和叔命为四方之神。[2]《山海经》记载了另一套四方神名,分别为东方折、南方因、西方夷、北方鹓。四方主四时的观念是中国文化的特征之一,古人早就了解到太阳在一年当中运行方位发生的变化,春分与秋分日出正东,日没正西;夏至日行极北,其后南移,冬至日行极南,其后北归,所以二分二至各主东、西、南、北。《尚书·尧典》以分至四神分居四方之极,掌管四时。[3]

总起来说,四神既为四方之神,也为四季之神,名称因历史时间的不同而不同。从汉代开始,四神就是指苍龙、白虎、朱雀、玄武,道家往往称之为四灵。

至于"四星"和"四兽",使用范围与影响较小,历史上少有人用,远远不能同"四维"、"四宫"、"四象"、"四神"相比。

"四星"及"四兽":王充在《论衡·物势》里说:"东方木也,其

---

[1]　冯时《中国天文考古学》,中国社会科学出版社 2010 年版,第 410 页。

[2]　顾颉刚、刘起釪《尚书校释译论》,中华书局 2005 年版,第 32 页。

[3]　此处采用冯时《中国天文考古学》(中国社会科学出版社 2010 年版)第三章和《中国古代的天文与人文》(中国社会科学出版社 2006 年版)第二章的结论。

星仓龙也；西方金也，其星白虎也；南方火也，其星朱鸟也；北方水也，其星玄武也。天有四星之精，降生四兽之体。"在《论衡·龙虚》里说："天有仓龙、白虎、朱雀、玄武之象也，地亦有龙、虎、鸟、龟之物。四星之精，降生四兽。"这里，"四星"就是"四象"的另一种叫法，但远远没有"四象"明白科学。"四星之精，降生四兽。""四兽"即"龙、虎、鸟、龟之物"，是星象之精，明确无误。

综合上述，"四维"指的是东北、东南、西南、西北四个方向，是表示方向的术语。"四宫"指的是以北极附近星空为中心划分的东宫、西宫、南宫、北宫四个天区，是表示天空空间区域的术语。"四象"是分别表示东宫、西宫、南宫和北宫四种天文星象的苍龙、白虎、朱雀和玄武四组动物形象的合称，是天文星象的术语。"四星"即"四象"。"四神"既指四方（东西南北）之神，也指四季（春夏秋冬）之神，是表示方向或季节的术语。"四兽"是"龙、虎、鸟、龟"四种动物名称。可见，"四维"、"四宫"、"四象"、"四兽"所指重点有所不同。

所指重点虽然不同，但作为在中国古代天文学基础上发展起来的传统文化，"四维"、"四宫"、"四象"、"四兽"、"四神"也有密切联系，它们在很大程度上都既与时间有关，也与空间有关，都暗含着时间与空间的双重含义。如"四神"本身既指四方也指季节；"四宫"、"四维"是表示空间或方向的，都是在特定时间内出现的空间；"四象"也是在特定时间内出现的星象，时间（季节）不同，"四象"所处位置不同。

（二）"四灵"概念界定

1. 广义的"四灵"

我们梳理"四灵"的说法，大致分为两种。一种是广义的四灵,"四灵"产生四五百年之后,"天之四灵"也产生了,人们后来把两者都叫作四灵。以上包括两套体系:一是《礼运》提出的"麟、凤、龟、龙",一是《三辅黄图》提出的"苍龙、白虎、朱雀、玄武"。王小盾的《中国早期思想与符号研究》一书就采用了这一说法。①日人御手洗胜在《关于四灵神话》中认为:"四灵并不仅是指四种神兽而言,四灵也是四方神的神容。"②何清谷尽管承认"四灵"一般指"麟、凤、龟、龙",但仍然也把"青龙、白虎、朱雀、玄武"看作四灵,也称作"四象"或"四神"。③作为天文学的"四象",同作为动物首领的"四灵",从形成过程来看,时间上不同步,形成原因和背景也完全不一样,不是一回事。把"四灵"、"四象"、"四神"看成是一种东西,应是不妥当的。

2.狭义的"四灵"

本书采用的是一般说法,即《礼记·礼运》中提出的"四灵"概念:何谓四灵? 麟、凤、龟、龙,谓之四灵。

"四灵"就是"麟、凤、龟、龙",是最早提出并一直运用的四灵概念,是地上的"四灵",是鱼、鸟、兽类的"长",是各自所属动物的头目,其背景是人间礼制秩序向动物界的延伸。在战国末期人们的观念中,就如羊群中的"头羊",雁群中的"领头雁"一样,正是因为"四灵"的存在,人们的饮食来源才有了重要保证。正是在传统"四灵"概念的基础上,才产生了"五灵"。王莽《大诰》就将"麟、凤、龙、龟、白虎"合称为"五灵"。

---

① 王小盾的《中国早期思想与符号研究》一书认为:"四灵"的主要身份是动物神和天文神。

② 王孝廉主编,御手洗胜等著《神与神话》,台北联经公司 1988 年版,第 2 页。

③ 何清谷《三辅黄图校释》,中华书局 2005 年版,第 161 页小注⑤。

表 0-2　四灵概念沿革表

概念	出现或沿用时间	概念内容	作者	出处	版本
四灵	战国末期	麟、凤、龟、龙谓之四灵	（汉）戴圣编纂	《礼记》	1979 年中华书局影印世界书局《十三经注疏》本
四灵四神	汉	汉四神鉴二：径三寸六分，重九两有半，无铭 汉四神鉴三：径三寸五分，重四两一分，无铭 汉四灵鉴：径五寸一分，重一斤一两，无铭 汉四灵三瑞鉴：径六寸，重一斤九两，无铭	（宋）王黼	《宣和博古图》卷二十八鉴总说	清文渊阁四库全书本
天之四灵	汉末魏初	苍龙、白虎、朱雀、玄武，天之四灵，以正四方，王者制宫阙殿阁取法焉	不详	《三辅黄图》	何清谷校释本，中华书局2005 年版
四灵	唐	麟、凤、龟、龙谓之四灵	（唐）李华	《李遐叔文集·卜论》卷二	清文渊阁四库全书本
四灵	宋	麟金、凤火、龟水、龙木，《礼运》并白虎为五灵（《尚书纬》）	（宋）王应麟	《小学绀珠》卷十器用类儆戒类动植类	明津逮秘书本
四灵	明	凡书传中所用灵字，俱为美称，而独于是谥为不美之称，如称天地人曰三灵，麟凤龟龙曰四灵	（明）陈汝锜	《甘露园短书》卷四	明万历刻清康熙重修本

续表

概念	出现或沿用时间	概念内容	作者	出处	版本
四灵	明	麟、凤、龟、龙谓之四灵	（明）季本	《说理会编》卷十五杂术	明刻本
四神四灵四祥	明	天有苍龙、白虎、朱雀、玄武四星之精,降而在地则为龙、虎、鸟、龟四兽之象,兵家谓之四神。麟、凤、龟、龙,礼谓之四灵。麒麟、狮子、福禄、玄武,我朝谓之四祥	（明）田艺蘅	《留青日札》卷二十九	明万历重刻本

从上表我们可以看出,从汉代到明代,在普通人的观念中,四灵和四神的区别一清二楚,四灵就是麟、凤、龟、龙,四神指苍龙、白虎、朱雀、玄武。如南宋的《小学绀珠》,是儿童启蒙教育的类书,其中四灵定义非常明确,并且把四灵内容作为一般生活常识灌输给儿童。在道家的典籍里边,一般把苍龙、白虎、朱雀、玄武称为四灵神君,简称四灵。

3.时间界定

本书题为《中国汉前四灵文化研究》,这里的"汉前"界限是指从传说时期的夏代一直到汉末,这是本书四灵文化研究的时间范围。

第三节 "四灵"研究现状及意义

前辈学者对四灵的研究大多采用的是广义定义,狭义定义四灵研究成果较少。四灵作为一套有系统的具体形象,从春秋战国到两宋,在遗存的石刻、壁画、铜镜、瓦当等大量的考古材料上均有体现,是一类主要的纹样。四灵研究集中在四灵图像的个案上,或以文献记载对四灵的起源进行探索,或是对四灵中单个个体的研究。对四灵考古材料的研究,大多是将之作为论据,就某一问题进行论述。而四灵(狭义定义)作为整体,贯穿中国历史,对此的考察和研究寥若晨星。

目前,学界对四灵文化进行研究的学者有许多,其成果更是不胜枚举,研究者的侧重面各不相同。一般来说,文学、语言学、艺术史研究者比较注意龙、凤、龟、麟等神话动物的原形及其象征意义,历史学、考古学研究者则比较注意这些动物作为文化符号的历史内涵。

一、国内"四灵"文化研究

(一)"四灵"文化研究成果

国内对四灵文化的研究大多集中在四灵的个案研究,少数以文献记载对四灵的起源进行探索。

较早的成果是台湾大学杜而未的《凤麟龟龙考释》。杜而未是一位月亮神话学者,1966年出版《凤麟龟龙考释》一书,就是为了证明"凤麟龟龙属于月亮神话"。[①] 杜而未是把月亮神话理论套在凤麟龟龙身上作比附,下结论,并没有较为严格的论证,运用材料较广泛,用美洲、大洋洲、印度的神话作比较,结论是凤麟龟龙都是月神。应该说,作为一种学术探索,这种尝试自有它存在的理由,但论证方式有些牵强附会,结论也没有多少价值。

四灵文化的个案研究较为丰富,中国社科院何星亮研究员《中国龙文化的特征》一文从儒教、佛教、道教的角度研究龙文化,[②]开拓了人们的视野。此外,湘潭大学吉成名教授运用民俗学的理论和方法,从民俗史的角度对我国 8000 多年以来的崇龙习俗进行了较为系统的研究,探讨了崇龙习俗产生和演变的全过程,展示各个时期、各地区的龙形,分析了它们之间的差异及其形成的原因,并且对中西龙俗进行了比较,填补了一定的学术空白。[③] 此后,在吉成名教授的指导下,他的三个研究生钟金贵、盛律平、廖建福分别以凤、龟、麟作为硕士毕业论文的研究对象,从民俗学的角度,对凤、龟、麟分别进行了较为综合的研究,在一定程度上揭示了凤、龟、麟的多重形象。[④]

其他关于四灵个体研究的篇目繁多,呈现出了视角多样、材料丰富的现状,这对四灵文化研究的进一步深入,起了一定作用。但有些篇章视野较为狭窄,材料较为重复,观点陈陈相因,需要进一步深入综合研究,以期还原四灵形象与地位变化在中国古代史上的演变过程,给人以整体印象。

---

① 杜而未《凤麟龟龙考释》,台北商务印书馆 1966 年版,第 4 页。
② 何星亮《中国龙文化的特征》,《思想战线》1999 年第 1 期,第 76—82 页。
③ 吉成名《中国崇龙习俗》,天津古籍出版社 2002 年版。
④ 钟金贵《中国崇凤习俗初探》,湘潭大学硕士学位论文 2005 年;盛律平《中国古代崇龟习俗初探》,湘潭大学硕士学位论文 2007 年;廖建福《中国崇麟习俗初探》,湘潭大学硕士学位论文 2007 年。

　　2014年萧兵出版了120万字的《龙凤龟麟：中国四大灵物探究》一书，[①]从传统人类学的角度将四灵研究向前推进了一大步。作者运用艺术人类学兼文学人类学的方法，在原来四灵研究"母型"基础上，探讨了龙凤龟麟成为神话动物母型的原因，解释了四灵个体由世俗"生物性存在"升华为神圣"文化性实体"的过程。

　　萧兵从人类学角度解释了四灵成为"灵物"的原因——基于生存能力、生存方式与生存智慧，认为凶猛强悍、繁衍能力强是四灵由"物"而为"灵"为"神"的缘故。萧兵解释了四灵中龙与凤"提升"为超人"权威"，甚至被皇权垄断为私有物的缘由，是人类将自己能动本质对象化于"有生的自然"的结果。

　　应该肯定，萧兵从动物的本性上升到人类的心理层面，再进入文化领域，解释较为合理，探讨龙与凤成为皇权垄断为私有物的原因理论较深刻。但是，我们认为四灵首先是政治意识形态的范畴，是战国末期儒家一派为了描绘对天下统一的政治设想，为了强调"礼"制统一天下作用，强调社会秩序，在各地域各民族文化融合的基础上创造出来的一种新的政治思想范畴，有着广阔复杂的社会背景和深刻内在的社会时代根本原因。萧兵仅仅从人类学角度解释是远远不够的，尽管也不失为一种有价值、有益的尝试。

　　（二）"四灵"文化研究薄弱环节或学术空白

　　"四灵"研究还处于初步阶段，有很多领域仍是薄弱环节或学术空白，如龙、凤、龟、麟作为四灵的单个个体，从先秦到汉代

---

① 萧兵《龙凤龟麟：中国四大灵物探究》，华中师范大学出版社2014年版。

的文献记载到底是怎样的？经过了哪些变化？这些变化给人们生活带来了怎样的影响？作为一个体系、一个整体的四灵，是在什么样的背景下产生的？它们组合的历史过程经过了哪些阶段？产生之后在汉代的发展情况怎样？作为个体的四灵在历史长河中的地位及其影响发生了什么变化？四灵形成原因是什么？对后世，在政治、文化、宗教及人们的心理方面产生了哪些影响？这些方面既是目前四灵研究的薄弱环节或学术空白，也是本书的重点。

二、"四象"或"四神"文化研究

四灵研究著述颇多，但大都是对四灵广义定义的研究，就是说，主要是把天文的青龙、白虎、朱雀、玄武作为研究对象。

（一）国内"四象"或"四神"文化研究

国内许多学者从自己熟悉的科学研究领域出发，从专业角度来开展"四象"或"四神"文化的研究。比较著名的有天文学家陈久金教授，他的《从北方神鹿到北方龟蛇观念的演变——关于图腾崇拜与四象观念形成的补充研究》[1]和《华夏族群的图腾崇拜与四象概念的形成》[2]两篇文章，就是从天文史的角度，论证了东方苍龙起源于东夷民族的龙图腾，西方白虎起源于西羌族的虎图腾，南方朱雀起源于少皞族和南蛮族的鸟图腾，北方玄武起

---

[1] 陈久金《从北方神鹿到北方龟蛇观念的演变——关于图腾崇拜与四象观念形成的补充研究》，《自然科学史研究》1999 年第 2 期，第 115—120 页。

[2] 陈久金《华夏族群的图腾崇拜与四象概念的形成》，《自然科学史研究》1992 年第 1 期，第 9—22 页。

源于北方夏民族的龟蛇图腾,北方神鹿也是北方民族的图腾,这四方图腾整合形成四象体系。冯时也是从天文史角度来讨论四神起源问题,他撰写的《中国天文考古学》^①和《星汉流年——中国天文考古录》^②两书,运用材料丰富,采用了许多中国天文史研究成果和新发现的考古资料。在《中国天文考古学》一书中,根据曾侯乙墓出土的漆箱二十八宿图,冯时认为"中国古老的天文学确曾存在过一个以鹿取代玄武为北宫之象的时代"。他把两件文物上的北方神兽和麒麟联系起来,勾勒出了四神体系的发展表(表 0-3)。这一图表是对四神体系形成过程的首次概括,也是一项具有创新意义的四神发展起源的研究成果。

表 0-3　四神体系发展表

时代	资料	东宫	西宫	南宫	北宫	中宫
约公元前 48 世纪	小山陶尊			鸟	鹿(麟)	
约公元前 46 世纪	西水坡蚌塑遗迹	龙	虎	鸟	麟	
公元前 9—前 7 世纪	虢国铜镜	龙	虎	鸟	麟	
公元前 5 世纪末	曾侯乙星图	龙	虎	(鸟)	麟	
公元前 3 世纪中	《吕氏春秋》	龙	虎	鸟	龟	麟
公元前 2 世纪中	《淮南子》	龙	虎	鸟	玄武	黄龙
公元前 1 世纪初	《史记·天官书》	龙	咸池	鸟	玄武	

王小盾的《中国早期思想与符号研究》一书,认为"四灵"就是"四神",指青龙、白虎、朱雀、玄武(龟蛇合体)或龙、麟、凤、龟等四种想象中的神奇动物。早在周代,它们就作为动物神和天文神,代表了鳞兽、毛兽、羽兽、介兽等四类动物,以及东、西、南、

①　冯时《中国天文考古学》,社会科学文献出版社 2001 年版。
②　冯时《星汉流年——中国天文考古录》,四川教育出版社 1996 年版。

北等四方星空。到汉代,它们同五行观念相结合,成为对中国文化影响最大的宇宙论体系,此后也成为渗透在民众生活各方面的艺术符号。[①] 王氏之书可谓煌煌巨著,长达百万余言。王小盾认为,四灵的定义包括三方面的内容:(一)指青龙、白虎、朱雀、玄武(龟蛇合体)或龙、麟、凤、龟等四种想象中的神奇动物。(二)鳞兽、毛兽、羽兽、介兽等四类动物,以及东、西、南、北等四方星空。(三)中国文化影响最大的宇宙论体系,渗透在民众生活各方面的艺术符号。一层一层扩展开来,最后成了最大的宇宙论体系,可谓无所不包无所不容。

王氏认为,"四神"体系的建立,东方民族做出了突出贡献,四象体系形成于商代,并得出了"麟、凤、龟、龙"的说法出现在周代的结论。发前人所未发,确实较为胆大。其论述单就最后一个结论来说:"为什么说这一说法属于周呢?[②] 因为周民族的神鸟并不称'鸟',而称'鸾凤'或'凤凰'。"周代有了"鸾凤"或"凤凰"的说法,是"麟、凤、龟、龙"四灵形成的前提条件,但是否能自然而然得出后者产生于周代的结论呢? 两者看不出有必然的逻辑关系。

王氏所论,本意是好的,从广义的四灵出发,要给中华民族的文化架构一个体系,探寻中华文明的形成过程及来龙去脉,同杜而未的《凤麟龟龙考释》一书相比,应该是有明显的进步。王氏把"四神"、"四灵"、"四象"及宇宙论体系和各方面的艺术符号捆绑到一块来论述,包括天文学、神话学、人类学、语言学、民族学、历法等,研究范围较广泛,研究方法较为系统,是一部研究四

---

① 王小盾《中国早期思想与符号研究》,上海人民出版社 2008 年版,第 1 页。
② 指"麟凤龟龙"形成于周代的看法。

神体系的专著。书中采用了大量的考古学资料和文献资料,论述了四神体系形成的过程,虽然广泛但不够深入,如果作为研究材料倒不失为一本好的参考书,有些结论则有待商榷。

目前我们搜集到的四神考古研究资料主要有:

董淑燕《隋唐墓志四神十二辰纹述论》;[①]

张碧波《高句丽壁画墓四神图像与中国的天文学、神话学》;[②]

贾艳红《汉代的四灵信仰——从天之四宫到住宅(墓门)守护神》;[③]

萧巍《浅谈敦煌晋墓出土的四神砖》;[④]

铁付德《西汉早期柿园墓四神云气图壁画保护研究(一)——历史与现状调查》等。[⑤]

其中较有深度、有价值的是倪润安的《论两汉四灵的源流》一文。[⑥] 从时代背景出发,作者分析了四灵组合的实物形象最早出现于汉初的原因和过程,归纳了两汉时期不同地区四灵的演变特点,最后解释了汉晋之际四灵的去向。倪润安认为四灵的单体从六七千年前就完成了大面积的铺展,战国初期的《考工记》是最早记录龟蛇进入天象的文献,它反映了四灵既象征星

① 董淑燕《隋唐墓志四神十二辰纹述论》,《碑林集刊》2006 年 00 期,第 93—109 页。

② 张碧波《高句丽壁画墓四神图像与中国的天文学、神话学》,《北方文物》2005 年第 1 期,第 60—67 页。

③ 贾艳红《汉代的四灵信仰——从天之四宫到住宅(墓门)守护神》,《济南大学学报》2003 年第 1 期,第 24—26 页。

④ 萧巍《浅谈敦煌晋墓出土的四神砖》,《丝绸之路》1999 年第 5 期,第 40—41 页。

⑤ 铁付德《西汉早期柿园墓四神云气图壁画保护研究(一)——历史与现状调查》,《文物保护与考古科学》2004 年第 1 期,第 47—51 页。

⑥ 倪润安《论两汉四灵的源流》,《中原文物》1999 年第 1 期,第 83—91 页。

宿,又代表旗帜的特点,揭示四灵各单体得以组合的关键因素是天象学和兵阴阳学,具有较高的学术价值。该文联系时代背景,概括了四灵形象发展的阶段性特点,以时间为序,脉络清楚,提出一些新看法,提供了些新研究思路,是较有分量的一篇文章。

丁常云的《道教与四灵崇拜》一文,[①]从动物崇拜、图腾崇拜的角度,论述了四灵崇拜的根源,并且把四灵崇拜和星象"二十八宿"联系起来,组成了青龙、白虎、朱雀、玄武"四象",这是广义的四灵崇拜,也是天文学上的四象信仰。此外,论述了四灵在道教神谱中的地位,是道教的护卫神,受到广大道教信徒的崇拜。这篇文章总结了四灵崇拜的一些常识,创新不多,但把四灵崇拜和道教联系起来,角度新颖,有一定价值。

(二)国外"四象"或"四神"文化研究

国外对四灵文化的研究较少,主要集中于日本和美国。在国外学者中,日本学者御手洗胜影响较大,他的《关于四灵神话》一文,[②]刊于 1988 年王孝廉主编的《神与神话》一书中。文章讨论了四灵观念发生的原因,并且认定四方神的神容就是四灵的实体:东方神太皞的神容是青龙,火神祝融的神容是朱雀,西方刑神蓐收的神容是白虎,水神玄冥的神容是玄武。这四灵原来都是古代姓氏部族的始祖神:风姓族的始祖神是太皞,嬴姓族的始祖神是玄冥、蓐收,芈姓族的始祖神是祝融。从四灵体系的起源和民族文化关联的角度,御手洗胜回答了如何系统理解四灵体系起源的问题。

---

① 丁常云《道教与四灵崇拜》,《中国道教》1994 年第 4 期,第 28—31 页。
② 王孝廉主编《神与神话》,台北联经公司 1988 年版。

驹井和爱的《玄武图纹私考》一文主要探寻了玄武神是龟蛇合体的原因,认为龟蛇合体是为了表示阴阳合体的咒术意义。20世纪后半期,羽床正明的《四神信仰の伝来と归化人》一文,把四灵信仰在东北亚的流传分为三期。林巳奈夫撰写的《对洛阳卜千秋墓壁画注释》,虽然是针对汉墓的个案作研究,但有些个案是四灵壁画墓,林巳奈夫对其中的一些神进行了辨析。

在美国学者当中,查维斯的《洛阳汉壁画墓》是一部研究洛阳汉墓壁画的专著,主要围绕四灵壁画结构布局和用途作了探讨。巫鸿的《汉代艺术中的"天堂"图像和"天堂"观念》一文,对四灵形象图和汉代人的思想观念进行了探讨。

三、研究方法和研究意义

(一)研究方法

1.本书采用纵向研究与横向研究相结合的方法,以历史为经,以各个历史阶段对四灵的研究为纬,以历史文献、文学、考古、文字学、民俗、文化史为理论支撑,展开对四灵的研究。

2.采用王国维提倡的二重证据法,将文献资料与地下出土资料相结合,展开对四灵的研究。

3.演绎与综合、个案考察与理论总结相结合,利用文献学、考古学、文学、历史学、文字学、民俗学、文化学等多学科领域理论与方法,综合性地研究四灵。

4.由于四灵出现是在战国末年,四灵的结合有一个历史过程,四灵产生之后各自也有发展,因此,本书研究以四灵产生为中心,在时间上对四灵产生前后作个体分别研究的基础上,再作四灵整体研究,本书写作遵循四灵发展的这一逻辑思路。

(二)研究意义

四灵文化研究具有重要的学术价值和现实意义,可以让我们更好地认识中国古代历史、风俗习惯、政治制度、民族宗教,可以更好地研究涉及我们民族精神、民族心理等深层次的内容,更好地继承和传播我国优秀的传统文化,丰富中国人的人文精神。对于增强民族审美意识和民族凝聚力,弘扬民族传统文化,增强各国人民对我们的认识和了解,也具有重要作用。同时,在他人研究基础上,本书对四灵研究的某些方面向前推进了一步,或者填补"四灵"研究某些方面的学术空白。

四、本书结构

本书主体部分有五章,前有绪论,后有结语。

绪论首先从"四灵"出现时间、"四灵"形成的时代和知识背景、"四灵"组合的历史过程三个方面探讨了"四灵"的形成背景及过程。其次在探讨汉代四灵发展及四灵异化的基础上,对"四灵"概念进行了辨析及界定。最后对"四灵"研究现状及意义进行了论述,回顾了国内"四灵"文化研究成果和国内外"四象"或"四神"文化研究成果,阐述了研究方法和研究意义,介绍了全书结构。

第一章对龙的原型、汉前龙文化形象进行了探讨。结合分析先秦文献中龙的生态特征与分布,考证出龙的原型应该是扬子鳄。以历史为线索,梳理了从先秦到汉末三国时期龙的不同文化形象及嬗变过程,重点探讨了龙喻帝王的文化内涵和其他象征意义,以及龙在精神、心理及社会舆论方面对当时社会的影响。

第二章对汉前凤的文化形象及动物原型进行了探讨。以历史为线索,结合分析先秦文献,梳理了从先秦到汉代凤的不同文化形象及嬗变过程,探讨了凤作为天下清明祥和的象征,体现了天人合一、天人感应的思想。以汉宣帝为例,重点探讨帝王年号用凤的原因:从舆论上证明自己继承帝位的正当性,赢得民心,粉饰太平。考证了凤的原型最有可能是孔雀。

第三章对汉前龟的文化形象进行了探讨。以历史为线索,结合分析先秦文献,梳理了从先秦到汉代龟的不同文化形象及嬗变过程。在史前期,从神话传说和考古资料里追寻龟在新石器时代对于人们的作用和意义。探讨了夏商周时期——特别是商代——龟文化的空前繁荣。商代也是龟卜在中国历史上占据最重要地位的时期。同商朝相比,西周时占卜的作用有所下降,但龟卜的范围超过以前。从战国到秦代再到汉代,龟卜彻底衰落了。

第四章对汉前麒麟的文化形象及动物原型进行了探讨。以历史为线索,结合分析先秦文献,梳理了从先秦到汉代麒麟的不同文化形象及嬗变过程,探讨了麒麟作为天下大治、祥和繁盛的征兆及其对史学的影响。结合现代动物学的知识和历史文献,考证了我国古代的麒麟就是印度犀。

第五章探讨了四灵体系的形成原因和对后世的影响。本章从三个方面论述了"四灵"形成的原因,一是论述了战国时期深入人心的大一统是"四灵"形成的思想背景;二是从民族融合和文化整合的角度探讨了《礼记·礼运》篇出现的原因;三是提出了"四灵"形成是民族认同不断发展、民族文化不断整合的结果。

最后较为详尽地考述了四灵对后世的影响。

最后以一个结语对四灵做出了整体评价,对四灵个体在历史上的地位及影响的变化做了总结。

小　结

　　绪论首先从三个方面探讨了"四灵"形成的背景及过程：一是探讨《礼记·礼运》的写作年代，以确定"四灵"出现的时间；二是从春秋战国时期的混乱无序、礼制松弛和《子华子》《考工记》对脊椎动物的分类出发，探讨"四灵"形成的时代、知识背景；三是探讨了"四灵"组合的历史过程。

　　其次，在探讨汉代四灵发展及四灵异化状况的基础上，对"四灵"概念进行了辨析及界定。

　　最后，对"四灵"研究现状及意义进行了论述，分为四部分：一是回顾了国内"四灵"文化研究的成果；二是回顾了国外"四象"或"四神"文化研究的成果；三是阐述了研究方法和研究意义；四是介绍了全书结构。

第一章　四灵之一——龙

中华龙的历史，从考古文物的出土，到民间的神话传说；从可征的文字记载，到现实生活中的各种器物，纷繁多样，源远流长，无不显示了龙从史前期一直到现在的重要影响。那么，在先秦文献记载中，龙到底是一种怎样的东西？从史前期到汉朝末年，它又经过了哪些变化？本章将就上述问题作出回答。

第一节　龙原型考

初期的龙究竟为何物？几千年来众说纷纭。由于年代久远，不仅近代以来人们意见不一，两千年前战国后期的屈原（约前340—约前278），曾在《天问》中对龙的形象提出疑问："河海应龙，何尽何历？"龙的形象已经模糊不清。自然界中龙最初的原型究竟是一种什么东西？龙是否真的存在过？下面逐步展开探讨。

一、先秦文献之龙的考察

先秦文献典籍里,多次记载了龙的出现。

(一)《左传》之"洧渊之龙"

《左传·昭公十九年》记载:

> 郑大水,龙斗于时门之外洧渊,国人请为禜
> 焉。子产弗许,曰:"我斗,龙不我觌也;龙斗,我独
> 何觌焉? 禳之,则彼其室也。吾无求于龙,龙亦无
> 求于我。"乃止也。[①]

这是公元前 523 年发生在郑国的一件大事。郑国是春秋战国时期重要诸侯国之一,公元前 806 年始封国,建于郑(今陕西华县)。公元前 774 年郑国迁移到东虢国和郐之间(今河南嵩山以东),后郑武公灭东虢国和郐国,定都于溱洧间,仍用郑名,后人为区别始封之郑,称之为新郑,即今河南省新郑市。公元前 375 年,郑为韩国所灭。郑国起于郑桓公,终于郑康公,立国 432 年。

公元前 523 年正是郑定公时代,当时郑国处在大国晋楚之间,国都新郑西距东周京城雒邑不远。郑国地处"天下"的中心,纵横约一二百里,水陆交通便利,四通八达,为往来必经之地。

新郑地势西高东低,西北部为丘岗地,西部为浅山丘陵区,

---

① 杨伯峻《春秋左传注》,中华书局 2009 年版,第 1405 页。

东部为平原,属温带季风气候,降雨时空分布不均,极易产生水旱灾害:冬春干旱降水少,夏季降水占全年降水一半以上,尤其是七八月份,经常大雨暴雨连连;再加上其西北和西部为丘陵地区,河水从上游顺势而下,极易汇集成洪水。如果下游的颍水和淮河此时也处于洪水期,洧水泄洪能力就会显著下降,往往带来较大灾难。洧水所属的淮河水系,历史上一直水患不断。因此,从以上分析看,公元前523年发生在郑国的"大水"应为暴雨所致,最有可能是在七月或八月。

《诗经·郑风》的《褰裳》和《溱洧》篇都提到了洧水。

《褰裳》里说:"子惠思我,褰裳涉洧。子不我思,岂无他士。狂童之狂也且。"①高亨先生作注说,"洧"是郑国的水名,现在叫双洎河。

《溱洧》篇更是三次提到洧水:

> 溱与洧,方涣涣兮。士与女,方秉蘭兮。女曰"观乎!"士曰"既且","且往观乎! 洧之外,洵讦且乐。"维士与女,伊其相谑,赠之以勺药。
>
> 溱与洧,浏其清矣。士与女,殷其盈兮。女曰"观乎!"士曰"既且","且往观乎! 洧之外,洵讦且乐。"维士与女,伊其相谑,赠之以勺药。②

在十五"国风"里,"郑风"21篇,除去标题,诗句中提到洧水最多,洧水5次,溱水3次,洧水和溱水大多连在一起使用。可

---

① 高亨《诗经今注》,上海古籍出版社2009年版,第119页。
② 高亨《诗经今注》,上海古籍出版社2009年版,第126页。

见,洧水是当时郑国最知名的一条河流。当时郑国的青年男女,每逢上巳节,往往呼朋引伴,到洧水河边游玩嬉戏,谈情说爱。郑国女子的主动、大胆、多情,给人留下了深刻印象。

《孟子·离娄章句下》里也提到了洧水:

> 子产听郑国之政,以其乘舆济人于溱洧。[1]

记载的是郑国的贤相子产不忍见百姓在冬天趟过洧水和溱水,用自己所乘的车子帮助他人渡河的事情。由此事可看出,冬季时洧水的水位很低,人们能够较容易地趟水过河。子产在公元前543年被郑简公任为执政,一直到公元前522年郑定公时死在任上。辅政二十多年,子产充分展示了自己的雄才大略,郑国的内政外交处置得宜,终其一生,国稳而民安,深受郑国百姓爱戴。

《战国策》里也提到了洧水:

> 苏秦为楚合从说韩王曰:"韩北有巩、洛、成皋之固,西有宜阳、常阪之塞,东有宛、穰、洧水,南有陉山,地方千里,带甲数十万。"[2]

郑国在郑康公二十一年(前375年)被韩国所灭,洧水在韩国的版图中也是标志性地理名称之一。

北魏郦道元《水经注·洧水》里说,洧水是从河南密县西南

---

[1] 杨伯峻《孟子译注》,中华书局2010年版,第170页。
[2] 刘向辑录《战国策》,上海古籍出版社1998年版,第930页。

马领山发源，东过郑县南，溱水从西北蜿蜒而来注入洧水。再往东为洧渊水，也就是《左传》里时门外的"洧渊"，是一个较深的潭。洧水再往东流，黄水从西北流来注入。洧水向东南流至长平县注入颍水，颍水往东南注入淮水。[1]

由上可知，"时门"不远处的洧水，一年四季，郑国的人们来来往往，行人不断。洧水不仅是新郑城的水源地，洧水河边也往往是游玩、嬉戏、娱乐的重要公共场所。郑国处于中原的中心，东周以东的诸侯国到京城雒邑，各诸侯国之间的交往，往往也要经过新郑。

由于河水暴涨，水位上升，"洧渊"中"龙"的活动范围扩大，使得"龙"与新郑城里人们的距离缩短了。这就不难理解，当"洧渊"中的"龙"斗于"时门"之外时，引起了城中人们极大的恐慌。我们可以推断，"龙"是一种凶猛且体积较大的动物，"龙"斗的场面一定非常激烈，并且持续时间较长。至于斗的原因，或是双方为争夺地盘而战，或是一方是从上游或下游"入侵"引发争斗。

由于龙斗打破了城中人们生活的平静，人们就去找执政子产，请求给它们祈禳，来让"龙"迁走。子产没有答应，他认为"洧渊"本来就是"龙"生活居住的地方，为什么一定要赶它们走呢？这样做纯粹是多此一举。

对这个事件的处理态度可以推断子产和其他民众对"龙"的认识的差异：一般民众认为"龙"是神怪，它们的争斗会给自己带来祸患，通过祈禳可以保护自己平安无事。而子产认为"龙"是自然界的一种动物，一直生活在渊水里面，不会给人们带来灾难，也就没有必要通过祈禳的方式让"龙"迁走。子产不仅有卓

---

[1]　郦道元著，王先谦校《合校水经注》，中华书局 2009 年版，第 328—337 页。

越的政治才能,还具有朴素的唯物观认识论,这在当时的历史条件下难能可贵。

(二)《左传》之"绛郊之龙"

《左传·昭公二十九年》记载:

秋,龙见于绛郊。魏献子问于蔡墨曰:"吾闻之,虫莫知于龙,以其不生得也,谓之知,信乎?"对曰:"人实不知,非龙实知。古者畜龙,故国有豢龙氏,有御龙氏。"献子曰:"是二氏者,吾亦闻之,而不知其故,是何谓也?"对曰:"昔有飂叔安,有裔子曰董父,实甚好龙,能求其者欲以饮食之,龙多归之,乃扰畜龙,以服事帝舜,帝赐之姓曰董,氏曰豢龙,故帝舜氏世有畜龙。及有夏孔甲,扰于有帝,帝赐之乘龙,河、汉各二,各有雌雄。孔甲不能食,而未获豢龙氏,有陶唐氏既衰,其后有刘累,学扰龙于豢龙氏,以事孔甲,能饮食之。夏后嘉之,赐氏曰御龙,以更豕韦之后。龙一雌死,潜醢以食夏后。夏后飨之,既而使求之。惧而迁于鲁县,范氏其后也。

献子曰:"今何故无之?"对曰:"夫物,物有其官,官修其方,朝夕思之。一日失职,则死及之。失官不食。官宿其业,其物乃至。若泯弃之,物乃坻伏,郁湮不育。……龙,水物也,水官弃矣,故龙不生得。不然,《周易》有之:在乾之姤曰'潜龙勿用',其同人曰'见龙在田',其大有曰'飞龙在天',

　　其夬曰'亢龙有悔'，其坤曰'见群龙无首，吉'，坤
之剥曰'龙战于野'。若不朝夕见，谁能物之?"①

　　公元前 513 年秋天，晋国的都城绛的郊区出现了龙，晋国的执政魏献子向蔡墨询问如何看待这件事。

　　魏献子是春秋后期晋国大夫，名舒，从公元前 514 年主持国政，到公元前 509 年死在任上，前后执政六年，在军事和政治方面都有所作为。

　　蔡墨，姓蔡，名墨，又叫蔡史墨，生卒年不可考。官为晋太史，故称史墨。长于天文星象、五行术数与筮占，熟悉各诸侯国内政，是晋国当时学识渊博的智者。公元前 511 年，蔡墨预测晋国范氏、中行氏将来必然灭亡②；公元前 510 年，预言吴越争斗不出四十年，越必灭吴③。以上无不显示了蔡墨作为一个能够准确把握历史发展规律的史学家的高瞻远瞩和远见卓识。

　　正因如此，每当发生大事时，晋国的政要往往向蔡墨问询。如公元前 510 年，被季孙氏赶出鲁国的鲁昭公，在流亡中死于乾侯。赵简子就此事询问史墨的看法，史墨得出了"社稷无常奉，君臣无常位，自古以然"的结论，含有朴素辩证法思想。④

　　赵简子是春秋后期晋国卿大夫，六卿之一，赵氏大宗宗主。他执政晋国达十七年之久，是一位杰出的军事家、政治家、外交家，战国时代赵国基业的开创者，郡县制社会改革的积极推动者，对春秋战国的历史发展起到了推动作用。

---

① 杨伯峻《春秋左传注》，中华书局 2009 年版，第 1500—1502 页。
② 杨伯峻《春秋左传注》，中华书局 2009 年版，第 1504—1505 页。
③ 杨伯峻《春秋左传注》，中华书局 2009 年版，第 1516 页。
④ 杨伯峻《春秋左传注》，中华书局 2009 年版，第 1519—1520 页。

从魏献子和赵简子两人对蔡墨的重视态度可以看出，蔡墨知识的渊博程度和对时事发展的判断，在晋国无人可比。因此在一定程度上我们可以这样认为，蔡墨对于当时自然界和社会的认知，代表了那个时代的较高水平。

晋国是春秋五霸之一，是称霸时间最长的诸侯国。国君出自周成王之弟唐叔虞，叔虞之子燮（也称燮父）改国号为晋，直至公元前376年，韩、赵、魏三家废静公，晋国灭亡。

晋国的都城"绛"在不同的历史时期指代的地方不同。晋国国都最初为唐，晋献公时迁都绛（今翼城东南），别都为曲沃（今山西闻喜）。晋景公十五年（前585年），景公迁都于绛山之北汾河、浍河会合处的新田，称之为新绛，这也是晋国最后的都城。公元前513年秋天，在近郊出现了"龙"的"绛"，应是"新绛"，是景公迁都后的新田。

蔡墨把"龙"看成"水物"，那么在"绛"的近郊出现的"龙"，应是在汾水。虽然浍水也在"绛"的郊区，但浍水是汾水的一条支流，长度短，水位浅，在枯水期有时甚至干涸，不太可能有"龙"生存。我们知道《左传》里大多用的是周历，周历以通常冬至所在的建子之月（即夏历的十一月）为岁首，周历的秋季就是现在农历的七、八、九三个月，而往往农历的六、七、八三个月，是汾河流域降水最集中的时间。汾河流域年降水量变化梯度大，由北往南逐渐增加。汾河流域降水一般具有年际变化较大、年内分配不均匀、汛期和枯水期界限分明的特点。

出现"龙"的"绛"的郊区，差不多处在汾水流域的最南部，是汾河流域降水量最大的地方，也处在汾水下游地区。在一年中降水最集中的六、七、八三个月，汾水流域进入汛期，是汾水水位最高、水量最大的时候，也是汾水离"绛"城最近的时候，汾水甚至会漫延到"绛"城边上。应该是在这种情况下,"绛"城中的人们在郊区发现了龙。

为什么其他年份没有发现呢?最合理的解释是因为汾河流域降水年际变化较大,这一年汾河流域的降水要远远高于其他年份。由于汾水流域汛期和枯水期界限分明,在"绛"的郊区出现的龙,也有可能是从黄河沿着汾水逆流而上来到这里的。绛地的汾水离黄河不远,仅仅一百余里。我们可以得出结论,至少在春秋时期,黄河中游流域是有龙存在的。

从魏献子与蔡墨的对话可知,在古代确实有养龙的人,有豢龙氏与御龙氏,这在春秋时代应是一个基本常识,魏献子与蔡墨都知道这件事情。但因年代久远,魏献子不知道详细情况。

作为史官的蔡墨认为从前有个叫飂叔安的,其后人董父很喜欢龙,能找到龙爱吃的食物,很多龙跑到董父那里,于是他就靠驯养龙来服事帝舜。帝舜赐给他的姓叫董,这就是豢龙氏,帝舜时辈辈有驯养龙的人。

夏代国君孔甲得到了河水和汉水的龙,各是雌雄一对。陶唐氏的后人刘累在豢龙氏那里学过养龙,来替孔甲喂龙。孔甲赐给刘累一个姓叫御龙氏,来代替豕韦的后人。可能由于刘累初次独立养龙,驯养技术没过关,一条雌龙不幸死了,刘累就悄悄把它作成酱肉给孔甲吃了,不久孔甲来向刘累要这条龙,刘累很害怕,就迁到鲁县,范氏是他的后人。

当魏献子问为什么现在没有龙时,蔡墨认为管理龙的水官不再设立,龙就隐藏了,也就找不到活龙了。蔡墨还认为,《周易》卦中的"潜龙勿用"、"见龙在田"、"飞龙在天"、"亢龙有悔"、"见群龙无首"、"龙战于野"中的"龙",都是现实生活中真实存在的动物。

从魏献子与蔡墨的全篇对话我们知道，"龙"既能潜水，也能行走田野，既能在空中飞翔，又能在郊外的田野中搏斗。"龙"不仅能驯养，还能做成美味来让人享用。蔡墨对于龙作为一种动物的存在是确信无疑的，并且认为"龙"只是一种平常之物，并不比人聪明。通过观察、研究，熟悉了"龙"生活的习性，人可以很好地驯养它，为人类服务。这体现了蔡墨作为一个史学家朴素的唯物论观点。

陶唐氏、御龙氏、豕韦氏三者演变历史，《左传·襄公二十四年》中有记载：

> 二十四年春，穆叔如晋，范宣子逆之，问焉，曰："古人有言曰'死而不朽'，何谓也？"穆叔未对。宣子曰："昔匄之祖，自虞以上为陶唐氏，在夏为御龙氏，在商为豕韦氏，在周为唐、杜氏，晋主夏盟为范氏，其是之谓乎！"[1]

范宣子，春秋时期晋国人，祁姓，范氏，名匄。因范氏为士氏旁支，故又称士匄，史称范宣子。范宣子历仕晋悼公、晋平公二世，终任中军将，执掌国政，为晋悼公恢复霸业做出了贡献。范宣子是春秋变革时代新兴地主阶级的代表人物之一，有着卓越的治国才能、杰出的外交思想和顺应历史发展潮流的政治素质。

范宣子自述其祖上是陶唐氏、御龙氏、豕韦氏，对于自己的家世，范宣子自然关心，知道的应该比他人多一些。范氏家族在春秋时的晋国是一个权势显赫的家族。范宣子祖父范武子（士

---

① 　杨伯峻《春秋左传注》，中华书局 2009 年版，第 1087—1088 页。

会）曾在晋成公之时任上军将，晋景公时任中军将，执掌晋国国政。他的父亲范文子（士燮）历任上军佐、上军将、中军佐。他的儿子范献子曾任下军佐，在公元前 509 年—前 501 年执掌国政。因此，有关御龙氏的说法是可信的，与御龙氏相关的驯养龙的事情在历史上是存在的。

在《国语·晋语八》里面，也对此事有同样的记录：

> 鲁襄公使叔孙穆子来聘。范宣子问焉，曰："人有言曰'死而不朽'，何谓也？"穆子未对。宣子曰："昔匄之祖，自虞以上为陶唐氏，在夏为御龙氏，在商为豕韦氏，在周为唐、杜氏。周卑，晋继之，为范氏，其此之谓也？"对曰："以豹所闻，此之谓世禄，非不朽也。鲁先大夫臧文仲，其身殁矣，其言立于后世，此之谓'死而不朽'。"①

现在，一般认为，《国语》可能是各国史乘的原始记录，更接近史料原貌，可与《左传》相互参证。

（三）《孟子》之尧舜禹时"中国之龙"

战国之时"龙"在江浙一带为常见之物。与此相应的是，在尧舜之时的中原地区，"龙"也曾这样广泛分布过。

> 公都子曰："外人皆称夫子好辩，敢问何也？"
> 孟子曰："予岂好辩哉？予不得已也。天下之生久

---

① 左丘明撰，鲍思陶点校《国语》，齐鲁书社 2005 年版，第 222 页。

矣,一治一乱。当尧之时,水逆行,泛滥于中国,蛇龙居之,民无所定;下者为巢,上者为营窟。书曰:‘洚水警余。’洚水者,洪水也。使禹治之。禹掘地而注之海,驱蛇龙而放之菹;水由地中行,江、淮、河、汉是也。险阻既远,鸟兽之害人者消,然后人得平土而居之。”①

在尧舜禹时的“中国”,“江、淮、河、汉”地区,不仅洪水泛滥,蛇龙也成灾。

考古发现已经证明了中国尧舜禹时代的洪水与治水传说的真实性,从河北邯郸到河南洛阳,再到陕西的武功县,都留下了洪水的印记。那么当时“蛇龙”成灾也应该是洪水之时“中国”境内状况的真实描绘。

从文献与考古结合考察,洪水与治水传说是至关重要的。考古工作证明,沿京汉线与陇海线的邯郸—武功间至少有三处,在距今四五千年间发现过洪水的遗迹现象:一是邯郸,二是洛阳,三是武功②(浒西庄,赵家来)。……山西襄汾陶寺相当武功(赵家来),是迄今中原地区考古发现唯一较早近似社会分化达到国家(古国)规模的大遗址,绝对年代距今 4500 年前后,与传说《五帝本纪》后半的尧舜禹从治水不成功到成功的时期大

①　杨伯峻《孟子译注》,中华书局 2010 年版,第 141 页。
②　陕西省咸阳市武功县。

致吻合。[①]

　　史书记载,尧舜禹活动中心在晋南一带,"中国"一词的出现也正在此时。尧舜禹时代万邦林立,各邦的"朝贺"和"诉讼",都是由四面八方到"中国",出现了最初的"中国"概念。这还只是承认万邦中有一个不十分确定的中心,这时的"中国"概念也可以说是"共识的中国"。而夏、商、周三代,由于方国的成熟与发展,出现了松散的、联邦式的"中国",也就是周天子"普天之下,莫非王土;率土之滨,莫非王臣"的理想"天下"。[②]

　　从尧舜禹时期万邦中的一国到夏商周时代理想中的"天下","中国"的概念与范围在历史上经过了一个演变的过程。在孟子(前372—前289)所处的时代,"中国"大体是指以中原为中心的广大地区,包括华夏各诸侯国,与秦、越等边远地区相对应。

　　尧舜禹时期,距今4500年到4000年之间,黄河流域气候比现在温暖得多:

　　　　如果检查黄河下游和长江下游各地的月平均温度及年平均温度,可以看出正月的平均温度减低3—5℃,年平均温度大约减低2℃。……近五千年期间,可以说仰韶和殷墟时代是中国的温和气候时代,当时西安和安阳地区有十分丰富的亚热带植物种类和动物种类。[③]

────────────

① 苏秉琦《中国文明起源新探》,人民出版社2013年版,第117、118页。
② 苏秉琦《中国文明起源新探》,人民出版社2013年版,第120页。
③ 竺可桢《中国近五千年来气候变迁的初步研究》,《中国科学》1973年第2期,第170、171页。

就是说,从现在的西安往东的广大黄河中下游地区,在尧舜禹时代气候和现在的亚热带地区相似,有丰富的亚热带植物种类和动物种类:如竹类,经考古证明,从西安直到东部沿海地区广泛分布;动物则有水麂、竹鼠、大象、水牛,也应该包括广泛分布的蛇和龙。

(四)《说苑》之"越国之龙"

刘向所撰《说苑》的《奉使》篇里,也有对于龙的记载:

> 越使诸发执一枝梅遗梁王,梁王之臣曰韩子,顾谓左右曰:"恶有以一枝梅乃遗列国之君者乎?请为二三子耻之。"出谓诸发曰:"大王有命:客冠,则以礼见;不冠,则否。"诸发曰:"彼越亦天子之封也:不得冀、兖之州,乃处海垂之际,屏外蕃以为居,而蛟龙又与我争焉,是以剪发文身,烂然成章,以像龙子者,将避水神也。令大国其命,冠则见以礼,不冠则否。假令大国之使,时过弊邑,弊邑之君,亦有命矣,曰:'客必翦发文身,然后见之。'于大国何如?意而安之,愿假冠以见;意如不安,愿无变国俗。"梁王闻之,被衣出以见诸发,令逐韩子。诗云:"维君子使,媚于天子。"若此之谓也。[①]

《说苑》是西汉刘向所著的一部书,列入《汉书·艺文志》的

---

① 刘向撰,向宗鲁校证《说苑校证》,中华书局 1987 年版,第 302、303 页。

子部儒家类,但书中内容不仅仅限于儒家,墨家、名家、法家都有。全书共二十卷,分类记述春秋战国到汉代的轶事遗闻,每类前有总说,事后有些加了按语。后大部分散佚,仅存五卷,宋代曾巩复搜辑为二十卷,每卷各有标目。

这个故事记载的是战国时代越国到魏国聘问的事情。

越国从夏朝到越王勾践之间的这段历史,史载不详。司马迁在叙述越国历史源流时说:勾践的祖先是夏朝禹的后裔,是夏少康帝的庶子,被少康帝封在会稽,供奉夏禹的祭祀。二十多代后传到允常,允常死后儿子勾践即位,从此越国历史开始有了较详细的记载。[①] 公元前306年,楚国乘越内乱,联合齐国灭亡了越国。

战国时魏国,国都大梁,又称梁国,战国七雄之一。三家分晋后,公元前334年国君魏罃正式称王,遂有梁(魏)王之称,公元前225年魏国被秦所灭。

因此,这段故事应该发生在公元前334年至公元前306年间。

关于诸侯间聘问的程序和细节,《仪礼·聘礼第八》记载得很详细。一般规定,诸侯国之间如果很长时间没有举行盟会之类的事,就要相互聘问。[②]

聘礼有两种,分为聘和问,也就是大聘和小聘。大聘用卿作使者,也就是从司徒、司马、司空中选一人前往,用享礼。小聘用大夫作使者,用献礼。

享礼一定有玉璧、束帛和乘皮[③](玉帛庭实),对主国国君和

---

① 司马迁《史记》,中华书局1982年版,第1739页。
② 杨天宇《仪礼译注》,上海古籍出版社2004年版,第257页。
③ 乘皮,虎豹皮。

国君夫人都要行享礼；献礼只是自己国家的特产之类而已，且仅仅是向主国国君行之。①

无论是大聘还是小聘，无论是在驿馆还是在朝堂之上，使者都要穿上皮弁服来行礼应答，执行公务，以示对所在国家的尊重和敬意。

据上述介绍我们知道，越国出使梁国的使者是大夫诸发，这次诸发只带来了越国的特产梅花，并且仅仅是一枝梅花，没有玉璧、束帛和乘皮之类的东西。诸发以此为献礼，且仅向国君一人行之。这让梁国的大臣韩子感觉本国受了侮辱，因为越国的礼物实在太寒碜。又不能让越国的使者诸发抓住把柄说梁国贪财，于是韩子就找借口说越国人不懂礼节，没穿皮弁服来行礼，梁王当然不能接见越使。

据现存文献记载，春秋战国时代称为韩子的，一是韩起（？—前514），也称韩宣子，春秋后期晋国卿大夫，六卿之一。另一个是指韩非（约前280—前233），也称韩非子，韩国公子，战国法家思想的集大成者。韩起和韩非均不是魏国人，年代也不相符，当然不是羞辱越国使者的韩子。我们查《战国策》、《史记·魏世家》，魏国无韩子其人记载。韩子也许是梁国不太知名的一个大臣。

因为越国的祖先是夏朝少康帝的儿子，被少康帝封在会稽，所以诸发说越国也是天子所封之国，历史悠久，地位并不比其他诸侯国低，自豪之情，溢于言表。② 为了供奉夏禹的祭祀而处僻远海际之地，为了保卫中原的安宁而不得不与蛮夷之人相处，而

① 杨天宇《仪礼译注》，上海古籍出版社2004年版，第256页。
② 司马迁《史记》，中华书局1982年版，第1746页："周元王使人赐句践胙，命为伯。"

蛟龙又与越国争夺土地，因此不得不剪发文身，打扮得像龙子一样，避免水神的伤害。

从诸发的描述我们能推断，同当时中原相比，越人的生活方式相当简陋。与此相对应的是，《说苑·反质》里还有一则故事，讲的是鲁国有一对夫妇，丈夫擅长织屦，妻子善于织缟，迁徙到越国生活。有人告诉他们来到越国一定会走投无路，因为屦是做鞋用的，缟是做冠用的，但越国人光脚剪发，不穿鞋不戴帽，他们来到这里一无所用。① 可见越国生活方式的落后，同诸发叙述的一样。那么，当时越国的版图是怎样的？生活的地理环境又是如何？

《史记》记载越王勾践祖先"封于会稽，以奉守禹之祀"②。《吴越春秋·无余外传》记载："少康恐禹祭之绝嗣，乃封其庶子于越，号曰无余……无余质朴，不设宫室之饰，从民所居。"③可见，越国的第一位国君是少康之庶子，名叫无余，他被封在会稽却没有自己的宫城，同他的人民杂居在一起。"都秦余望南"④，但考古工作者在秦望山和会稽山南以及禹陵一带，均未发现有城址。从无余至勾践的祖父夫镡，世系失载⑤，一直到勾践之父允常，越国历史才接续上。

勾践卧薪尝胆七年，从吴国回到越国。"吴封地百里于越，东至炭渎，西至周宗，南造于山，北薄于海。"⑥东西不出今天浙江

① 刘向撰，向宗鲁校证《说苑校证》，中华书局1987年版，第530页。
② 司马迁《史记》，中华书局1982年版，第1739页。
③ 赵晔著，张觉校注《吴越春秋校注》，岳麓书社2006年版，第172页。
④ 袁康、吴平著，徐儒宗点校《越绝书》，浙江古籍出版社2013年版，第50页。
⑤ 袁康、吴平著，徐儒宗点校《越绝书》，浙江古籍出版社2013年版，第51页。
⑥ 赵晔著，张觉校注《吴越春秋校注》，岳麓书社2006年版，第205页。

绍兴市,南至浙江诸暨县,北到杭州湾。① 公元前473年,越国灭亡了吴国,将其纳入自己的版图,疆域空前扩大。据《越绝书·内经九术第十四》,它包括东汉时的大越、山阴、西江都郡。② 后勾践带兵北上,迁都琅琊。③《史记》所载:"当是时,越兵横行于江淮东,诸侯毕贺,号称霸王。"④

此后又经过鹿郢、不寿、朱勾、翳四君。其中越王朱勾在公元前415年出兵吞并了滕国(今山东滕州),公元前414年灭掉郯国(今山东郯城)。⑤ 公元前376年,太子诸咎杀死其父越王翳。越人杀死太子诸咎,立孚错枝为王。其后在公元前374年到公元前363年,无余之为越王。公元前362年到公元前355年,无颛为越王。⑥

"(周)显王三十六年(前333),楚围齐于徐州,遂伐于越,杀无疆。"⑦而《史记·越王勾践世家》对楚国围齐伐越亦有记载:"楚威王兴兵而伐之,大败越,杀王无强,尽取故吴地,至浙江,北破齐于徐州。而越以此散,诸族子争立,或为王,或为君,滨于江南海上,服朝于楚。"

自无疆(强)之后,越王之名在《史记》、《竹书纪年》均不见著录。⑧ 但《越绝书》有记载:"无疆子之侯,窃自立为君长。之侯子

---

① 赵晔著,张觉校注《吴越春秋校注》,岳麓书社2006年版,第206页。
② 袁康、吴平著,徐儒宗点校《越绝书》,浙江古籍出版社2013年版,第76页。
③ 今山东省胶南市南。
④ 司马迁《史记》,中华书局1982年版,第1746页。
⑤ 范祥雍《古本竹书纪年辑校订补》,上海古籍出版社2011年版,第58页。
⑥ 范祥雍《古本竹书纪年辑校订补》,上海古籍出版社2011年版,第106-120页。
⑦ 方诗铭、王修龄《古本竹书纪年辑证》,上海古籍出版社1981年版,第287页。
⑧ 越国世系,《吴越春秋》与《竹书纪年》、《史记》记载并不相同。

尊,时君长。尊子亲,失众,楚伐之,走南山。"①这同《吴越春秋》的记载大致相同。②

在越国由盛转衰的过程中,无疆是一个标志性的人物。无疆时越国同楚国的争霸,以无疆被杀,原来吞并的吴国土地被楚国占领而告终,越国从此一蹶不振。无疆以上越国称霸,国君称"王";从无疆子之侯以后,越国衰败,国君称"君长"。

因此,公元前334年至公元前306年的越国,正是处于越王无疆被杀之后,版图大为缩小,国力大为衰退,由同齐、楚争霸之国沦为"服朝于楚"之国的境况。这时越国版图又缩回到勾践灭吴前的地界。正所谓"弱国无外交",尽管魏国在战国七雄中属于力量较为弱小的第三集团,不但比齐、秦、楚三国差得远,就是同赵国与燕国相比,国力也处于下风;但是魏国的大臣韩子却敢于公开羞辱越国前来交好的使臣,连战国七雄里最末等的魏国也没把越国看在眼里,可见越国当时的国力之弱,已经到了何等的地步。如果是处在越同齐、楚争霸之时,魏国的大臣岂敢对越国使节如此无礼?韩子称自己的国君为"大王",越国使者诸发称魏国为"大国",称自己的国君为"弊邑之君",这不仅仅是韩子不懂外交辞令更不懂礼的表现,更是双方国力之差异在外交辞令上的反映。从此事可看出,尽管《说苑》是记述春秋战国到汉代的轶事遗闻,但能真实地反映当时的史实。这个故事里的"蛟龙又与我争焉"中的"龙"在越国很常见又广泛存在,从"烂然成章"的外表看,身上应该是长麟的,它到底是一种什么动物呢?

---

① 袁康、吴平著,徐儒宗点校《越绝书》,浙江古籍出版社2013年版,第51页。
② 赵晔著,张觉校注《吴越春秋校注》,岳麓书社2006年版,第290页;"无强卒,子玉;玉卒,子尊;尊卒,子亲。"

二、《三国志》中汉末文献之龙的考察

《三国志》中出现了很多井中之龙的记载。一直以来,人们对在井中出现的龙感到好奇:井中之龙到底为何物? 又为什么出现在井中?

> (1)青龙元年春正月甲申,青龙见郏之摩陂井中。二月丁酉,幸摩陂观龙,于是改年;改摩陂为龙陂,赐男子爵人二级,鳏寡孤独无出今年租赋。三月甲子,诏公卿举贤良笃行之士各一人。(《三国志·魏书·明帝纪》)

《汉书·地理志》颍川郡条下有郏县。[①] 据《大清一统志》载:

> 郏县在州东南九十里,东西距九十里,南北距四十五里。东至许州襄城县界四十里,西至本州界五十里,南至宝丰县界十五里,北至开封府禹州界三十里,东南至南阳府叶县治九十里,西南至宝丰县治四十里,东北至禹州治七十里,西北至河南府登封县治一百五十里。春秋郑郏邑,后属楚。汉置郏县,属颍川郡,后汉因之,晋改属襄城郡,后魏曰城,侨置南阳郡,又置顺阳郡及龙山县。北齐废城县。隋开皇初改龙山曰汝南,三年二郡

皆废,十八年改县曰辅城,大业初又改曰郏城,属
襄城郡。唐属汝州,五代因之。宋崇宁四年改属
颍昌府,金属汝州,元至元三年省入梁县,大德八
年仍置郏县,属汝州,明仍属汝州,本朝因之。①

今郏县属河南省平顶山市,属豫西山区向豫东平原过度地
带,县内河流属淮河流域沙颍河水系。据《水经注·颍水》条载:

> 颍水,出颍川阳城县西北少室山……颍水径
> 其北,东与龙渊水合,其水导源龙渊东南,流径阳
> 城北,又东南入于颍……其水又东南流,水积为
> 陂,陂方十里俗谓之钧台陂,盖陂指台取名也,又
> 西南流径夏亭,城西又屈而东南为郏之摩陂。
> ……颍水又东南流径青陵亭城北,北对青陵陂,陂
> 纵横二十里,颍水径其北枝入为陂,陂西则潩水注
> 之,水出襄城县之邑城下,东流注于陂,陂水又东
> 入临颍县之狼陂,颍水又东南流而厉临颍县也。
> ……颍水东南流,左合上吴百尺二水,俱承次塘细
> 陂,南流注于颍水,颍水又东南江陂水注之,水受
> 大潳陂,陂水南流积为江陂,南径慎城西侧城南流
> 入颍。……又东南入于淮河。②

可见,"陂"是水积而成的大的池塘或湖泊,在颍河上是很多

---

① 穆彰阿《(嘉庆)大清一统志》,四部丛刊续编景旧钞本,第4327页。
② 郦道元著,王先谦《合校水经注》,中华书局2009年版,第328—332页。

的,河湖相连。"郏之摩陂"为郏县颍水上的一个湖泊,"郏之摩陂井"应为池塘水边或小洲上的水井。

（2）甘露元年春正月辛丑,青龙见轵县井中。乙巳,沛王林薨。（《三国志·魏书·少帝纪》）

《汉书·地理志》河内郡条下有轵县。[1]《后汉书·郡国志》河内郡条下有轵县。[2] 据《大清一统志》载:

> 济源县在府西七十里,东西距二百五里,南北距八十里。东至河内县界三十五里,西至山西绛州垣曲县界一百七十里,南至河南府孟津县界五十里,北至山西泽州府阳城县界三十里,东南至孟县治六十里,西南至河南府新安县治一百二十里,东北至泽州府凤台县治一百七十里,西北至垣曲县治二百里。周为原国,春秋晋原邑。汉置沁水、轵二县,属河内郡。后汉、晋魏因之。北齐省沁水县。隋开皇十六年始分轵县置济源县,属怀州。大业初属河内郡。唐武德二年于济源县置西济州,四年州废,县属怀州,贞观元年省轵县入马,显庆二年改属洛州,广德后属河阳三城使,会昌三年属孟州。五代宋金因之。元太宗六年改置原州,七年复为济源县,属孟州。明洪武十年改属怀庆

① 班固《汉书》,中华书局 1962 年版,第 1554 页。

② 范晔《后汉书》,中华书局 1965 年版,第 3395 页。

府,本朝因之。①

轵县故址在今河南济源市轵城镇。济源市因济水发源地而得名(古时济水为"四渎"之一),西部为浅山区,东南为黄土丘陵和山前倾斜平原区。

> (3)夏六月丙午,改元为甘露。乙丑,青龙见
> 元城县界井中。……二年春二月,青龙见温县井
> 中。(《三国志·魏书·少帝纪》)

《汉书·地理志》魏郡条下有元城县。②《后汉书·郡国志》魏郡条下有元城县。③ 据《大清一统志》载:

> 元城县附郭在府治北,偏东西距七十七里,南
> 北距七十五里。东至山东曹州府朝城县界七十五
> 里,西至大名县界二里,南至南乐县界三十里,北
> 至山东东昌府馆陶县界四十五里,东南至南乐县
> 三十里,西南至大名县界八里,东北至东昌府冠县
> 界三十五里,西北至广平府广平县界五十里。汉
> 置元城县,属魏郡。后汉因之,晋因之。后魏移郡
> 治馆陶,以元城为属县,东魏天平初改属魏郡,又
> 析置贵乡县。北齐省元城入贵乡,后周于贵乡县
> 置魏州。隋开皇六年复置元城县,大业初以贵乡

---

① 穆彰阿《(嘉庆)大清一统志》,四部丛刊续编景旧钞本,第3941—3942页。
② 班固《汉书》,中华书局1962年版,第1573页。
③ 范晔《后汉书》,中华书局1965年版,第3431—3432页。

为武阳郡治。唐初复于贵乡置魏州,贞观十七年
又并元城入贵乡,圣历二年又置属魏州,开元十三
年移入州郭,与贵乡皆为州治。五代唐改元城曰
兴唐,晋复曰元城,改贵乡曰广晋。汉乾祐初改广
晋曰大名,宋金因之。元至元二年并元城入大名,
寻复置为大名路治。明为大名府治,本朝因之。①

今大名县属河北省邯郸市,以卫河为界,卫西为漳河冲积扇
的边缘,卫东是由黄河冲积物形成的,土质以沙为主。大名县因
系河流冲积平原,所以大平小不平,微地貌复杂。

《汉书·地理志》河内郡条下有温县。②《后汉书·郡国志》
河内郡条下有温县。③ 据《大清一统志》载:

温县在府东南五十里,东西距六十里,南北距
四十里。东至武陟县界三十里,西至孟县界三十
里,南至开封府汜水县界二十里,北至河内县界二
十里,东南至汜水县界三十里,西南至河南府巩县
界二十七里,东北至武陟县界六十里,西北至河内
县界二十五里。周畿内温邑。汉置温县,属河内
郡。后汉及魏晋因之。东魏天平初改属武德郡,
北齐省,隋开皇十六年复置,属河内郡。唐武德四
年改县曰李城,并置平州,是年州废,县复故名,属
孟州。八年属怀州,显庆二年属洛州,建中二年属

---

①　穆彰阿《(嘉庆)大清一统志》,四部丛刊续编景旧钞本,第541—542页。
②　班固《汉书》,中华书局1962年版,第1554页。
③　范晔《后汉书》,中华书局1965年版,第3395页。

河阳三城使，会昌三年属孟州。五代、宋、金、元皆因之。明属怀庆府，本朝因之。[1]

今温县属河南省焦作市，地处豫北平原西部，南滨黄河，北依太行。

（4）（甘露三年）是岁青龙黄龙仍见顿丘、冠军、阳夏县界井中。……四年春正月黄龙二见宁陵县界井中。（《三国志·魏书·少帝纪》）

《汉书·地理志》东郡条下有顿丘县。[2]《后汉书·郡国志》东郡条下有顿丘县。[3] 据《大清一统志》载：

清丰县在府南九十里，东西距六十二里，南北距四十里。东至山东曹州府观城县界三十七里，西至河南彰德府内黄县界二十五里，南至开州界十五里，北至南乐县界二十五里，东南至曹州府濮州治六十里，西南至开州治四十里，东北至南乐县治四十里，西北至大名县治九十里。汉置顿邱县，属东郡，后汉建安十七年割属魏郡，晋泰始二年于县置顿邱郡，后魏国之北齐郡县俱废，隋开皇六年复置顿邱县，属武阳郡。唐初属魏州，武德四年于县置澶州，贞观元年州废还属魏州，大历七年复置

---

① 穆彰阿《（嘉庆）大清一统志》，四部丛刊续编景旧钞本，第3943页。

② 班固《汉书》，中华书局1962年版，第1557页。

③ 范晔《后汉书》，中华书局1965年版，第3450页。

澶州，又析置清丰县属之。五代晋天福三年州徙德胜寨，县随州徙，废旧州为顿邱镇，四年改镇置德清军。宋庆历四年徙清丰县治德清军属开亿府，金属开州，元仍旧，明初改属大名府，本朝因之。①

今清丰县属河南省濮阳市，处于黄河冲积平原，卫河从此经过。

《汉书·地理志》南阳郡条下有冠军县。②《后汉书·郡国志》南阳郡条下有冠军邑。③ 据《大清一统志》载：

内乡县在府西一百九十里，东西距八十里，南北距四百八十里。东至流平县界四十里，西至淅川县四十里，南至邓州界三十里，北至河南府卢氏县界四百五十里，东南至新野县界一百九十里，西南至淅川县界一百二十里，东北至南阳县界二百里，西北至陕西商州商南县治五百里。春秋楚析邑，汉置析县，属宏农郡。后汉改属南阳郡，晋属顺阳郡，刘宋省魏置西析阳县为析阳，郡治西魏改内乡，后周改中乡。隋避讳复曰内乡，大业初属析阳郡，唐武德二年改置析州于此，贞观八年州广县属邓州，五代及宋金元明因之，本朝属南阳府。④

---

① 穆彰阿《（嘉庆）大清一统志》，四部丛刊续编景旧钞本，第3943页。
② 班固《汉书》，中华书局1962年版，第1564页。
③ 范晔《后汉书》，中华书局1965年版，第3476页。
④ 穆彰阿《（嘉庆）大清一统志》，四部丛刊续编景旧钞本，第4095页。

今内乡县属河南省南阳市,县内多山地丘陵,河川平原和盆地交错,面积较小,有湍河、默河等多条河流,属汉水流域。

《汉书·地理志》淮阳国条下有阳夏县。[1]《后汉书·郡国志》陈国条下有阳夏县。[2] 据《大清一统志》载:

> 太康县在府北五十里,东西距一百一十里,南北距一百二十里。东至归德府柘城县界五十里,西至扶沟县界六十里,南至淮宁县界五十里,北至开封府杞县界七十里,东南至归德府鹿邑县界六十里,西南至西华县界六十里,东北至归德府睢州界六十里,西北至开封府通许县界八十里。秦置阳夏县,汉属淮阳国,后汉属陈国,晋属梁国,惠帝时属陈郡,后魏太平真君七年省入扶沟,太和十二年后置属阳夏郡,高齐置淮阳郡。隋开皇初郡废,七年改县曰太康,仍属淮阳郡。唐属陈州,五代梁属开封府,宋崇宁四年改属拱州,大观四年还属开封,宣和二年又属拱州,六年仍属开封。元属汴梁路,明属开封府,本朝雍正十二年改属陈州。[3]

今太康县属河南省周口市,地形属豫东平原区,西北高东南低,涡河流过县境。

《汉书·地理志》陈留郡条下有宁陵县。[4]《后汉书·郡国

---

① 班固《汉书》,中华书局 1962 年版,第 1536 页。
② 范晔《后汉书》,中华书局 1965 年版,第 3429 页。
③ 穆彰阿《(嘉庆)大清一统志》,四部丛刊续编景旧钞本,第 3744 页。
④ 班固《汉书》,中华书局 1962 年版,第 1558 页。

志》梁国条下有宁陵县。^① 据《大清一统志》载：

> 宁陵县在府西六十里，东西距三十八里，南北
> 距七十里。东至商邱县界十八里，西至睢州界二
> 十里，南至柘城县界四十里，北至卫辉府考城县界
> 三十里，东南至鹿邑县治一百三十里，西南至陈州
> 府太康县治一百里，东北至山东曹州府曹县治
> 一百里，西北至开封府仪封厅治一百十里。古葛
> 国，战国属魏，为宁邑。汉置宁陵县，属陈留郡。
> 后汉建初四年改属梁国，晋因之，刘宋属谯郡，后
> 魏因之，北齐省。隋开皇六年复置属梁郡，唐属宋
> 州，五代因之。宋属应天府，崇宁四年改属拱州，
> 大观四年还属。政和四年又属拱州，宣和六年还
> 属。金大定二十二年移治属归德府，元因之，明初
> 属师德州，嘉靖中属归德府，本朝因之。^②

今宁陵县属河南省商丘市，地形主要为黄河冲积平原，境内
主要河流大沙河在安徽境内随涡河入淮河。

> (5)(景元元年)十二月甲申，黄龙见华阴县井
> 中。……三年春二月，青龙见于轵县井中。(《三
> 国志·魏书·少帝纪》)

---

① 范晔《后汉书》，中华书局 1965 年版，第 3426 页。
② 穆彰阿《(嘉庆)大清一统志》，四部丛刊续编景旧钞本，第 3786 页。

华阴《汉书·地理志》京兆尹条下有华阴县。[1]《后汉书·郡国志》弘农郡条下有华阴县。[2] 据《大清一统志》载：

> 华阴县在府南一百六十里，东西距六十五里，南北距六十里。东至潼关厅界三十五里，西至华州界三十里，南至商州洛南县界四十里，北至朝邑县界二十里，东南至洛南县界四十里，西南至洛南县界八十里，东北至朝邑县界三十里，西北至大荔县界三十里。《禹贡》华阴地，战国魏阴晋邑，秦惠文王六年更名宁秦县，属内史。汉高帝八年改曰华阴，属京兆尹，为京辅都尉治。后汉建武十五年改属弘农郡，魏晋因之。后魏属华山郡，隋属京兆郡，唐属华州，垂拱元年改曰仙掌，神龙元年复曰华阴，上元二年改曰太阴，宝应元年复曰华阴。五代、宋、金、元因之，明统于西安府，本朝雍正三年属华州，十三年属同州府。[3]

今属陕西省华阴市，陕西省关中盆地东南部，秦晋豫三省结合地带，南依秦岭，北瞰黄渭。

> (6)(黄初)三年，为北海王。其年，黄龙见邺西漳水，衮上书赞颂。（《三国志·魏书·武文世王公传》）

---

① 班固《汉书》，中华书局 1962 年版，第 1543—1544 页。
② 范晔《后汉书》，中华书局 1965 年版，第 3401 页。
③ 穆彰阿《(嘉庆)大清一统志》，四部丛刊续编景旧钞本，第 4815—4816 页。

《汉书·地理志》魏郡条下有邺县。[1]《后汉书·郡国志》魏郡条下有邺县。[2] 据《大清一统志》载：

> 临漳县在府东北七十里，东西距七十五里，南北距一百里，东至直隶大名府元城县界五十里，西至直隶广平府磁州界二十五里，南至安阳县界五十里，北至广平府成安县界五十里，东南至内黄县界五十里，西南至安阳县治八十里，东北至广平府广平县治六十里，西北至广平府邯郸县治七十里。春秋邺邑属晋，战国属魏，汉置邺县并置魏郡，后汉因之，初平中又为冀州治。三国魏黄初二年建邺都晋，仍为魏郡治。建兴元年改曰临漳，后复曰邺。石虎、慕容儁皆都此，苻秦仍为冀州治，后魏天兴四年于县置相州，东魏天平元年迁都改为司州魏尹治，又分邺东界置临漳县，属之北齐，亦都此。后周复为相州治，大象二年州移治安阳，改邺为灵芝县。隋开皇十年复改曰邺，与临漳县皆属魏郡，唐属相州，五代因之，宋熙宁五年省邺县入临漳，仍属相州。金属彰德府，元属彰德路，明属彰德府，本朝因之。[3]

今临漳县境内邺镇是古代邺城遗址，从东汉末年起，历经两晋十六国、南北朝时期，先后有曹魏、后赵、冉魏、前燕、东魏、北

---

① 　班固《汉书》，中华书局 1962 年版，第 1573 页。

② 　范晔《后汉书》，中华书局 1965 年版，第 3431 页。

③ 　穆彰阿《(嘉庆)大清一统志》，四部丛刊续编景旧钞本，第 3840 页。

齐等 6 个王朝在这里建都,达 126 年。临漳县位居晋冀鲁豫四省要冲,地势自西向东缓缓倾斜,属漳河冲积扇平原。

> (7)帝遂复崇华殿,时郡国有九龙见,故改曰九龙殿。(《三国志·魏书·辛毗杨阜高堂隆传》)
>
> (8)(赤乌)五年春正月,立子和为太子,大赦,改禾兴为嘉兴。……三月,海盐县言黄龙见。……(十一年)夏四月,雨雹,云阳言黄龙见。五月,鄱阳言白虎仁。(《三国志·吴书·吴主传》)

《汉书·地理志》会稽郡条下有海盐县。[①]《后汉书·郡国志》吴郡条下有海盐县。[②] 据《大清一统志》载:

> 海盐县在府东南八十里,东西距六十四里,南北距八十四里,东至海半里,西至杭州府海宁州界六十三里,南至海宁州界四十八里,北至平湖县界三十六里,东南至海二里,西南至海宁州界五十里,东北至平湖县治四十里,西北至嘉兴县界四十里。汉海盐县地,晋始徙置海盐县治于此,属吴郡。宋齐以后因之,陈永定二年分属海宁郡,寻省入盐官县。唐景云二年复置属苏州,先天元年废。开元五年复置,五代后唐初割属杭州。晋天福五年吴越改属秀州,宋属嘉兴府,元元贞元年升为州

---

① 班固《汉书》,中华书局 1962 年版,第 1591 页。

② 范晔《后汉书》,中华书局 1965 年版,第 3489 页。

属嘉兴路,明洪武二年复为县,属嘉兴府,本朝因之。[①]

今海盐县位于浙江省嘉兴市,整个地势从东南向西北倾斜,大致可分为三部分:南部为平原孤丘区,山丘高度大多在 100 米左右;东部为平原海涂区;西部为平原水网区。

三国吴的云阳县在秦汉时名曲阿县,《汉书·地理志》会稽郡条下有曲阿县,[②]《后汉书·郡国志》吴郡条下有曲阿县。[③] 据《大清一统志》载:

丹阳县在府东南七十里,东西距八十八里,南北距六十五里。东至常州府武进县界五十八里,西至丹徒县界三十里,南至金坛县界四十里,北至丹徒县界二十五里,东南至武进县界六十里,西南至江宁府句容县界四十五里,东北至武进县界七十里,西北至丹徒县界三十里。战国楚云阳邑,秦置曲阿县,汉属会稽郡,后汉属吴郡。三国吴嘉禾三年改曰云阳,晋太康二年仍改曲阿,属毗陵郡,宋属晋陵郡,齐因之,梁属兰陵郡,陈属东海郡,隋属江都郡。唐武德三年于县置灵州,五年改曰简州,以地有简渎故名,八年州废属润州,天宝元年改曰丹阳县,五代因之,宋属镇江府,元属镇江路,

---

①　穆彰阿《(嘉庆)大清一统志》,四部丛刊续编景旧钞本,第 5569 页。

②　班固《汉书》,中华书局 1962 年版,第 1590 页。

③　范晔《后汉书》,中华书局 1965 年版,第 3489 页。

明属镇江府,本朝因之。①

丹阳市云阳镇是故城遗址所在地,今属江苏省镇江市,其地形较为复杂,以平原为主。西部和北部是低山、丘陵、岗地、平原和洼地交替分布,东部和南部属太湖平原湖西部分。

> (9)(永安四年)九月,布山言白龙见。……五年春二月,白虎门北楼灾,秋七月,始新言黄龙见。……六年夏四月,泉陵言黄龙见。(《三国志·吴书·三嗣主传》)

《汉书·地理志》郁林郡条下有布山县。②《后汉书·郡国志》郁林郡条下有布山县。③ 据《大清一统志》载:

> 贵县在府西南一百四十里,东西距一百四十里,南北距二百二十里。东至桂平县界六十里,西至南宁府横州界八十里,南至郁林州兴业县界八十里,北至柳州府来宾县界一百四十里,东南至郁林州界八十里,西南至广东廉州府合浦县界一百三十里,东北至桂平县界八十里,西北至思恩府宾州界一百二十里。古西瓯骆越之地,汉置郁林郡,治布山县,后汉及晋宋齐皆因之,梁普通四年于郡置南定州,隋平陈废郡置郁林县,改州曰尹州,大

---

① 穆彰阿《(嘉庆)大清一统志》,四部丛刊续编景旧钞本,第1508—1509页。
② 班固《汉书》,中华书局1962年版,第1628页。
③ 范晔《后汉书》,中华书局1965年版,第3531页。

业初省布山入郁林县，又改州曰郁州，寻复为郁林郡。唐武德四年曰南尹州，贞观八年改贵州，天宝初改怀泽郡，乾元元年复曰贵州，属岭南道，五代属南汉，宋亦曰贵州，怀泽郡属广南西路，元曰贵州，属广西道，大德九年以州治郁林县省入，明洪武三年降州为县，属浔州府，本朝因之。[①]

今属广西壮族自治区贵港市，位于广西最大的冲积平原浔郁平原的中部，郁、黔、浔三江交汇于此。

据《大清一统志》载：

淳安县在府西一百六十五里，东西距一百五十三里，南北距二百二里，东至建德县界八十里，西至遂安县界七十三里，南至遂安县界四十三里，北至杭州府昌化县界一百五十九里，东南至寿昌县界七十五里，西南至遂安县界二十里，东北至分水县界八十六里，西北至安徽徽州府歙县界九十七里。汉丹阳郡歙县地，后汉建安十三年孙权析置始新县，并置新都郡，晋为新安郡治，宋齐以后因之。隋平陈改县曰新安，仁寿中为睦州治，大业初改县曰雉山，为遂安郡治。唐初仍为睦州治，文明元年又改曰新安，万岁通天二年始移州治建德以县属马，开元二十年改曰还淳，永贞元年避讳又改曰青溪，五代因之。宋宣和三年改曰淳化，绍兴

---

① 穆彰阿《〈嘉庆〉大清一统志》，四部丛刊续编景旧钞本，第9458页。

> 元年始改曰淳安,属建德府,元属建德路,明属严
> 州府,本朝因之。[①]

今淳安县属浙江省杭州市,地势四面多山,中间为丘陵,略呈盆地状。淳安县境内的主要河流有新安江,各河流统属钱塘江水系,境内溪河纵横、流向复杂、水系呈羽状。

《汉书·地理志》零陵郡条下有泉陵县。[②]《后汉书·郡国志》零陵郡条下有泉陵县。[③] 据《大清一统志》载:

> 零陵县附郭,东西距一百九十里,南北距一百
> 四十里,东至宁远县界一百三十里,西至广西桂林
> 府全州界一百四十里,南至道州界六十五里,北至
> 祁阳县界六十五里,东南至宁远县治一百八十里,
> 西南至全州治一百四十里,东北至祁阳县治一百
> 十里,西北至东安县界三十里。汉置泉陵侯国,属
> 零陵郡,后汉为县移郡来治,晋以后因之,隋改县
> 曰零陵,仍为郡治。唐为永州治,宋为郡治,元为
> 路治,明为府治,本朝因之。[④]

今属湖南省永州市零陵区,位于湘江上游、湘水与潇水汇合处,形成三山围夹两盆地,呈现向东倾斜的"山"字形地貌总轮廓。

---

① 穆彰阿《(嘉庆)大清一统志》,四部丛刊续编景旧钞本,第 6022 页。
② 班固《汉书》,中华书局 1962 年版,第 1596 页。
③ 范晔《后汉书》,中华书局 1965 年版,第 3483 页。
④ 穆彰阿《(嘉庆)大清一统志》,四部丛刊续编景旧钞本,第 7440 页。

据此,三国时龙的出现情况可归纳为表1-1:

表1-1 三国时龙出现地域、地形及河流一览

序号	出现时间（月份）	古 地 名	现在地名	今地形地貌	出现地点	古代河流	现在河流
1	青龙元年正月甲申	魏颍川郡郏县	河南平顶山市郏县	山区向平原过渡地带	摩陂井中	颍水	颍河
2	二月丁西	同上	同上	同上	同上	同上	同上
3	甘露元年正月辛丑	魏河内郡轵县	河南济源市轵城镇	西部为浅山区,东南为丘陵和山前平原	轵县井中	济水	
4	甘露元年六月乙丑	魏郡元城县	河北邯郸市大名县	河流冲积平原	元城县井中	漳水	漳河
5	甘露二年二月	魏河内郡温县	河南省焦作市温县	豫北平原	温县井中		
6	甘露三年	魏东郡顿丘县	河南濮阳市清丰县	冲积平原	顿丘县井中		
7	甘露三年	魏南阳郡冠军县	河南南阳市内乡县	山地丘陵多平原盆地小	冠军县井中		
8	甘露三年	魏阳夏县	河南周口市太康县	豫东平原	阳夏县井中		涡河
9	甘露四年正月	魏梁国宁陵县	河南商丘市宁陵县	黄河冲积平原	宁陵县井中		大沙河
10	景元元年十二月甲申	魏弘农郡华阴县	陕西省华阴市	关中盆地	华阴县井中	泾水渭水洛水	泾河渭河洛河
11	景元三年二月	魏河内郡轵县	河南济源市轵城镇	西部为浅山区,东南为丘陵和山前平原	轵县井中	济水	
12	黄初三年	魏魏郡邺县	河北临漳县邺镇	漳河冲积扇平原	邺西漳水	漳水	

续表

序号	出现时间（月份）	古 地 名	现在地名	今地形地貌	出现地点	古代河流	现在河流
13	赤乌五年三月	吴吴郡海盐县	浙江嘉兴市海盐县	南部平原孤丘，东部平原海涂，西部平原水网			
14	赤乌十一年四月	吴吴郡云阳县	江苏镇江丹阳市云阳镇	西部北部低山、丘陵、岗地、平原、洼地交替分布，东部南部属太湖平原			
15	永安四年九月	吴郁林郡布山县	广西贵港市	冲积平原			郁江黔江浔江
16	永安五年七月	吴新都郡始新县	浙江杭州市淳安县	四面多山中间丘陵			新安江
17	永安六年四月	吴零陵郡泉陵县	湖南永州市零陵区	三山夹两盆地			湘水潇水交合

三、龙的生态特征与分布

（一）龙的生态特征

根据以上文献所记载的龙，我们做一个总的概括，看看它有哪些特点：

人们亲眼所见，是现实生活中确实存在的一种动物；

传说中的尧舜禹时代，在中原及其周边地区广泛存在；

在舜和夏孔甲时，曾被人驯养过；

春秋时期，在中原及其周边地区已经很少见，在高温潮湿的七八月份的雨水季节偶尔能发现；

战国时代，在以浙江为中心的南方广泛存在；

三国时期，在河南、河北、陕西、浙江、江苏、湖南、广西广泛存在；

生活环境离不开水；

既能潜水，又能行走在田野；

体积较大，较为凶猛；

其肉可食；

分为雌雄；

身上有鳞。

符合上述特点的是什么动物呢？《周礼·梓人》中说：

> 天下之大兽五：脂者，膏者，臝者，羽者，鳞者。……小首而长，抟身而鸿，若是者谓之鳞属，以为笋。凡攫杀援噬之类，必深其爪，出其目，作其鳞之而。深其爪，出其目，作其鳞之而，则于视必拨尔而怒。苟拨尔而怒，则于任重宜，且其匪色，必似鸣矣。①

这是说天下的兽类分为五种，鳞为其一。头小而身长，绻身而身体变得庞大。

《韩非子·说难》篇说：

> 从龙之为虫，可狎而骑也，然喉下有逆鳞径

---

① 杨天宇《周礼译注》，上海古籍出版社 2004 年版，第 655—657 页。

尺,婴之则杀人。①

这是说龙是可以让人骑的动物,但是它的逆鳞不可冒犯,否则龙便要杀人。

《淮南子·泰族训》说:

夫蛟龙伏寝于渊,而卵割于陵。②

这是说龙是卵生动物,在水里生活,却把卵产在丘陵陆地之上,幼龙在陆地上破壳出生。

动物学家杨钟健先生早有"殷墟甲骨文中的龙,都是鳄的形象"之论断。③ 据张孟闻、黄祝坚等考证:在殷商的甲骨文里有"鼍"和"單"字,都是扬子鳄的象形字;④商周的钟鼎文字也有象形的"鼍"和"單"字,特别是前无车轭,后有尾巴的六个"單"字⑤。古人的识别水平相对有限,而动物种类繁多,只有那些与人们生活关系密切,对人的生活有作用和影响的种类首先被认识和反映。甲骨文和金文中记载了扬子鳄,说明这种动物在人们日常生活中较为常见,人们也较为熟悉。

据陈璧辉等人的研究成果,扬子鳄一般在丘陵地带产卵,水陆两栖;栖息地有常年积水的沟、塘、水库;水体周围有竹林或芦苇、乔木或灌木丛、草丛;繁殖期时,栖息地气温高、雨量适中、湿

---

① 王先慎《韩非子集解》,中华书局 2013 年版,第 100 页。
② 刘文典《淮南鸿烈集解》,中华书局 2013 年版,第 812 页。
③ 杨钟健《龙》,科学出版社 1957 年版,第 31—41 页。
④ 中国社会科学院考古研究所编《甲骨文编》,中华书局 1965 年版,第 515 页第 1582 字;第 56 页第 138 字。
⑤ 容庚《金文编》,中华书局 1985 年版,第 685 页第 1690 字;第 68 页 138 字。

度大,能满足鳄卵孵化要求;其肉可制鲜肉和肉干。[①] 这些特点与《左传》等文献中记载之"龙"的生存环境和生态特征比较符合。

魏明帝曹叡在青龙元年(233)二月丁酉亲自到摩陂观井中之龙。龙为什么会出现在井里呢? 据陈壁辉等人的研究成果:谈到扬子鳄洞穴的选择,"倘若水体的一侧依山而其他三面傍田或开阔地,那么洞穴都建在靠山一侧。水体当中有小岛,则洞穴必建于小岛。丘陵地带的蓄水塘,常为三面环山,一边傍田,这时,洞穴多选择在进入水库、沟塘的水沟附近"[②]。谈到扬子鳄洞穴的基本构造,一般是由洞口、洞道、室、卧台、水潭五部分组成。丘陵山塘洞穴较为多样,有简单的,也有较为复杂的,仅少数有气洞。[③] 郏县处在豫西山区向豫东平原过度地带,"摩陂"井中的"龙"应该是扬子鳄,"郏之摩陂井"应为池塘水边或小洲上的水井。扬子鳄的洞穴正好经过水井,把水井作为气洞或水潭的一部分。

因此,井中之龙为扬子鳄无疑。

据宋代朱翌《猗觉寮杂记》载:"宣和己亥,都城北小民家,晨起见一物,如龙伏床下,大惊,都人争往观之,禁中取去,验之鼍也。"[④]此书作者朱翌,字新仲,号灊山居士,舒州人,政和中登进士第,南渡后官中书舍人。此编上卷皆诗话,止于考证典据而不评文字之工拙,下卷杂论文章兼及史事近时。

---

① 陈壁辉等《扬子鳄研究》,上海科技教育出版社 2003 年版,第 1、225、256－257、322 页。
② 陈壁辉等《扬子鳄研究》,上海科技教育出版社 2003 年版,第 227 页。
③ 陈壁辉等《扬子鳄研究》,上海科技教育出版社 2003 年版,第 229－235 页。
④ 朱翌《猗觉寮杂记》,《丛书集成初编》,中华书局 1985 年版,第 66 页。

朱翌记载的是北宋徽宗宣和元年(1119)发生在北宋都城汴梁(开封)的一件事。"鼍"应是扬子鳄,北宋徽宗宣和年间开封城北紧挨黄河,"都城北小民家",扬子鳄应该出现在城北外普通百姓的家中。这个事件可以推出两个结论:扬子鳄在北宋时期还存在于黄河流域,至少是开封这个纬度的地区;龙的原形就是扬子鳄。

有人把先秦的蛇看作是龙,《左传》记载"初,内蛇与外蛇斗于郑南门中,内蛇死"[①],认为文中的"蛇"就是龙。这次蛇斗发生在鲁庄公十四年(前680)。150余年后,即鲁昭公十九年(前523),《左传》有"洧渊之龙"的记载。一次是蛇斗,一次是龙斗。蛇斗在南门内的陆地上,龙斗是在"时门之外洧渊"的水里。对于争斗的主体——蛇和龙,《左传》区别得一清二楚,当时人们不会把它们混为一体。但从出土的先秦文物看,由于巨蛇和龙的外形有相似之处,如身体都呈长条状,身上都有鳞,再加上艺术的处理手法(包括人们的想象、简化与省略),这些文物又历经久远的年代,画面变模糊或雕塑有缺失,使得后来人们把蛇认作龙,完全有可能。因此现在有人根据这种认识来推断以前的蛇就是龙,也可以理解。

(二)龙的分布范围

1987年在濮阳西水坡遗址发现了用蚌壳摆塑的龙虎图案,以图画的方式更加直观地描绘了"龙"的形象。西水坡M45号墓中,墓主为一身长1.84米的壮年男性,头南足北,仰身直肢,埋于墓室的正中。在骨架的左右两侧有用蚌壳摆塑的龙虎图

---

① 杨伯峻《春秋左传注》,中华书局2009年版,第196页。

案。其中人骨架的右侧摆放的龙图案，头朝北，背朝西，身长178厘米，高67厘米。龙的形象为昂首曲颈，弓躯长尾，前爪直迈，后爪猛蹬，似腾空欲飞之状。虎身长139厘米，高63厘米。虎头微低，张口露齿，怒目圆睁，四肢交递，状似猛虎下山。[①]

1988年濮阳西水坡遗址考古队再次对西水坡遗址进行了大规模的发掘，在M45号墓以南20米和45米处，又发现了由蚌壳摆塑的龙、虎、鹿、蜘蛛等动物形象的图案。在最南面的一组有人骑龙的图案，龙头朝东，龙背朝北，昂首长颈，背上骑有一人，两足跨在龙背上。[②]

我们知道，"洧渊之龙"发生在春秋时期河南的新郑，距离新郑西北近200千米的濮阳所发现的6000年前的龙虎图案，证明了历史上在这片区域，龙曾比较广泛地存在过。

鳄在古时称为鼍。《左传》中的"绛郊之龙"出现在公元前513年秋天汾水流域的新田，在浍水和汾水的交界处。距新田不远，同样处在汾水岸边的今襄汾县，1978—1980年发掘陶寺M3015墓，大墓出土了以鳄鱼皮制作的鼍鼓，鼓腔内散落着数枚至数十枚不等的鳄鱼骨板，时间距今4000年左右，被认为是中原龙山文化的一处遗存。[③]

陶寺遗址出土的彩绘蟠龙纹陶盆，出土于M3072墓，敞口，斜折沿，通高8.8厘米，口径37厘米，底径15厘米，沿宽18厘米。盆泥质褐陶，或着黑陶衣，盘壁斜收成平底，外壁饰隐浅绳

① 濮阳市文物管理委员会、濮阳市博物馆、濮阳市文物工作队《河南濮阳西水坡遗址发掘简报》，《文物》1988年第3期，第3页。
② 濮阳西水坡遗址考古队《1988年河南濮阳西水坡遗址发掘简报》，《考古》1989年第12期，第1059页。
③ 中国社会科学院考古研究所山西工作队、临汾地区文化局《1978－1980年山西襄汾陶寺墓地发掘简报》，《考古》1983年第1期，第30、38、41页。

纹,内壁磨光,以红彩或红白彩绘出蟠龙图案,[①]属于早期大型墓形绘蟠龙的陶盘,是中原地区有关龙的图像的重要标本。鳄鱼皮制作的鼍鼓和彩绘蟠龙纹陶盆的出土,从一定程度上证明了《左传》中"绛郊之龙"记载的真实性。

陶寺正处于晋西南"夏墟"的范围内,将地望和出土材料联系起来看,陶寺墓地的发掘为探索夏文化提供了重要资料。夏族祖先陶唐氏崇拜龙,彩绘蟠龙纹陶盆应是一种礼器,为了祭祀其祖先而制。在《礼记·明堂位》篇里,记载天子行灌礼酌酒用的勺子,夏侯氏用龙勺,殷天子用疏勺,周天子用蒲勺;悬挂钟磬用的架子,夏侯氏刻有龙纹,殷人刻有崇牙,周人刻有璧翣。[②]

鼍鼓也在同处黄河流域的河南安阳侯家庄 1217 号墓被发现过,[③]鼍鼓作为先秦的一种礼乐器物,在当时礼乐文明发达的上层贵族生活中是必不可少的。在《诗经·大雅》的《灵台》篇里有"于论鼓钟,于乐辟雍,鼍鼓逢逢,矇瞍奏公"的诗句,[④]"逢逢"描绘出了鼍鼓宏大壮阔的声音。

不仅如此,在山东汶上县东贾坡遗址也出土了北辛文化时期的扬子鳄头骨、皮下骨板及残骸,[⑤]考古测定为距今 6400 年以前。距上述地点不远、时间稍后的北辛文化晚期至大汶口早期的兖州王因遗址,也出土了扬子鳄骨骸,有头骨、下颌骨、牙齿与

---

① 中国社会科学院考古研究所山西工作队、临汾地区文化局《1978－1980 年山西襄汾陶寺墓地发掘简报》,《考古》1983 年第 1 期,第 37 页。

② 孙希旦撰、沈啸寰、王星贤点校《礼记集解》,中华书局 1989 年版,第 851、854 页。

③ 周本雄《山东兖州王因新石器时代遗址中的扬子鳄遗骸》,《考古学报》1982 年第 2 期,第 259 页。

④ 高亨《诗经今注》,上海古籍出版社 2009 年版,第 394 页。

⑤ 中国社会科学院考古研究所山东队《山东汶上县东贾柏村新石器时代遗址发掘简报》,《考古》1993 年第 6 期,第 487 页。

颈、背、躯干的皮下骨板等,至少有 20 个个体。这些残骸有的被烧黑、被打碎,与其他食物垃圾弃置在多个灰坑内,分布零散,分布范围较广。又与当时人们食后抛弃的鱼、龟、鳖、蚌等水生动物的残骸一同弃置于灰坑中,说明这些鳄很可能是被当时的居民,在距离遗址不远的湖泊或河流中捕获的。这说明扬子鳄在当时并非是由外地输入的,而是当时本地常见的动物。捕获后剥皮食肉,骨骸和骨板并不当作装饰品保存,而是随意抛弃。①

"越国之龙"发生在战国晚期的越国一带,以会稽(今绍兴市)为中心。1973 年在杭州湾南岸,距离绍兴市不远的余姚发掘的河姆渡遗址,发现属于扬子鳄的上、下颌骨各一个,缺失残破的颌骨 30 多块、肱骨和股骨 24 根、牙齿多枚。② 这证明了 6000 年前在长江下游地区扬子鳄广泛分布,"越国之龙"应该是关于扬子鳄的记载。通过对先秦文献中龙的考察,我们得出了龙的原形为扬子鳄的结论。这个结论在汉以后是否站得住脚呢?

---

① 周本雄《山东兖州王因新石器时代遗址中的扬子鳄遗骸》,《考古学报》1982 年第 2 期,第 251、252 页。

② 浙江省博物馆自然组《河姆渡遗址动植物遗存的鉴定研究》,《考古学报》1978 年第 1 期,第 99 页。

第二节 汉前龙文化形象

从远古到汉代,龙的文化形象随着经济社会的发展和人们意识观念的改变发生着变化,文化含义丰富多样。

据文献记载,在历史上曾有一段所谓"人神杂糅"的时期,如《今文尚书·周书·吕刑》:

> 王曰:"若古有训:蚩尤惟始作乱,延及于平民,罔不寇贼、鸱义、奸宄、夺攘、矫虔。苗民弗用灵,制以刑,惟作五虐之刑曰法。杀戮无辜,爰始淫为劓、刵、椓、黥,越兹丽刑,并制罔差有辞。民兴胥渐,泯泯棼棼,罔中于信,以覆诅盟。虐威庶戮方告无辜于上。上帝监民,罔有馨香德,刑发闻惟腥。
>
> 皇帝哀矜庶戮之不辜,报虐以威,遏绝苗民,无世在下。乃命重、黎绝地天通,罔有降格。群后之逮在下,明明棐常,鳏寡无盖。皇帝清问下民,鳏寡有辞于苗,德威惟畏,德明惟明。"[1]

周穆王追溯了帝舜时代的事情,当时三苗作乱,帝舜命令重司天治神,命令黎司地治人,使天地隔断,人神区分,反映了舜以前人神杂糅的状况。从周穆王到楚昭王时,已经经过了400多年,对人神杂糅的认识更加模糊不清,《国语·楚语下》载:

---

[1] 顾颉刚、刘起釪《尚书校释译论》,中华书局2005年版,第1901页。

昭王问于观射父曰:"《周书》所谓'重、黎寔使
天地不通'者,何也? 若无然,民将能登天乎?"对
曰:"非此之谓也。古者民神不杂。民之精爽不携
贰者,而又能齐肃衷正,其智能上下比义,其圣能
光远宣朗,其明能光照之,其聪能听彻之,如是则
明神降之,在男曰觋,在女曰巫。是使制神之处位
次主,而为之牲器时服,而后使先圣之后之有光
烈,而能知山川之号……而敬恭明神者,以为之
祝。使名姓之后,能知四时之生……而心率旧典
者为之宗。于是乎有天地神民类物之官,是谓五
官,各司其序,不相乱也。……及少皞之衰也,九
黎乱德,民神杂糅,不可方物。夫人作享,家为巫
史,无有要质。民匮于祀,而不知其福。烝享无
度,民神同位……颛顼受之,乃命南正重司天以属
神,命火正黎司地以属民,使复旧常,无相侵渎,是
谓绝地天通。其后,三苗复九黎之德。尧复育重、
黎之后,不忘旧者,使复典之,以至于夏、商,故重、
黎氏世叙天地,而别其分主者也。"[①]

原始宗教中是由巫觋担任神官,后来有了天官和地官的划
分:天官,管通天降神,即祝宗卜史一类职官;地官,管土地民人,
即司徒、司马、司工一类职官。祝宗卜史一出,则巫道不行,但巫
和祝宗卜史曾长期较量,最后是祝宗卜史占了上风,这叫"绝地

---

① 　左丘明撰,鲍思陶点校《国语》,齐鲁书社 2005 年版,第 274 页。

天通"。这就是说,所谓"绝地天通"就是从巫觋时代的"人神杂糅"到卜史时代的"人神不杂"的转变。

在《周礼·春官宗伯》里,记载有八类祝巫之官,它们是大祝、小祝、丧祝、甸祝、诅祝、司巫、男巫、女巫等。其中大祝掌管人神、天神和地神。[①]

由此看出,在先秦人们的意识里面,不但五岳山川有神、江海河流有神,就是日月星辰都有神灵。当人们把扬子鳄当作现实生活中的实有动物看待时,它就是鳄鱼;当人们把它当作河流湖泊中有神异的灵性之物时,它就是龙,可以通神,通天。

一、远古的信仰——来往天上、地下、人间三界的神物

濮阳西水坡遗址用蚌壳摆塑的龙虎图案,是在墓葬中发现的,龙虎分别摆在墓主的左右,其意义只能从古人信仰的死后会进入另一世界去理解。

我们知道,至少从战国后期开始,在墓室里面出现了表现多种题材和主题的画像砖、画像石、石椁画,分布范围极为广泛,从沿海到河西走廊,从黄土高原到四川盆地,虽然不同时期不同地点流行的建筑材料和表现主题不同,但都表现了当时人们对于死生观念的理解,对于死后人们进入另一个世界的生活想象。而濮阳西水坡遗址的龙虎图案,可看作是它们的滥觞。

《礼记·礼器》篇载:"社稷山川之事,鬼神之祭,体也。"[②]为了体现"社稷山川"和"鬼神"的区别,它们的祭礼也不一样。

---

① 杨天宇《周礼译注》,上海古籍出版社 2004 年版,第 359—374 页。
② 孙希旦撰,沈啸寰、王星贤点校《礼记集解》,中华书局 1989 年版,第 628 页。

《左传》里刘康公曾说过："敬在养神……国之大事，在祀与戎。"①

各诸侯国对待祭祀是一点也马虎不得，看作是超过其他一切事务的重中之重。那时的人们对于鬼神深信不疑，认为如果对待祭祀稍有怠慢和不敬，很可能就会遭到惩罚。

更早的《尚书·金縢》篇，讲的是武王生病时，周公祷告自己的祖先太王、王季、文王保佑武王早点恢复健康的事情。祷告的册文里说：你们三王的长孙某人（武王）得了很严重的病，你们在天上实在有责任来保护你们的子孙，就让我来代替某人（武王）生病吧。在侍奉神灵方面，我多才多艺，侍奉得比某人（武王）好。某人（武王）在天帝那里接受了保有天下、在人间安定你们子孙的使命。册文表现了周公对国家和武王的忠诚。从册文内容可以看出，周人对祖先生活在另一个世界，并且对现实世界有重要影响深信不疑。②

《尚书·多士》篇里面也多次提到天帝："我有周佑命，将天明威，致王罚，敕殷命终于帝。……我闻曰：'上帝引逸。'有夏不适逸，则惟帝降格，向于时夏。弗克庸帝，大淫泆有辞。惟时天罔念闻，厥惟废元命，殷王亦罔敢失帝，罔不配天其泽……惟时上帝不保，降若兹大丧。"③

天帝掌握着人世间大小国家盛衰的命运，他可以惩恶扬善，让有德之国兴盛，让无德昏乱之国败亡。天帝是天上另一个世

---

① 杨伯峻《春秋左传注》，中华书局 2009 年版，第 861 页。
② 皮锡瑞撰，盛冬铃、陈抗点校《今文尚书考证》，中华书局 1989 年版，第 290－293 页。
③ 皮锡瑞撰，盛冬铃、陈抗点校《今文尚书考证》，中华书局 1989 年版，第 356－362 页。

界的首领,人世间包括王和国君在内的人们都要按他的旨意行事。

先民们认为"死人有知,与生人无以异"。人的"灵魂不灭",死后会进入另一个世界。因此,人死后陪葬物的多寡和墓室布置的豪华与否,直接影响死人在另一个世界的生活质量和生活水平。这也是从商周时期开始,无论是帝王将相还是平民百姓,厚葬之风长久不衰的原因。

濮阳西水坡遗址 M45 号墓中,第 1 组用蚌壳摆塑的龙虎图案,龙似腾空欲飞之状,虎似威猛下山之态,[①]是用艺术的手法描绘了墓主在另一个世界生活的场面。如果仅仅依据这幅画面下结论还不是很可信的话,那么,在墓主南边 45 米处的第 3 组蚌图的内容则较明确:一人双脚跨在龙背之上,其背景是"有许许多多零星的蚌壳,似乎也并非随便乱扔的,从整体看,这条灰沟好象一条空中的银河,灰沟中的零星的蚌壳,犹如银河系中无数的繁星"[②]。这样整体观察第 3 组蚌图,生动表现了死去的人在另一个世界骑在龙身之上自由自在遨游天空的情景。在《史记》里也有黄帝骑龙升天的传说:

> 黄帝采首山铜,铸鼎于荆山下。鼎既成,有龙垂胡髯下迎黄帝。黄帝上骑,群臣后宫从上者七十余人,龙乃上去。余小臣不得上,乃悉持龙髯,龙髯拔,堕黄帝之弓。百姓仰望黄帝既上天,乃抱

---

① 濮阳市文物管理委员会、濮阳市博物馆、濮阳市文物工作队《河南濮阳西水坡遗址发掘简报》,《文物》1988 年第 3 期,第 3 页。

② 濮阳西水坡遗址考古队《1988 年河南濮阳西水坡遗址发掘简报》,《考古》1989 年第 12 期,第 1059 页。

其弓与胡髯号，故后世因名其处曰鼎湖，其弓曰乌号。①

这段文字，讲述了黄帝完成铸鼎之后，龙从天而降恭迎黄帝上天的故事。黄帝的文武大臣、后宫佳丽 70 余人也跟着上了天。可见，龙可以直接来往于地下天上，穿梭于天堂人间。

二、《尚书》到《吕氏春秋》龙喻意象——从臣民到国君

据陈梦家研究，在甲骨文中有关于"龙方"的记载，认为"龙方"与"羌方"相近，可能与匈奴有关。②

《史记·匈奴列传》载："岁正月，诸长小会单于廷，祠。五月，大会龙城，祭其先、天地、鬼神。"《索隐》注曰："崔浩云'西方胡皆事龙神，故名大会处为龙城'。"③

《汉书·匈奴传》载："岁正月，诸长小会单于廷，祠。五月，大会龙城，祭其先、天地、鬼神。"④

《后汉书·南匈奴列传》载："匈奴俗，岁有三龙祠，常以正月、五月、九月戊日祭天神。"⑤

据陈梦家研究得出的结论，羌与夏可能为同族之人。⑥ 刘起釪认为，龙方与《山海经》中先龙和氏羌族有血胤渊源关系，是作

---

① 司马迁《史记》，中华书局 1982 年版，第 1394 页。
② 陈梦家《殷虚卜辞综述》，中华书局 1988 年版，第 283 页。
③ 司马迁《史记》，中华书局 1982 年版，第 2892 页。
④ 班固《汉书》，中华书局 1962 年版，第 3752 页。
⑤ 范晔《后汉书》，中华书局 1965 年版，第 2944 页。
⑥ 陈梦家《殷虚卜辞综述》，中华书局 1988 年版，第 281、282 页。

为一个种族存在于商代的,因其奉龙为元祖神而称龙方族。① 以上说明以龙命名方国(氏族部落)的由来是很早的。

在《尚书·尧典》篇里,一个名字叫"龙"的人被舜任命为纳言之官,负责传达舜的命令。

> 帝曰:"龙,朕堲谗说殄行,震惊朕师。命汝作
> 纳言,夙夜出纳朕命,惟允!"②

在《尚书·皋陶谟》篇里,舜让人把龙的图案绘在上衣上,以别身份等级。

> 予欲观古人之象,日、月、星辰、山、龙、华虫,
> 作会;宗彝、藻、火、粉米、黼、黻、絺绣,以五采彰施
> 于五色,作服,汝明。③

《礼记·明堂位》篇有"有虞氏服韨,夏后氏山,殷火,周龙章"④的记载,这个解释说明了上述十二章图案各代都曾使用。每一王朝建立后,都要改正朔,易服色,上至天子,下至文武百官,衣服的图案和颜色都有严格等级规定。天子、公、侯、伯、子、男、卿、大夫,穿何种图案,用何种颜色,各代如何规定,又是如何具体实行的,经师们的解释不一样。

《庄子·天运》篇里,记载孔子把老子比喻成龙:

---

① 顾颉刚、刘起釪《尚书校释译论》,中华书局 2005 年版,第 285 页。
② 顾颉刚、刘起釪《尚书校释译论》,中华书局 2005 年版,第 192、193 页。
③ 顾颉刚、刘起釪《尚书校释译论》,中华书局 2005 年版,第 441 页。
④ 孙希旦撰,沈啸寰、王星贤点校《礼记集解》,中华书局 1989 年版,第 856 页。

　　孔子见老聃归，三日不谈。弟子问曰："夫子
见老聃，亦将何规哉？"孔子曰："吾乃今于是乎见
龙。龙，合而成体，散而成章，乘乎云气而养乎阴
阳。予口张而不能胁。予又何规老聃哉？"①

　　在孔子眼里，龙是自然界中的灵物，变化无穷，深不可测，把
老子比喻成龙，是说老子是智慧的化身。

　　《吕氏春秋·介立》中，把晋文公重耳比作龙：

　　晋文公反国，介子推不肯受赏，自为赋诗曰：
"有龙于飞，周遍天下。五蛇从之，为之丞辅。龙
反其乡，得其处所。四蛇从之，得其露雨。一蛇羞
之，桥死于中野，悬书于公门，而伏于山下。"文公
闻之曰："嘻！此必介子推也。"②

　　此前的《左传》，也有对此事的记载：

　　晋侯赏从亡者，介之推不言禄，禄亦弗及。推
曰："献公之子九人，唯君在矣。惠、怀无亲，外内
弃之。天未绝晋，必将有主。主晋祀者，非君而
谁？天实置之，而二三子以为己力，不亦诬乎？窃
人之财，犹谓之盗，况贪天之功以为己力乎？下义
其罪，上赏其奸，上下相蒙，难与处矣。"其母曰：

---

① 王先谦《庄子集解》，中华书局1987年版，第128－129页。
② 许维遹《吕氏春秋集释》，中华书局2009年版，第264页。

"盍亦求之？以死，谁怼？"对曰："尤而效之，罪又甚焉。且出怨言，不食其食。"其母曰："亦使知之，若何？"对曰："言，身之文也。身将隐，焉用文之？是求显也。"其母曰："能如是乎？与女偕隐。"遂隐而死。晋侯求之不获，以绵上为之田，曰："以志吾过，且旌善人。"①

　　《吕氏春秋》是在秦国丞相吕不韦主持下，集合门客们编撰的一部黄老道家名著，约为公元前 239 年左右完成，当时正是秦国统一六国的前夕。此书以道家思想为主干，融合各家学说，吕不韦想以此作为大一统后的意识形态，是先秦时期的一部重要著作。

　　《左传》，相传是春秋末年鲁国史官左丘明根据鲁国国史《春秋》编成，全称《春秋左氏传》，起自鲁隐公元年（前 722），迄于鲁哀公二十七年（前 468）。《左传》传文比《春秋》经文多出 11 年，实际记事多出 26 年，全书绝大部分属于春秋时期的事件，但全书的完成已经进入战国时期。《左传》是记录春秋时期社会状况的重要典籍，取材于王室档案、鲁史策书、诸侯国史等，记事基本以《春秋》鲁十二公为次序，内容包括诸侯国之间的聘问、会盟、征伐、婚丧、篡弑等。

　　在不同历史时期，由于写作的背景不同，写作目的不一样，记载同样的一件事，呈现的面貌也就不一样。相对于《左传》，《吕氏春秋》记载这件事不仅更有文采，叙事更简练，而且在思想内容上也进行了改造。后者把重耳叫作晋文公，前者只是称呼晋侯。后者强调晋文公作为一国之君,拥有至高无上的权力与尊严;前者只是把晋作为周朝的一个诸侯来看待,认为重耳的胜利最多是"天未绝晋,必将有主。主晋祀者,非君而谁?"晋国的祭祀不会断绝。左丘明作为鲁国的史官,《左传》是以天下仍是周的天下的立场来记载的。而《吕氏春秋》,因为秦穆公和晋文公都曾称霸于诸侯,经历相似,而且秦国即将结束诸侯混战局面,①完成统一天下大业,成为天子之国,这与重耳回到晋国,即将称霸天下的时间点相近;因此,《吕氏春秋》在叙述这件事时,只有对统一早日到来的渴盼,以统一天下胜利者的姿态对胜利后的设想。那么,对重耳胜利的赞颂,也就暗含了对秦国即将到来的更大胜利的赞颂!

《左传·僖公二十三年》和《左传·僖公二十四年》记载了晋公子重耳一路艰辛流亡的过程:骊姬谗害,被逼出走;蒲城陷落,被人追杀,侥幸逃脱;十二年后过卫,卫文公不礼;乞食农夫,农夫戏耍,给其土块;在曹,被曹共公观其裸;在郑,郑文公不礼。②一路上经过千难万险,整整流亡国外十九年,受尽白眼和不堪,受尽屈辱和磨难。而在《吕氏春秋》里却用"有龙于飞"那样富有英雄传奇般的浪漫字眼一笔带过。作者把晋文公比作龙,把追随之大臣比作蛇,这是有意识地突出晋文公的能力超群,与众不同,抬高晋文公的地位。把本来是在众人不弃不离、竭尽全力帮助下的成功描写成以晋文公为主导的胜利,这是否是有意识的造"神"运动?尽管这样,晋文公之上还有周之天子,晋文公名义上只是周的大臣,"公"只是一个最高的爵位,晋也只是诸侯国之

---

① 注:公元前 256 年,东周为秦所灭。
② 杨伯峻《春秋左传注》,中华书局 2009 年版,第 404—410 页。

一。也就是说,龙比喻的意象,虽然从臣民上升到了国君,但仍然没有达到贵为天子的地步。

三、《左传》、《国语》之龙化美女

我们知道,"洧渊之龙"出现时,郑国"国人"的反应是"请为禜焉",请求给龙祈禳,就是说,郑国一般民众是把龙当作神来看待的,认为龙有超自然的能力,对龙有一种恐惧感。"绛郊之龙"的出现,也应该是引起了民众的恐慌,以至于作为晋国执政的魏献子赶紧向蔡墨询问龙的情况。与蔡墨"人实不知,非龙实知"的看法相反,当时晋国的绝大多数人认为龙的智慧远远超出了人,也具有超自然的能力。而"越国之龙"明确和水神联系在了一起。三者的说法虽有细微差异,但都认为龙是一种灵异之物,让人恐惧。

> 初,叔向之母妒叔虎之母美而不使,其子皆谏其母。其母曰:"深山大泽,实生龙蛇。彼美,余惧其生龙蛇以祸女。女,敝族也。国多大宠,不仁人间之,不亦难乎? 余何爱焉。"[①]

这是记载在鲁襄公二十一年(前552)秋天的事情。晋国大夫叔向因为同父异母的兄弟叔虎受到牵连,被范宣子囚禁起来,因为祁奚的营救而转危为安。这时作者追述了叔向母亲以前的预言:美人是由龙蛇变化而来,她将来也必定会生下龙蛇(即后

---

① 杨伯峻《春秋左传注》,中华书局2009年版,第1061页。

来长得美而有勇力的叔虎），给你们（羊舌氏，即叔向所在家族）带来祸患！这个预言不幸言中了。可见龙蛇能给人带来灾难是当时人们的一种观念。

在《国语·郑语》里面，也有类似的说法，史伯向桓公讲述了周书《训语》中的一段神话：

> 夏之衰也，褒人之神化为二龙，以同于王庭，而言曰："余，褒之二君也。"夏后卜杀之与去之与止之，莫吉。卜请其漦而藏之，吉。乃布币焉而策告之，龙亡而漦在，椟而藏之，传郊之，及殷、周，莫之发也。及厉王之末，发而观之，漦流于庭，不可除也。王使妇人不帏而噪之，化为玄鼋，以入于王府。府之童妾未既龀而遭之，既笄而孕，当宣王时而生。……诗曰："赫赫宗周，褒姒灭之。"此之谓也。①

这是西周历史上有名的烽火戏诸侯的故事。故事的主角褒姒正是龙漦（漦是龙所吐沫）变化而来，这次龙所带来的是更严重的一场国难：强盛而又具有悠久历史的西周，因一个龙漦变化的女子而画上了句号。

由这两个故事引申，龙在先秦常常变作让人不能自拔的美女，最终却给人带来祸患和灾难的结局。这同后来吸人精血之美女蛇的故事有些类似，红颜祸水的说法或许由此发端吧。

---

① 左丘明撰，鲍思陶点校《国语》，齐鲁书社 2005 年版，第 255 页。

四、《楚辞》中人神坐骑或驾车对象

《左传》里"绛郊之龙"出现时晋国魏献子与蔡墨有这样的对话：

> 及有夏孔甲，扰于有帝，帝赐之乘龙，河、汉各二，各有雌雄。[①]

叙述的是夏代孔甲因顺天而行，天帝赏给他骑的四条龙，黄河、汉水各是两条，各有雌雄。

《韩非子·说难》篇说：

> 从龙之为虫，可狎而骑也。[②]

明确地讲出龙作为人的坐驾之一，可被人骑。濮阳西水坡遗址 M45 号墓以南 45 米处，发现一组有人骑龙的图案，[③]《史记》中黄帝乘龙上天的传说，[④]前文已详，不再赘述。

据《中国体育报》有关报道，今天非洲刚果河两岸的瓦格尼族人仍有骑鳄鱼的比赛："参赛者驱赶着训练有素的鳄来到河边，每条鳄鱼都拴有绳子，如同马套上了缰绳，比赛鼓声一响，勇

---

① 杨伯峻《春秋左传注》，中华书局 2009 年版，第 1501 页。
② 王先慎《韩非子集解》，中华书局 2013 年版，第 100 页。
③ 濮阳西水坡遗址考古队《1988 年河南濮阳西水坡遗址发掘简报》，《考古》1989 年第 12 期，第 1059 页。
④ 司马迁《史记》，中华书局 1982 年版，第 1394 页。

敢机智的选手就跃上鳄鱼背，驱使鳄鱼向终点冲去。"①可见，古人所叙述的人骑龙的故事或摆塑的画面可能来自现实场景，是当时人们生产生活的一部分。

在战国后期屈原的诗歌里面，龙大多为诗人驾车的对象，或负重之物。

> 为余驾飞龙兮，杂瑶象以为车。麾蛟龙使梁津兮，诏西皇使涉予。驾八龙之蜿蜒兮，载云旗之委蛇。②（《离骚》）
>
> 龙驾兮帝服，聊翱游兮周章。③（《九歌·云中君》）
>
> 乘龙兮辚辚，高驼兮冲天。④（《九歌·大司命》）
>
> 驾两龙兮骖螭，登昆仑兮四望。⑤（《九歌·河伯》）
>
> 河海应龙，何尽何历？焉有虬龙，负熊以游？⑥（《天问》）
>
> 鱼葺鳞以自别兮，蛟龙隐其文章。（《九章·悲回风》）

---

① 《中国体育报》1988 年 7 月 3 日的有关报道。

② 汤炳正等《楚辞今注》，上海古籍出版社 2012 年版，第 26 页。

③ 汤炳正等《楚辞今注》，上海古籍出版社 2012 年版，第 46 页。

④ 汤炳正等《楚辞今注》，上海古籍出版社 2012 年版，第 58 页。

⑤ 汤炳正等《楚辞今注》，上海古籍出版社 2012 年版，第 68 页。

⑥ 汤炳正等《楚辞今注》，上海古籍出版社 2012 年版，第 86 页。

而楚辞《远游》^①亦载：

驾八龙之婉婉兮，载云旗之逶蛇。^②

汉以后，模仿屈原、宋玉等人的作品，仍然沿袭了龙作为驾车的对象这一意象。

贾谊的《惜誓》：

神龙失水而陆居兮，为蝼蚁之所裁。^③

东方朔的《七谏·自悲》：

驾青龙以驰骛兮，班衍衍之冥冥。^④

王褒的作品：

乘龙兮偃蹇，高回翔兮上臻。^⑤（《九怀·昭世》）

驾八龙兮连蜷，建虹旌兮威夷。^⑥（《九怀·陶雍》）

刘向的《九叹·远游》：

---

① 此篇是否为屈原作品，学界尚有争议。
② 汤炳正等《楚辞今注》，上海古籍出版社 2012 年版，第 187 页。
③ 汤炳正等《楚辞今注》，上海古籍出版社 2012 年版，第 262 页。
④ 汤炳正等《楚辞今注》，上海古籍出版社 2012 年版，第 286 页。
⑤ 汤炳正等《楚辞今注》，上海古籍出版社 2012 年版，第 318 页。
⑥ 汤炳正等《楚辞今注》，上海古籍出版社 2012 年版，第 327 页。

驰六龙于三危兮,朝西灵于九滨。[①]

譬彼蛟龙,乘云浮兮。[②]

综合上述,从 6000 年前的仰韶文化时期始,经过传说中的
三皇五帝,夏商周三代,一直到秦、西汉,龙作为一种人神都可骑
的坐骑,在人们的思想观念里长期存在,一直没有断绝。只不过
随着社会的发展,车辆出现后,由人的坐骑变为驾车对象而已。

[①]　汤炳正等《楚辞今注》,上海古籍出版社 2012 年版,第 371 页。

[②]　汤炳正等《楚辞今注》,上海古籍出版社 2012 年版,第 375 页。

第三节　汉代龙的文化涵义

在司马迁之前,龙在社会中的影响已经渗透方方面面:有国名或部落名称叫龙,如龙方;地名,如龙门;有人姓,如龙且;人名,如公孙龙;刻画或装饰性图案,如龙旗、衣服、器皿;星宿名,如苍龙;还有《山海经》或诗歌等文学作品里的意象。

在这里,首先是龙出现于人们的现实生活中,同人发生了利益攸关的切实的联系,如龙可以作为猎获的动物性食品来充饥。在日久天长与其打交道的过程中,人们对龙的生活习性逐渐了解和熟悉,给以命名,并创造"龙"字。在这个过程里,人们逐渐把它应用到生活当中,如以龙为人的姓、名,某地的地名,并将龙的样子刻画到日常生活用的器皿、穿的衣服上。根据鳄鱼冬眠的特点,加上自己的想象,把龙看成上天入地的会飞的神物,并把天象和龙连在一起。从汉代开始,龙的原型和文化涵义发生了显著的改变,有哪些改变呢?

一、司马迁的创造——龙喻帝王

自汉代始两千多年,人们常常把帝王称为真命天子,以龙喻帝王;甚至割据的政权之间,也争相以龙为喻来证明自己为正统;很多反叛将领或农民起义领袖更是常常以梦见龙作为自己将得天下的依据。那么,以龙喻帝王,谁是始作俑者?谁起了最重要的作用?根据史书及其他文献资料,我认为确凿无疑,就是司马迁,司马迁正是通过《史记》把龙的形象和帝王联系在一起。

秦始皇——比喻成龙的第一位帝王。

在此之前，虽有《吕氏春秋》把晋文公比喻成龙，但仅仅是只言片语，偶尔为之。况且，晋文公也只是春秋五霸之一，是一位诸侯，虽然曾是国力最强的诸侯，但仍然是周朝的臣子，名义上上面毕竟还有周天子。在《史记·秦始皇本纪》里，司马迁第一次把至高无上的天子和龙连在一起：

> 三十六年，荧惑守心。有坠星下东郡，至地为石，黔首或刻其石曰"始皇帝死而地分"。始皇闻之，遣御史逐问，莫服，尽取石旁居人诛之，因燔销其石。始皇不乐，使博士为《仙真人诗》，及行所游天下，传令乐人歌弦之。秋，使者从关东夜过华阴平舒道，有人持璧遮使者曰："为吾遗滈池君。"因言曰："今年祖龙死。"使者问其故，因忽不见，置其璧去。使者奉璧具以闻。始皇默然良久，曰："山鬼固不过知一岁事也。"退言曰："祖龙者，人之先也。"使御府视璧，乃二十八年行渡江所沉璧也。于是始皇卜之，卦得游徙吉。迁北河榆中三万家。拜爵一级。[①]

据《史记·秦始皇本纪》记载，始皇二十八年，秦始皇东行郡县，上邹峄山，立石，歌颂秦德；再上泰山，立石封禅。过彭城，登衡山，到南郡。过江，至湘山祠。渡江时，适逢大风，遭遇惊险，差点翻船。秦始皇大怒，认为湘君冒犯了他的尊严，让他狼狈，

于是命令服刑的三千犯人把湘山上的树木砍光。^① 秦始皇收回的玉璧应是到江心大风起来时所沉之玉璧,危急之中用来镇压江中的水怪。江中沉璧实有其事,因为曾让御府官员验证过真假。至于如何打捞,当有一段故事,但绝不可能像史书中说,是山鬼化作人形送回,并预言"今年祖龙死"。从上下文看,因为当年早些时候有陨石坠入东郡,有百姓把"始皇帝死而地分"这几个字刻在陨石上。御史办案不利,没有找到凶手,秦始皇震怒,命令把在陨石旁居住的人全部杀掉,并把陨石烧毁。^② 当年秋天,这种残无人道的做法可能引起了沉璧所属地域附近的官府或渔民的恐慌,他们想方设法把所沉玉璧打捞上来,再在华阴平舒道交给外出办事官员,让其带回,意图躲过一劫。

在这里,司马迁可能是借用当时民间传说,或者自己编造故事,让山鬼把八年前沉在江中的玉璧送回。秦始皇虽然是第一位被比喻成龙的皇帝,但对后来影响并不大。究其原因,一是仅仅用过一次,没有系统运用;二是比喻的毕竟是一条死龙,让人兴味索然。

二、刘邦——创造性、系统性比喻成龙的帝王

司马迁通过对刘邦的一系列神化,编造了一系列的故事,创造性地把龙和刘邦密不可分地连在一起;在《史记》中通过不同人的传记,从不同角度将刘邦和龙系统性地连在一起。

---

① 司马迁《史记》,中华书局 1982 年版,第 242—248 页。
② 司马迁《史记》,中华书局 1982 年版,第 259 页。

（一）刘邦是龙子

　　高祖，沛丰邑中阳里人，姓刘氏，字季。父曰太公，母曰刘媪。其先刘媪尝息大泽之陂，梦与神遇。是时雷电晦冥，太公往视，则见蛟龙于其上。已而有身，遂产高祖。① （《史记·高祖本纪》）

（二）刘邦是龙

　　（1）高祖为人，隆准而龙颜，美须髯，左股有七十二黑子。仁而爱人，喜施，意豁如也。常有大度，不事家人生产作业。及壮，试为吏，为泗水亭长，廷中吏无所不狎侮，好酒及色。常从王媪、武负贳酒，醉卧，武负、王媪见其上常有龙，怪之。② （《史记·高祖本纪》）

　　（2）高祖以亭长为县送徒骊山，徒多道亡。自度比至皆亡之，到丰西泽中，止饮，夜乃解纵所送徒。曰：“公等皆去，吾亦从此逝矣！”徒中壮士愿从者十余人。高祖被酒，夜径泽中，令一人行前。行前者还报曰：“前有大蛇当径，愿还。”高祖醉，曰：“壮士行，何畏！”乃前，拔剑击斩蛇。蛇遂分为

---

① 司马迁《史记》，中华书局1982年版，第341—343页。
② 司马迁《史记》，中华书局1982年版，第341—343页。

两，径开。行数里，醉，因卧。后人来至蛇所，有一老妪夜哭。人问何哭，妪曰："人杀吾子，故哭之。"人曰："妪子何为见杀？"妪曰："吾，白帝子也，化为蛇，当道，今为赤帝子斩之，故哭。"人乃以妪为不诚，欲告之，妪因忽不见。后人至，高祖觉。后人告高祖，高祖乃心独喜，自负。诸从者日益畏之。[1]（《史记·高祖本纪》）

（3）范增说项羽曰："沛公居山东时，贪于财货，好美姬。今入关，财物无所取，妇女无所幸，此其志不在小。吾令人望其气，皆为龙虎，成五彩，此天子气也。急击勿失！"[2]（《史记·项羽本纪》）

（4）秦始皇帝常曰"东南有天子气"，于是因东游以厌之。高祖即自疑，亡匿，隐于芒、砀山泽岩石之间。吕后与人俱求，常得之。高祖怪问之。吕后曰："季所居上常有云气，故从往常得季。"高祖心喜。沛中子弟或闻之，多欲附者矣。[3]（《史记·高祖本纪》）

（三）其子是龙

此两美人相与笑薄姬初时约。汉王闻之，问其故，两人具以实告汉王。汉王心惨然，怜薄姬，

---

[1] 司马迁《史记》，中华书局1982年版，第347页。
[2] 司马迁《史记》，中华书局1982年版，第311页。
[3] 司马迁《史记》，中华书局1982年版，第348页。

是日召而幸之。薄姬曰:"昨暮夜妾梦苍龙据吾腹。"高帝曰:"此贵征也,吾为女遂成之。"一幸生男,是为代王。其后薄姬希见高祖。代王立十七年,高后崩。大臣议立后,疾外家吕氏强,皆称薄氏仁善,故迎代王,立为孝文皇帝,而太后改号曰皇太后。[①]（《史记·外戚世家》）

（四）天命注定刘邦做皇帝

（1）吕公曰:"臣少好相人,相人多矣,无如季相,愿季自爱。臣有息女,愿为季箕帚妾。"酒罢,吕媪怒吕公曰:"公始常欲奇此女,与贵人。沛令善公,求之不与,何自妄许与刘季?"吕公曰:"此非儿女子所知也。"卒与刘季。[②]（《史记·高祖本纪》）

（2）老父相吕后曰:"夫人天下贵人。"令相两子,见孝惠,曰:"夫人所以贵者,乃此男也。"相鲁元,亦皆贵。老父已去,高祖适从旁舍来,吕后具言客有过,相我子母皆大贵。高祖问,曰:"未远。"乃追及,问老父。老父曰:"乡者夫人婴儿皆似君,君相贵不可言。"高祖乃谢曰:"诚如父言,不敢忘

① 司马迁《史记》,中华书局 1982 年版,第 1971 页。
② 司马迁《史记》,中华书局 1982 年版,第 344—345 页。

德。"及高祖贵，遂不知老父处。①（《史记·高祖本纪》）

（3）诸父老皆曰："平生所闻刘季诸珍怪，当贵，且卜筮之，莫如刘季最吉。"于是刘季数让。众莫敢为，乃立季为沛公。②（《史记·高祖本纪》）

（4）高祖之东垣，过柏人，赵相贯高等谋弑高祖，高祖心动，因不留。代王刘仲弃国亡，自归雒阳，废以为合阳侯。九年，赵相贯高等事发觉，夷三族。③（《史记·高祖本纪》）

（5）高祖击布时，为流矢所中，行道病。病甚，吕后迎良医，医入见，高祖问医，医曰："病可治。"于是高祖嫚骂之曰："吾以布衣提三尺剑取天下，此非天命乎？命乃在天，虽扁鹊何益！"遂不使治病，赐金五十斤罢之。④（《史记·高祖本纪》）

（6）故汉兴，承敝易变，使人不倦，得天统矣。⑤（《史记·高祖本纪》）

（五）龙化身皇帝——高贵威严不寻常

六年，高祖五日一朝太公，如家人父子礼。太

---

① 司马迁《史记》，中华书局 1982 年版，第 346 页。
② 司马迁《史记》，中华书局 1982 年版，第 350 页。
③ 司马迁《史记》，中华书局 1982 年版，第 386 页。
④ 司马迁《史记》，中华书局 1982 年版，第 391 页。
⑤ 司马迁《史记》，中华书局 1982 年版，第 394 页。

公家令说太公曰:"天无二日,土无二王。今高祖
虽子,人主也;太公虽父,人臣也。奈何令人主拜
人臣! 如此,则威重不行。"后高祖朝,太公拥篲,
迎门却行。高祖大惊,下扶太公。太公曰:"帝,人
主也,奈何以我乱天下法!"于是高祖乃尊太公为
太上皇。心善家令言,赐金五百斤。[①](《史记·高
祖本纪》)

　　萧丞相营作未央宫,立东阙、北阙、前殿、武
库、太仓。高祖还,见宫阙壮甚,怒,谓萧何曰:"天
下匈匈苦战数岁,成败未可知,是何治宫室过度
也?"萧何曰:"天下方未定,故可因遂就宫室。且
夫天子四海为家,非壮丽无以重威,且无令后世有
以加也。"高祖乃说。[②](《史记·高祖本纪》)

　　综合上述,司马迁运用了一系列的传奇手法,刻画了刘邦作
为真龙天子的完美形象。

　　其一,龙脉系列形成。先是刘邦出身非同寻常,乃神龙与其
母结合所生;其次刘邦本人就是龙:长得像龙,身上带着龙,所在
上空带龙祥之云气;再次刘邦之子文帝的出生是龙与薄姬交合
的结果。就是说,以刘邦为中心,上至乃父,下到其子,都是龙,
构成了龙血脉相连的祖孙三代,形成了龙脉系列。

　　其二,天命注定刘邦拥有天下,成为开国皇帝。吕公、老父
的相面;诸父老的卜筮;刘邦所在上空带有天子之气;刘邦过柏

---

① 司马迁《史记》,中华书局 1982 年版,第 382 页。
② 司马迁《史记》,中华书局 1982 年版,第 385—386 页。

人时,因赵相贯高谋弑而高祖心动;刘邦得病之时对于自己得天下的解释,无不围绕一个主题:刘邦是真龙天子,其拥有天下,成为开国皇帝是上天的意志。

其三,顺天命而为——刘邦乃父和臣属对刘邦的维护。

不管是叔孙通的制定礼仪,还是萧何修建宫殿的壮丽,甚至乃父刘公也须行臣子之事,这一切都是为了遵从上天的意志。刘邦不是凡人,他是神龙之子,对他的尊重和维护体现了个人和国家对天命的重视程度。

司马迁正是通过龙脉系列的形成,刘邦做皇帝是天命,臣属对天命的遵从三个角度层层递进来描绘刘邦的一生。可以说,在司马迁笔下,刘邦的一生,是充满神话色彩的一生,是充满传奇色彩的一生,也是上天早已安排好的一生。读《高祖本纪》,我们不觉得刘邦是人,而觉得刘邦是神;我们不觉得是在读历史,而觉得是在读神话传奇。

司马迁可是被刘向、扬雄等人称为"有良史之才"的,《史记》被誉为"其文直,其事核,不虚美,不隐恶",谓之"实录"。[①] 那么,司马迁为什么这样写?这样写为什么还获得了如此之高的评价?

三、刘邦喻龙目的及原因

我们知道,司马氏世典周史,从周至汉武,代代相承,绵延不绝,有史官之家传,更有史官之自觉。到迁父司马谈为汉太史令,掌天官之事。适逢汉武帝封禅泰山,上接千岁之统,而司马

---

① 班固《汉书·司马迁传》,中华书局1962年版,第2738页。

谈留滞周南,不能参与其间,目睹这一千载盛事,司马谈认为实乃平生之憾事,以至于死,不能瞑目! 临死之前,让子司马迁完成自己续写自获麟以来历史之遗愿。谆谆教导司马迁,这乃是"始于事亲,中于事君,终于立身"的事业,是"扬名于后世,以显父母"的最大孝的事业!

因此,司马迁写《史记》,有着深深的历史使命感的自觉。加上自己又横遭李陵之祸,受了世上最大耻辱的腐刑,为"偿前辱之责",发愤著书,来实现自己"究天人之际,通古今之变,成一家之言"的理想,实现自己"藏之名山,传之其人"的目标。写《史记》就成了司马迁活在世上的唯一动力和任务。

如何完成这一任务,实现这一目标呢? 只有像孔子那样,甚至写出超过《春秋》之影响的历史著作,才可能实现自己的人生目标,以雪自己所受腐刑之耻。司马迁对于《春秋》评价极高:

> 《春秋》上明三王之道,下辩人事之纲纪,别嫌疑,明是非,定犹与,善善恶恶,贤贤贱不肖,存亡国,继绝世,补弊起废,王道之大者也。……万物之散聚皆在《春秋》。……有国者不可以不知《春秋》,前有谗而不见,后有贼而不知。为人臣者不可以不知《春秋》,受经事而不知其宜,遭变事而不知其权。为人君父者而不通于《春秋》之义者,必蒙首恶之名。为人臣子不通于《春秋》之义者,必陷篡弑诛死之罪。……故《春秋》者,礼义之大宗也。[①]

---

① 班固《汉书·司马迁传》,中华书局 1962 年版,第 2717—2718 页。

概括起来,司马迁认为《春秋》是指导当时人们行动的指南,是判断人间是非善恶的唯一标准,是教导人们为人处世的良师益友,也是为人君、为人臣最好的教科书。

司马迁自己说:"先人有言:'自周公卒五百岁而有孔子,孔子至于今五百岁,有能绍而明之,正《易传》,继《春秋》,本《诗书》《礼乐》之际。'意在斯乎! 意在斯乎! 小子何敢攘焉!"[①]

可见,司马迁写《史记》,不但怀着巨大的历史使命感,充满舍我其谁、当仁不让的豪情壮志,同时想借此成为名垂青史的历史人物,能够像周公、孔子那样有巨大影响力!

到司马迁之时,"汉兴已来,至明天子,获符瑞,封禅,改正朔,易服色,受命于穆清,泽流罔极,海外殊俗重译款塞,请来献见者,不可胜道。臣下百官力诵圣德,犹不能宣其意"[②]。可以说到汉武之时,海内一统,国力强盛,匈奴不敢南下而牧马,中国出现了亘古未有之兴旺局面。司马迁生逢其时,如何继承和发扬《春秋》之大义,维护和巩固这一历史趋势,成为司马迁面对的首要课题。换句话说,就是司马迁如何通过从西汉建立到今上汉武的这段历史书写,来表现刘氏政权的正当性和合法性,稳固和延续这一趋势。这实际上已超出了历史的范围,关系着当时政权的存亡,是统治阶级的意识形态里核心的内容。

最重要的内容是抒写刘邦出世,经过艰苦奋战击败各路豪杰,创立西汉王朝的这段历史。它是西汉王朝存在的根基,是西汉王朝延续的基础,是刘邦子孙后代继承天下的核心和关键。刘邦出身低微,其父母属于凡夫俗子之辈,甚至连名字,历史记

---

① 班固《汉书·司马迁传》,中华书局1962年版,第2717页。
② 班固《汉书·司马迁传》,中华书局1962年版,第2719页。

载也不清。而年轻时不事产业,不喜读书,却热衷喝酒赌博的刘邦,不到十年之间却拥有天下。自其登基近百年来,汉廷轻徭薄赋,人民安居乐业,国家逐步走向繁荣昌盛,刘氏之统治深得民心,这怎么解释?如果只是靠武力加上聪明才智,则秦与六国王侯将相之子孙不乏其人;如果仅仅按刘邦说的得到张良、萧何、韩信之助,那如何解释其后代文景汉武的文治武功?对于百年的历史来讲,这是一个系统性的课题。

《汉书》把刘邦描绘成历史人物唐尧之后,这同《史记》的手法相比,高下立见。因为从传说中的黄帝到秦末有 3000 年的历史,历史人物如群星灿烂;再者年代久远,把历史人物硬和刘邦扯上血脉关系,很难让人信服。

而司马迁把刘邦得天下解释为天命,是奉天承运。从刘邦的出生,一直到刘邦死去,其间奋斗历程,有太多神话般传奇的故事,而龙在完成这一解释中起了无可替代的作用。龙须臾不离其身,象征天子的龙虎之气环绕在其上空。上至秦始皇的担心,中至亚父范增的预测,下至吕公、老父的相面与诸父老的卜筮,最终都变为现实,这一切除了天命该如何解释?这在"天人合一"、"天人感应"大行其道的时代,多么有震撼力和说服力!在《史记·外戚世家》里面,对于朝代兴替,人间悲欢离合,司马迁最终归结为幽明难言的天命:

> 自古受命帝王及继体守文之君,非独内德茂也,盖亦有外戚之助焉。夏之兴也以涂山,而桀之放也以末喜。殷之兴也以有娀,纣之杀也嬖妲己。周之兴也以姜原及大任,而幽王之禽也淫于褒姒。故《易》基《乾》《坤》,《诗》始《关雎》,《书》美釐降,

《春秋》讥不亲迎。夫妇之际，人道之大伦也。礼之用，唯婚姻为兢兢。夫乐调而四时和，阴阳之变，万物之统也。可不慎与？人能弘道，无如命何。甚哉，妃匹之爱，君不能得之于臣，父不能得之于子，况卑不乎！即欢合矣，或不能成子姓；能成子姓矣，或不能要终：岂非命也哉？孔子罕称命，盖难言之也。非通幽明，恶能识乎性命哉？[①]

司马迁本人身为太史令，尽忠尽责而横遭宫刑之祸，差点带来灭顶之灾。命运和司马迁开了如此大的玩笑，或许归结于天命，能给他惨痛无依的心灵带来一丝慰藉和支撑吧。

四、龙喻帝王作用及影响

我们知道，司马迁熟读《春秋》与《左传》，更受《公羊传》"大一统"学说的影响，而刘邦正是这西汉"一统"的创始人。通过龙的神化和顺奉天命，把刘邦和天下"一统"很好地结合在一起。这不是"实录"，但比"实录"有力得多，比"实录"影响得远，围绕西汉王朝最核心、最关键的东西展开描述，使得刘氏之天下深入人心。

正因如此，东汉经过王莽篡权仍得以再兴，蜀汉经过曹操"挟天子以令诸侯"能够再起，甚至五代十国里面汉的国号再三出现，司马迁之《史记·高祖本纪》与有力焉！

二十四史里面，除《史记》和《汉书》外，都是写前朝之事，记

---

① 司马迁《史记》，中华书局 1982 年版，第 1967 页。

前朝之史。用今天的眼光来看,对汉朝人而言,《史记》既是通史,也包括从刘邦到汉武的当代史。司马迁死后,"其书稍出",宣帝时,迁之外孙杨恽使得《史记》外传。其影响深远,使得刘氏之汉政权的正当性与合法性深入人心,在一定程度上稳固了刘家之天下,这也许是司马迁将刘邦喻龙的目的之所在:从历史发展趋势来看,已经圆满完成这一任务。

王莽篡汉,死后,群雄逐鹿,偏据天水一隅的隗嚣向班彪询问天下大势,在《后汉书·班彪列传上》记载了班彪的这样一段话:

> 哀、平短祚,国嗣三绝,故王氏擅朝,因窃号位。危自上起,伤不及下,是以即真之后,天下莫不引领而叹。十余年间,天下搔扰,远近俱发,假号云合,咸称刘氏,不谋同辞。方今雄桀带州域者,皆无七国世业之资,而百姓讴吟,思仰汉德,已可知矣。[1]

班彪的观点很能代表当时的民心向背,是那个混战纷争年代社会的主流意见,天下乃刘氏之天下的观念根深蒂固,深入民心。

五、秦汉之际龙原型之变——从鳄转向蛇

1.承上文所述,在《史记·高祖本纪》里,司马迁讲述了刘邦乃龙与其母结合所生的神异之事;丰西泽中,刘邦作为赤帝之子斩蛇(白帝之子);武负、王媪目睹刘邦身上常有龙;秦皇、吕后及

---

[1]　范晔《后汉书》,中华书局 1965 年版,第 1323 页。

范增所说关于刘邦的龙虎之气,虽未明言,但暗含的逻辑就是龙为蛇变化而来。

2.卫青从差役一跃成为大将军,身份从平阳公主的马夫成为其丈夫,褚先生明确定为"蛇化为龙",即龙为蛇变:

> 是时平阳主寡居,当用列侯尚主。主与左右议长安中列侯可为夫者,皆言大将军可。主笑曰:"此出吾家,常使令骑从我出入耳,奈为夫乎?"左右侍御者曰:"今大将军姊为皇后,三子为侯,富贵振动天下,主何以易之乎?"于是主乃许之。言之皇后,令白之武帝,乃诏卫将军尚平阳公主焉。
>
> 褚先生①曰:丈夫龙变。传曰:"蛇化为龙,不变其文;家化为国,不变其姓。"丈夫当时富贵,百恶灭除,光耀荣华,贫贱之时何足累之哉!②

秦汉之际这段时期情况较为复杂,应该是两种原型并存。

龙作为人或神的坐骑上天之时,龙的原型仍为扬子鳄,如屈原的楚辞和西汉以后贾谊、东方朔、王褒及刘向等人模仿屈原、宋玉写的楚辞里面,龙的原型仍为扬子鳄。

龙作为帝王将相或有智慧之人时,原型向蛇靠拢,至于其中变化原因,可能是扬子鳄在黄河流域已经不常见,当时与之较为相近的蛇被人误以为龙。因为两者头部相近,身体都长,身上有鳞;都有冬眠的习性,喜阴凉;都让人感到恐惧。

---

① 张守节《史记正义》:疑此元成之间褚少孙续之。
② 司马迁《史记》,中华书局1982年版,第1983页。

第四节 《汉书》龙文化形象

《史记》中秦汉时的龙都象征帝王,不同凡响,是吉祥之征兆,可以转危为安,化灾为福,是至福至贵之标志,是无人能敌之符号。而龙的含义,还有一种奋发向上、百折不挠的精神和力量,一种面对强敌毫不畏惧、勇往直前的胆量和见识。

西汉末年,王朝如日薄之西山,每况愈下,以致汉祀废绝,王莽"新"起。其间经过几十年的动荡和战乱,东汉再兴。这段时期,阴阳五行思想盛行,而龙的文化含义,亦不免深受其影响。在此种潮流笼罩之下,相较于《史记》,《汉书》中龙的涵义有了复杂多重的变化,在龙的种类划分上更加细化。

一、黄龙——象征国泰民安

(1)十五年春,黄龙见于成纪。上乃下诏议郊祀。公孙臣明服色,新垣平设五庙。语在《郊祀志》。夏四月,上幸雍,始郊见五帝,赦天下,修名山大川尝祀而绝者,有司以岁时致礼。[①](《汉书·文帝纪》)

(2)鲁人公孙臣上书曰:"始秦得水德,及汉受之,推终始传,则汉当土德,土德之应黄龙见。宜改正朔,服色上黄。"时丞相张苍好律历,以为汉乃

---

① 班固《汉书》,中华书局 1962 年版,第 127 页。

水德之时，河决金堤，其符也。年始冬十月，色外黑内赤，与德相应。公孙臣言非是，罢之。明年，黄龙见成纪。文帝召公孙臣，拜为博士，与诸生申明土德，草改历服色事。其夏，下诏曰："有异物之神见于成纪，毋害于民，岁以有年。朕几郊祀上帝诸神，礼官议，毋讳以朕劳。"有司皆曰："古者天子夏亲郊祀上帝于郊，故曰郊。"于是夏四月，文帝始幸雍郊见五畤，祠衣皆上赤。①（《汉书·郊祀志上》）

（3）（甘露元年）夏四月，黄龙见新丰。二年春正月，立皇子嚣为定陶王。诏曰："乃者凤皇甘露降集，黄龙登兴，醴泉滂流，枯槁荣茂，神光并见，咸受祯祥。其赦天下。减民算三十。赐诸侯王、丞相、将军、列侯、中二千石金钱各有差。赐民爵一级，女子百户牛酒，鳏寡孤独高年帛。"②（《汉书·宣帝纪》）

（4）黄龙元年，春正月，行幸甘泉，郊泰畤。（师古曰：《汉注》云此年二月黄龙见广汉郡，故改年。）③（《汉书·宣帝纪》）

（5）（鸿嘉元年）冬，黄龙见真定。（师古曰："本赵国东垣县也，高祖十一年更名真定。"）④（《汉书·成帝纪》）

---

① 班固《汉书》，中华书局1962年版，第122—123页。
② 班固《汉书》，中华书局1962年版，第269页。
③ 班固《汉书》，中华书局1962年版，第273页。
④ 班固《汉书》，中华书局1962年版，第316页。

（6）获周余放龟于岐，招翠黄乘龙于沼。……宛宛黄龙，兴德而升。^①（《汉书·司马相如传下》）

（7）哀帝崩，王莽白王太后征宝以为光禄大夫，与王舜等俱迎中山王。平帝立，宝为大司农，会越巂郡上黄龙游江中，太师孔光、大司徒马官等咸称莽功德比周公，宜告祠宗庙。宝曰："周公上圣，召公大贤，尚犹有不相说，著于经典，两不相损。今风雨未时，百姓不足，每有一事，群臣同声，得无非其美者。"^②（《汉书·盖诸葛刘郑孙毋将何传》）

（8）（天凤二年）讹言黄龙堕死黄山宫中，百姓奔走往观看有万数。莽恶之，捕系问语所从起，不能得。^③（《汉书·王莽传》）

文帝十五年春，黄龙于成纪的出现，暂时平息了朝廷上下大汉王朝是水德还是土德的争论，公孙臣一派取得了胜利，公孙臣本人也被提拔为博士。上至文帝，下至文武百官，都为黄龙的出现欢欣鼓舞，一致同意由皇帝本人郊祀上帝，感谢上天降下这象征国泰民安、福祚绵长的吉祥之物。对此，朝廷非常重视，专门颁布诏书，让"公孙臣明服色，新垣平设五庙"，为皇帝郊祀上帝及诸神作有序而充分的准备。

宣帝之时，为了庆祝黄龙在新丰的出现，朝廷颁布诏书，大赦天下，百姓减税，文武百官受赏，鳏寡孤独得赐，举国上下一片

---

① 班固《汉书》，中华书局1962年版，第2602—2608页。
② 班固《汉书》，中华书局1962年版，第3262—3263页。
③ 班固《汉书》，中华书局1962年版，第4139页。

欢腾。公元前49年,为了庆祝黄龙在广汉郡的出现,宣帝改年号为黄龙。

平帝之时,黄龙在越嶲郡游于江中,太师孔光、大司徒马宫等借机称颂王莽功德,建议告祠宗庙。

相反,当出现黄龙已死的事件时,人们往往预感一个王朝就要结束,改朝换代的命运不可避免。因此,天凤二年,黄龙堕死黄山宫中的讹言出现时,王莽深深为自己王朝的命运感到担忧,恐惧不安。

二、黑龙——灾难祸患的征兆

黑龙出现,意味着灾异之事就要降临。

(1)音薨,侯商代为大司马卫将军,永乃迁为凉州刺史。奏事京师讫,当之部,时有黑龙见东莱,上使尚书问永,受所欲言。永对曰:

臣闻王天下有国家者,患在上有危亡之事,而危亡之言不得上闻;如使危亡之言辄上闻,则商周不易姓而迭兴,三正不变改而更用。行道之人皆知之,晏然自以若天有日莫能危,是故恶日广而不自知,大命倾而不寤。《易》曰:"危者有其安者也,亡者保其存者也。"陛下诚垂宽明之听,无忌讳之诛,使刍荛之臣得尽所闻于前,不惧于后患,直言之路开,则四方众贤不远千里,辐凑陈忠,群臣之上愿,社稷之长福也。

汉家行夏正,夏正色黑,黑龙同姓之象也。龙阳德,由小之大,故为王者瑞应。未知同姓有见本朝无继嗣之庆,多危殆之隙,欲因扰乱举兵而起者邪?将动心冀为后者,残贼不仁,若广陵、昌邑之类?臣愚不能处也。元年九月黑龙见,其晦,日有食之。今年二月己未夜星陨,乙酉,日有食之。六月之间,大异四发,二而同月,三代之末,春秋之乱,未尝有也。[1](《汉书·谷永杜邺传》)

(2)(永始二年)二月癸未夜星陨如雨。乙酉晦,日有蚀之。诏曰:"乃者,龙见于东莱,日有蚀之。天着变异,以显朕邮,朕甚惧焉。公卿申敕百寮,深思天诚,有可省减便安百姓者,条奏。所振贷贫民,勿收。"[2](《汉书·成帝纪》)

有关灾异的象征意义,董仲舒说:

其大略之类,天地之物有不常之变者,谓之异,小者谓之灾。灾常先至而异乃随之。灾者,天之谴也;异者,天之威也。谴之而不知,乃畏之以威。诗云:畏天之威。殆此谓也。凡灾异之本,尽生于国家之失。国家之失乃始萌芽,而天出灾害以谴告之;谴告之而不知变,乃见怪异以惊骇之,惊骇之尚不知畏恐,其殃咎乃至。以此见天意之仁而不欲陷人也。谨案灾异以见天意。天意有欲

① 班固《汉书》,中华书局1962年版,第3458—3459页。
② 班固《汉书》,中华书局1962年版,第321页。

也,有不欲也。所欲所不欲者,人内以自省,宜有
惩于心;外以观其事,宜有验于国。故见天意者之
于灾异也,畏之而不恶也,以为天欲振吾过,救吾
失,故以此报我也。……以此观之,天灾之应过而
至也,异之显明可畏也,此乃天之所欲救也,春秋
之所独幸也,庄王所以祷而请也,圣主贤君尚乐受
忠臣之谏,而况受天谴也。[①]

皇帝是天子,代表天来行使权力。当国政出现较大过失之
时,上天就用天谴的方式——灾异——来警告天子。黑龙在东
莱的出现,就是天谴的一种。皇帝要作相应补救:下罪己诏书,
让百官进谏直陈执政之失,减税赈灾,以此来弥补自己的罪过。
黑龙被认为是恶兆,往往伴随着日食、陨石雨、地震、洪水的
出现。

三、井中之龙——象征天灾人祸

井中之龙的记载,在《汉书》中也出现了,由于地点发生了变
化,出现在井里,龙的象征意义变成恶兆。

(1)春正月癸酉,有两龙见兰陵家人井中,乙
亥夕而不见。陇西地震。[②](《汉书·惠帝纪》)
(2)惠帝二年正月癸酉旦,有两龙见于兰陵廷

---

① 苏舆撰,钟哲点校《春秋繁露义证》,中华书局1992年版,第256—262页。
② 班固《汉书》,中华书局1962年版,第89页。

东里温陵井中,至乙亥夜去。刘向以为龙贵象而
困于庶人井中,象诸侯将有幽执之祸。其后吕太
后幽杀三赵王,诸吕亦终诛灭。京房易传曰:"有
德遭害,厥妖龙见井中。"又曰:"行刑暴恶,黑龙从
井出。"[①](《汉书·五行志下之上》)

两条记载同一件事,即公元前 193 年,有两条龙出现在兰陵
廷东里温陵井中。但象征意义的解释不同:一为天灾,陇西发生
了地震,表明汉惠帝执政有所失,故地震;一为人祸,吕后连杀三
赵王,诸吕意欲篡权改朝换代,终被诛灭。吕后遭天谴而不自
省,诸吕终遭天灭。但无论怎样解释,井中之龙都是不祥之
征兆。

四、对《史记》中龙形象的继承与发展

我们对比《汉书》和《史记》中对龙形象的描述,可以看出,
《汉书》既有对以前的继承,也有自己的发展创新。

高祖,沛丰邑中阳里人也,姓刘氏。母媪尝息
大泽之陂,梦与神遇。是时雷电晦冥,父太公往
视,则见交龙于上。已而有娠,遂产高祖。[②](《汉
书·高帝纪上》)

始姬少时……汉王心凄然怜薄姬,是日召欲

---

① 班固《汉书》,中华书局 1962 年版,第 1466—1467 页。
② 班固《汉书》,中华书局 1962 年版,第 1 页。

幸之。对曰:"昨暮梦龙据妾胸。"上曰:"是贵征也,吾为汝成之。"遂幸,有身。岁中生文帝,年八岁立为代王。自有子后,希见。高祖崩,诸幸姬戚夫人之属,吕后怒,皆幽之不得出宫。而薄姬以希见故,得出从子之代,为代太后。①(《汉书·外戚传上》)

春秋晋史蔡墨有言,陶唐氏既衰,其后有刘累,学扰龙,事孔甲,范氏其后也。……是以颂高祖云:"汉帝本系,出自唐帝。降及于周,在秦作刘。涉魏而东,遂为丰公。"丰公,盖太上皇父。其迁日浅,坟墓在丰鲜焉。及高祖即位,置祠祀官,则有秦、晋、梁、荆之巫,世祠天地,缀之以祀,岂不信哉! 由是推之,汉承尧运,德祚已盛,断蛇著符,旗帜上赤,协于火德,自然之应,得天统矣。②(《汉书·高帝纪下》)

在借龙神化刘邦方面,《汉书》是借用《史记》的说法,没有多大的变化。《汉书》的创新之处,是借用刘向的论证,确认刘邦出自唐尧,因而成为望族之后:尽管这事已经过去了两千多年,中间环节错综复杂,经过沧海桑田的变化,刘邦系名门之后终于在历史上有了证明。而中间的链条就是陶唐氏在夏商周时期都与龙有着较为密切的关系。

---

① 班固《汉书》,中华书局 1962 年版,第 3941 页。
② 班固《汉书》,中华书局 1962 年版,第 81—82 页。

第五节 《后汉书》龙文化形象

在《史记》中,以龙喻人时,龙是帝王的形象,不管是秦始皇还是汉高祖及其子孙,均不例外。在《汉书》中,由于受阴阳五行的影响,龙更多与天道连在一起。从东汉开始,谶纬思想大兴,龙与人更密切地联系在一起,以龙为喻的本体(人)的身份多种多样,龙也就有了多重角色。龙的文化涵义有了新的、进一步的发展。有关谶纬,《四库全书总目提要·易纬·坤灵图》云:

> 按儒者多称谶纬,其实谶自谶,纬自纬,非一类也。谶者,诡为隐语,预决吉凶。《史记·秦本纪》称卢生奏《录图书》之语,是其始也。纬者,经之支流,衍及旁义。《史记·自序》引《易》"失之毫厘,差以千里",《汉书·盖宽饶传》引《易》"五帝官天下,三王家天下",注者均以为《易》纬之文是也。盖秦汉以来,去圣日远,儒者推阐论说,各自成书,与经原不相比附。如伏生《尚书大传》,董仲舒春秋阴阳,核其文体,即是纬书;特以显有主名,故不能托诸孔子。其他私相撰述,渐杂以术数之言,即不知作者为谁,因附会以神其说。迄弥传弥失,又益以妖妄之辞,遂与谶合二为一。[①]

正因为谶纬就是用以预言吉凶,所以必然和人事的联系更

[①] 《四库全书总目提要》,中华书局 1965 年版,第 47 页。

加密切。《后汉书》里的以龙喻人主要分以下几类。

一、龙喻皇帝：从他人神化向自我神化之转变

（1）耿纯进曰："天下士大夫捐亲戚，弃土壤，从大王于矢石之闲者，其计固望其攀龙鳞，附凤翼，以成其所志耳。今功业即定，天人亦应，而大王留时逆众，不正号位，纯恐士大夫望绝计穷，则有去归之思，无为久自苦也。大众一散，难可复合。时不可留，众不可逆。"①（《后汉书·光武帝纪上》）

（2）会有龙出其府殿中，夜有光耀，述以为符瑞，因刻其掌，文曰"公孙帝"。建武元年四月，遂自立为天子，号成家，色尚白。建元曰龙兴元年。②（《后汉书·隗嚣公孙述列传》）

（3）移檄上状，诸将皆入贺，并劝光武即帝位。光武乃召异诣鄗，问四方动静。异曰："三王反畔，更始败亡，天下无主，宗庙之忧，在于大王。宜从众议，上为社稷，下为百姓。"光武曰："我昨夜梦乘赤龙上天，觉悟，心中动悸。"异因下席再拜贺曰："此天命发于精神。大王重慎之性也。"异遂与诸将定议上尊号。③（《后汉书·冯岑贾列传》）

（4）陛下乃者潜龙养德，幽隐屈匿，即位之元，

---

① 范晔《后汉书》，中华书局1965年版，第21页。
② 范晔《后汉书》，中华书局1965年版，第535页。
③ 范晔《后汉书》，中华书局1965年版，第644—645页。

紫宫惊动，历运之会，时气已应。然犹恐妖祥未尽，君子思患而豫防之。①（《后汉书·郎颢襄楷列传》）

（5）昔高祖取彭越于巨野，光武创基兆于绿林，卒能龙飞受命，中兴帝业。苟可辅主兴化，夫何嫌哉！②（《后汉书·虞傅盖臧列传》）

（6）（李）固对曰："既拔自困殆，龙兴即位，天下喁喁，属望风政。"……（李固）上疏陈事曰："……陛下拨乱龙飞初登大位。③（《后汉书·李杜列传》）

（7）吕强因上疏陈事曰："……陛下龙飞即位，虽从藩国，然处九天之高，岂宜有顾恋之意。"④（《后汉书·宦者列传》）

（8）初，熹平末，黄龙见谯，光禄大夫桥玄问飏："此何祥也？"飏曰："其国当有王者兴。不及五十年，龙当复见，此其应也。"魏郡人殷登密记之。至建安二十五年春，黄龙复见谯，其冬，魏受禅。⑤（《后汉书·方术列传下》）

（9）是以高、光二圣，辰居其域，时至气动，乃龙见渊跃。⑥（《后汉书·班固列传》）

（10）赞曰：帝绩思乂，庸功是存。有来群后，

---

① 范晔《后汉书》，中华书局 1965 年版，第 1065 页。
② 范晔《后汉书》，中华书局 1965 年版，第 1890 页。
③ 范晔《后汉书》，中华书局 1965 年版，第 2074—2081 页。
④ 范晔《后汉书》，中华书局 1965 年版，第 2528—2530 页。
⑤ 范晔《后汉书》，中华书局 1965 年版，第 2733 页。
⑥ 范晔《后汉书》，中华书局 1965 年版，第 1376—1377 页。

捷我戎轩。婉娈龙姿，俪景同翻。[1]（《后汉书·朱
景王杜马刘傅坚马列传》）

（11）于是江湖之上……皇帝以圣德灵威，龙
兴凤举，率宛、叶之众，将散乱之兵，喋血昆阳，长
驱武关，……继高祖之休烈，修文武之绝业，社稷
复存，炎精更辉，德冠往初，功无与二。[2]（《后汉
书·桓谭冯衍列传》）

经过《史记》百年的传播，龙象征天子的意象深入人心，在朝
野上下广泛使用。《后汉书》对此传统说法记载事例较多，但在
继承过去传统的基础上，应用出现了新的变化：从他人神化向自
我神化的改变。

我们知道刘邦与薄姬的一段对话，[3]显示刘邦只是对于龙象
征天子的意象带有顺水推舟的味道，并不很肯定。刘邦认为龙
是富贵的征兆，并没有到贵为天子的程度。

而有意思的是，在王莽的新朝灭亡之后，群雄逐鹿中原之
时，公孙述和刘秀却先后都用龙来证明自己是真命天子。建武
元年四月，公孙述编造龙在其府殿中出现，并且晚上大放光芒，
证明自己是奉天承运的天子。因此自立天子，建元龙兴元年。
同年六月，刘秀即皇帝位。此前他把梦到自己乘赤龙上天的事
讲给群臣，群臣赶紧配合，将龙在梦中出现解释为天命刘秀做
天子。

当然，除此手法之外，公孙述还"妄引谶记"，在手掌上刻"公

---

① 范晔《后汉书》，中华书局1965年版，第791页。

② 范晔《后汉书》，中华书局1965年版，第966页。

③ 对曰："昨暮梦龙据妾胸。"上曰："是贵征也，吾为汝成之。"遂幸，有身。

孙帝"来神化自己。而刘秀的"同舍生"强华,从关中捧着写有"刘秀发兵捕不道,四夷云集龙斗野,四七之际火为主"的《赤伏符》献上。二者都辅之以谶纬的手法。

这样,龙在两人身上的运用就引起了纷争,强化了战争的激烈性。两人各带人马逐鹿中原,两个集团以此为信仰拼命厮杀,互不妥协,向对方投降的道路被切断了。由此说明,龙作为真命天子的象征和政权合法性的一种证据,被民众普遍接受。

将龙作为自我神化的手段是在新的历史时期出现的一个显著特点。它的出现至少有两个历史条件:一是处于社会动荡时期,地方割据,诸侯纷争,公认有统治力量的天子没有出现;二是谶纬思想广泛流行,并且被民众普遍接受和信仰。公孙述与刘秀这般情况,以后历史上还会反复出现,如魏蜀吴三国建立时也是这样。

二、吉祥征兆

一般来说,民众普遍认为,黄龙的出现可以带来国泰民安,风调雨顺,五谷丰登,是政治较为清明的象征。因此,上层统治者大都通过减免地租税的方式来庆祝黄龙的出现。

(1)(十二年)夏,甘露降南行唐。六月,黄龙见东阿。[①](《后汉书·光武帝纪下》)

(2)(建初五年)是岁,零陵献芝草。有八黄龙

---

① 范晔《后汉书》,中华书局 1965 年版,第 59 页。

见于泉陵。① (《后汉书·肃宗孝章帝纪》)

（3）（元和二年）五月戊申，诏曰："乃者凤皇、黄龙、鸾鸟比集七郡，或一郡再见，及白乌、神雀、甘露屡臻。……令郡国上明经者，口十万以上五人，不满十万三人。"九月壬辰，诏："凤皇、黄龙所见亭部，无出二年租赋。加赐男子爵，人二级；先见者帛二十匹，近者三匹，太守三十匹，令、长十五匹，丞、尉半之。《诗》云：'虽无德与汝，式歌且舞。'它如赐爵故事。"② (《后汉书·肃宗孝章帝纪》)

（4）（延光元年八月）辛卯，九真言黄龙见无功。……（延光三年九月）辛亥，济南上言黄龙见历城。……十二月乙未，琅邪言黄龙见诸县。……四年春正月壬午，东郡言黄龙二、麒麟一见濮阳。③ (《后汉书·孝安帝纪》)

（5）（建和元年）沛国言黄龙见谯。④ (《后汉书·孝桓帝纪》)

（6）（元嘉二年）八月济阴言黄龙见句阳，金城言黄龙见允街。⑤ (《后汉书·孝桓帝纪》)

（7）（永寿八年）二月己酉，南宫嘉德署黄龙见。⑥ (《后汉书·孝桓帝纪》)

---

① 范晔《后汉书》，中华书局 1965 年版，第 141 页。
② 范晔《后汉书》，中华书局 1965 年版，第 152—153 页。
③ 范晔《后汉书》，中华书局 1965 年版，第 235—241 页。
④ 范晔《后汉书》，中华书局 1965 年版，第 289 页。
⑤ 范晔《后汉书》，中华书局 1965 年版，第 297 页。
⑥ 范晔《后汉书》，中华书局 1965 年版，第 314 页。

（8）（永康元年）秋八月，魏郡言嘉禾生，甘露降。巴郡言黄龙见。[①]（《后汉书·孝桓帝纪》）

（9）（熹平五年）是岁，鲜卑寇幽州。沛国言黄龙见谯。[②]（《后汉书·孝灵帝纪》）

（10）（肃宗）明年复下诏曰："朕以不德，膺祖宗弘烈。乃者鸾凤仍集，麟龙并臻，甘露宵降，嘉谷滋生，赤草之类，纪于史官。朕夙夜祗畏，上无以彰于先功，下无以克称灵物。汉遭秦余，礼坏乐崩，且因循故事，未可观省，有知其说者，各尽所能。"[③]（《后汉书·张曹郑列传》）

（11）帝东巡狩，凤皇黄龙并集，终赞颂嘉瑞，上述祖宗鸿业，凡十五章，奏上，诏赍还故郡。[④]（《后汉书·杨李翟应霍爰徐列传》）

（12）永康元年，上疏谏曰："闲者有嘉禾、芝草、黄龙之见。夫瑞生必于嘉士，福至实由善人，在德为瑞，无德为灾。陛下所行，不合天意，不宜称庆。"[⑤]（《后汉书·窦何列传》）

据上文统计，汉桓帝时黄龙出现次数最多。相对于西汉，东汉时龙的出现有两个明显特点。一是记载更为频繁，各地上报增加，可能皇帝需要以此强化自己政权的合法性与合理性，加强

① 范晔《后汉书》，中华书局1965年版，第319页。
② 范晔《后汉书》，中华书局1965年版，第338页。
③ 范晔《后汉书》，中华书局1965年版，第1202—1203页。
④ 范晔《后汉书》，中华书局1965年版，第1600—1601页。
⑤ 范晔《后汉书》，中华书局1965年版，第2239—2240页。

舆论,操纵民众;下级官员或百姓以此邀功请赏,增加自己升官发财的机会。二是龙往往和其他象征国泰民安的吉祥物一起出现,像甘露、嘉禾、芝草、凤皇、鸾鸟、白乌、神雀、麒麟等。这些吉祥物频繁出现,说明谶纬在东汉朝野上下盛行的广度和深度在历史上是空前的。

三、恶　兆

在《后汉书》中,死龙是作为恶兆出现的,《后汉书》对死龙记载的次数明显超过以往。

> (1)(永寿七年)秋七月辛卯,赵王乾薨。野王山上有死龙。① (《后汉书·孝桓帝纪》)

> (2)又七年六月十三日,河内野王山上有龙死,长可数十丈。扶风有星陨为石,声闻三郡。夫龙形状不一,小大无常,故《周易》况之大人,帝王以为符瑞。或闻河内龙死,讳以为蛇。夫龙能变化,蛇亦有神,皆不当死。昔秦之将衰,华山神操璧以授郑客,曰"今年祖龙死",始皇逃之,死于沙丘。王莽天凤二年,讹言黄山宫有死龙之异,后汉诛莽,光武复兴。② (《后汉书·郎颉襄楷列传》)

> (3)谢弼字辅宣,东郡武阳人也。中直方正,为乡邑所宗师,建宁二年,诏举有道之士,弼与东

---

① 范晔《后汉书》,中华书局 1965 年版,第 313 页。
② 范晔《后汉书》,中华书局 1965 年版,第 1078—1079 页。

海陈敦、玄菟公孙度俱对策，皆除郎中。时青蛇见前殿，大风拔木。诏公卿以下陈得失。弼上封事曰："臣闻和气应于有德，妖异生乎失政。上天告谴，则王者思其愆；政道或亏，则奸臣当其罚。……臣又闻'惟虺惟蛇，女子之祥'。伏惟皇太后定策宫闼，授立圣明，《书》云：'父子兄弟，罪不相及。'窦氏之诛，岂宜咎延太后？幽隔空宫，愁感天心，如有雾露之疾，陛下当何面目以见天下？昔周襄王不能敬事其母，戎狄遂至交侵。孝和皇帝不绝窦后之恩，前世以为美谈。礼为人后者为之子，今以桓帝为父，岂得不以太后为母哉？《援神契》曰：'天子行孝，四夷和平。'方今边境日蹙，兵革蜂起，自非孝道，何以济之！愿陛下仰慕有虞蒸蒸之化，俯思《凯风》慰母之念。"①（《后汉书·杜栾刘李刘谢列传》）

作为恶兆的黑龙，在汉桓帝当政之时出现，而青龙出现在汉灵帝之时。汉桓帝时梁太后听政，梁冀专权，朝政混乱，旱涝频继，民至相食，揭竿而起。汉灵帝即位年仅十二，宦官专权，继而黄巾兵起。窦太后死去，没人约束得了还是小孩子的皇帝，年幼的汉灵帝大多时间在后宫玩乐嬉戏。②黑龙或青龙出现，为人们抨击黑暗政治及民不聊生的社会现实找到了一个突破口。大臣

---

①　范晔《后汉书》，中华书局 1965 年版，第 1857—1859 页。

②　如《后汉书·孝灵帝纪》载：是岁帝作列肆于后宫，使诸采女贩卖，更相盗窃争斗。帝著商估服，饮宴为乐。又于西园弄狗，著进贤冠，带绶。又驾四驴，帝躬自操辔，驱驰周旋，京师转相仿效。

或民众希望以此作为天子或权臣的警醒，来清明政治，轻徭薄赋，希望在一定程度上改变现状。

四、英雄俊杰

《后汉书》开始以龙喻英雄俊杰，这应该是在历史上的创新用法。

（1）五年春，梦孔子告之曰："起，起，今年岁在辰，来年岁在已。"既寤，以谶合之，知命当终，有顷寝疾。[1]（《后汉书·张曹郑列传》）

（2）（荀淑）有子八人：俭，绲，靖，焘，汪，爽，肃，专，并有名称，时人谓之八龙。[2]（《后汉书·荀韩锺陈列传》）

（3）高彪字义方，吴郡无锡人也。家本单寒，至彪为诸生，游太学。有雅才而讷于言。尝从马融欲访大义，融疾，不获见，乃复刺遗融书曰："承服风问，从来有年，故不待介者而谒大君子之门，冀一见龙光，以叙腹心之愿。不图遭疾，幽闭莫启。昔周公旦父文兄武，九命作伯，以尹华夏，犹挥沐吐餐，垂接白屋，故周道以隆，天下归德。公今养疴傲士，故其宜也。"融省书惭，追谢还之，彪逝而不顾。[3]（《后汉书·文苑列传下》）

---

[1] 范晔《后汉书》，中华书局 1965 年版，第 1211 页。注：古人认为辰为龙。
[2] 范晔《后汉书》，中华书局 1965 年版，第 2049 页。
[3] 范晔《后汉书》，中华书局 1965 年版，第 2649—2650 页。

（4）（孔融）上疏荐之曰："……近日路粹、严象，亦用异才擢拜台郎，衡宜与为比。如得龙跃天衢，振翼云汉，扬声紫微，垂光虹霓，足以昭近署之多士，增四门之穆穆。钧天广乐，必有奇丽之观；帝室皇居，必畜非常之宝。若衡等辈，不可多得。"①（《后汉书·文苑列传下》）

（5）臣闻刳舟剡楫，将欲济江海也；聘贤选佐，将以安天下也。昔唐尧在上，群龙为用，文武创德，周召作辅，是以能建天地之功，增日月之耀者也。②（《后汉书·郎颉襄楷列传》）

（6）察淫侈之华誉，顾介特之实功，聘畎亩之群雅，宗重渊之潜龙。③（《后汉书·马融列传》）

（7）陈琳入谏曰："……今将军总皇威，握兵要，龙骧虎步，高下在心，此犹鼓洪炉燎毛发耳。"④（《后汉书·窦何列传》）

（8）（杜笃）乃上奏《论都赋》曰："……逮及亡新，时汉之衰，偷忍渊圃，篡器慢违，徒以势便，莫能卒危。假之十八，诛自京师。天昺更始，不能引维。慢藏招寇，复致赤眉。海内云扰，诸夏灭微。群龙并战，未知是非。于时圣帝，赫然申威，荷天人之符，兼不世之姿。受命于皇上，获助于灵祇。

① 范晔《后汉书》，中华书局1965年版，第2653—2654页。
② 范晔《后汉书》，中华书局1965年版，第1068—1069页。
③ 范晔《后汉书》，中华书局1965年版，第1969页。
④ 范晔《后汉书》，中华书局1965年版，第2249页。

立号高邑，搴旗四麾。"①（《后汉书·文苑列传上》）

（9）赞曰：吴公鸷强，实为龙骧。电扫群孽，风行巴梁。虎牙猛力，功立睢阳。宫、俊休休，是亦鹰扬。②（《后汉书·吴盖陈臧列传》）

（10）耿纯字伯山，巨鹿宋子人也。父艾，为王莽济平尹。纯学于长安，因除为纳言士。王莽败，更始立，使舞阴王李轶降诸郡国，纯父艾降，还为济南太守。时李轶兄弟用事，专制方面，宾客游说者甚众。纯连求谒不得通，久之乃得见，因说轶曰："大王以龙虎之姿，遭风云之时，奋迅拔起，期月之间兄弟称王，而德信不闻于士民，功劳未施于百姓，宠禄暴兴，此智者之所忌也。"③（《后汉书·任李万邳刘耿列传》）

有文学才能之人有郑玄、荀淑八子、马融、弥衡、唐尧群臣，以武将之勇猛著称的有刘秀开国功臣吴汉、更始时舞阴王李轶、更始后的各路诸侯，加上掌握兵权的外戚何进。在这里以龙为喻的有文人有武将，并且还出现了群龙喻群臣、群龙喻各路诸侯，用法多样。而以龙喻文学之士、形容武将的威猛善战，是在历史上首次出现，应该是创新的一个用法。群龙喻群臣、群龙喻各路诸侯，也是在新的历史时期以龙为喻的一个发展。

---

① 范晔《后汉书》，中华书局1965年版，第2595—2606页。
② 范晔《后汉书》，中华书局1965年版，第698页。
③ 范晔《后汉书》，中华书局1965年版，第761页。

五、以龙为名姓之平常人

（1）（永建）四年诏宦官养子悉听得为后，袭封爵，定定乎令。王康、王国、彭恺、王成、赵封、魏猛六人皆早卒。黄龙、杨佗、孟叔、李建、张贤、史汎、王道、李元、李刚九人与阿母山阳君宋娥更相货赂，求高官增邑。[1]（《后汉书·宦者列传》）

（2）又交阯贼梁龙等万余人，与南海太守孔芝反叛，攻破郡县。光和元年，即拜儁交阯刺史，令过本郡简募家兵及所调，合五千人，分从两道而入。既到州界，按甲不前，先遣使诣郡，观贼虚实，宣扬威德，以震动其心，既而与七郡兵俱进逼之，遂斩梁龙，降者数万人，旬月尽定。[2]（《后汉书·皇甫嵩朱儁列传》）

（3）六月丙寅……益州黄巾马相攻杀刺史郗俭，自称天子，又寇巴郡，杀郡守赵部，益州从事贾龙击相，斩之。[3]（《后汉书·孝灵帝纪》）

（4）马相自称天子，众至十余万人，遣兵破巴郡，杀郡守赵部。州从事贾龙，先领兵数百人在犍为，遂纠合吏人攻相，破之，龙乃遣吏卒迎焉。焉到，以龙为校尉，徙居绵竹。龙抚纳离叛，务行宽惠，而阴图异计。……初平二年，犍为太守任岐及

[1]　范晔《后汉书》，中华书局1965年版，第2581页。
[2]　范晔《后汉书》，中华书局1965年版，第2308—2309页。
[3]　范晔《后汉书》，中华书局1965年版，第356页。

贾龙并反,攻焉,焉击破,皆杀之。[1](《后汉书·刘焉袁术吕布列传》)

(5)绍遂寻山北行,进击诸贼左髭丈八等,皆斩之。又击刘石、青牛角、黄龙、左校、郭大贤、李大目、于氐根等,复斩数万数,皆屠其屯壁。[2](《后汉书·袁绍刘表列传上》)

(6)建光元年春,幽州刺史冯焕、玄菟太守姚光、辽东太守蔡讽等将兵出塞击之,捕斩濊貊渠帅,获兵马财物。……夏,复与辽东鲜卑八千余人攻辽队,杀略吏人。蔡讽等追击于新昌,战殁,功曹耿耗、兵曹掾龙端、兵马掾公孙酺以身扞讽,俱没于陈,死者百余人。[3](《后汉书·东夷列传》)

(7)夜郎者……公孙述时,大姓龙、傅、尹、董氏,与郡功曹谢暹保境为汉,乃遣使从番禺江奉贡。光武嘉之,并加褒赏。[4](《后汉书·南蛮西南夷列传》)

综合上述,以龙为名的人有宦官黄龙、交阯(趾)义军首领梁龙、益州从事贾龙、义军首领黄龙等人,其职业分别为宦官、军官,义军首领起义前职业不详,但估计属于社会下层。以龙为姓的人有兵曹掾龙端、在少数民族地区"保境为汉"的龙姓家族。可见,以龙起名在当时并不是一个禁忌,且在民间已经流行起

---

① 范晔《后汉书》,中华书局1965年版,第2432页。
② 范晔《后汉书》,中华书局1965年版,第2381—2382页。
③ 范晔《后汉书》,中华书局1965年版,第2814—2815页。
④ 范晔《后汉书》,中华书局1965年版,第2845页。

来。这在某种程度上证明了龙的吉祥、威武、有文学才能的涵义在社会上已经形成共识，得到普遍认可。

六、主管四季降雨的神灵

在《后汉书》、《春秋繁露》中，龙被赋予了一个新的形象，成为主管四季降雨的神灵。

> （1）自立春至立夏尽立秋，郡国上雨泽。若少，郡县各扫除社稷；其旱也，公卿官长以次行雩礼求雨。闭诸阳，衣皂，兴土龙，立土人舞僮二佾，七日一变如故事。反拘朱索萦社，伐朱鼓。祷赛以少牢如礼。[1]（《后汉书·礼仪志中》）
>
> （2）春旱求雨。令县邑以水日祷社稷山川，家人祀户。……即奉牲祷，以甲乙日为大苍龙一，长八丈，居中央。为小龙七，各长四丈。于东方。皆东乡，其间相去八尺。……幸而得雨，报以豚一，酒、盐、黍财足，以茅为席，毋断。
>
> 夏求雨……以丙丁日为大赤龙一，长七丈，居中央。又为小龙六，各长三丈五尺，于南方。皆南乡，其间相去七尺。……以戊己日为大黄龙一，长五丈，居中央。又为小龙四，各长二丈五尺，于南方。
>
> 秋暴巫尪至九日……他如春。以庚辛日为大

---

[1]　范晔《后汉书》，中华书局 1965 年版，第 3117 页。

白龙一,长九丈,居中央。为小龙八,各长四丈五尺,于西方。皆西乡……他皆如前。

冬舞龙六日……以壬癸日为大黑龙一,长六丈,居中央。又为小龙五,各长三丈,于北方。皆北乡,其间相去六尺。……虾蟆池皆如春。

四时皆以水日,为龙,必取洁土为之,结盖,龙成而发之。四时皆以庚子之日,令吏民夫妇皆偶处。凡求雨之大体,丈夫欲藏匿,女子欲和而乐。[①]

（《春秋繁露·求雨》）

民以食为天,农业收成的好坏直接关系着能否国泰民安。因此,与农业收成密切相关的雨水的多寡在传统的农业社会就不仅仅是一个家庭的问题,而是与国家的命运、政权的存亡直接相连。无论是洪水还是旱灾,对于百姓,对于国家,都是严峻的考验。往往旱灾连着蝗灾,蝗灾连着饥荒,饥荒连着瘟疫,瘟疫的流行造成大面积的死亡。饥荒往往导致流民的产生,流民往往是一个腐败政权的克星,会引起整个社会的动荡和国家的不安。因此,求雨往往是官方主导的社会行为或国家行为。

求雨的历史源远流长,甲骨卜辞里记载求雨的事例很多,并且往往与巫术有关。商代祈雨有两种方式:一是以舞祈雨,边奏乐边跳舞,有时还伴以呼叫;另一种是焚女巫祈雨。有时商王自任巫祝,以舞祈雨。

从《后汉书·礼仪志》来看,汉代的求雨大多是官方行为。为了顺民心,应民意,要求"公卿官长以次行雩礼求雨",由官方

---

① 苏舆撰,钟哲点校《春秋繁露义证》,中华书局 1992 年版,第 338 页。

主导,官员必须参加。四时祈雨都要用到土龙(具体情况如表1-2)。龙在这时已经成为主管一年四季降雨的神灵。

为什么龙在其中扮演了重要角色?起源应该与龙的原型是扬子鳄有关。因为扬子鳄大多时间是在水里,在大雨即将到来之时往往浮在水面,嘶声怒吼,声震几里之遥。人们往往认为下雨是扬子鳄呼喊的结果。由近及远,天象中出现了外形上与扬子鳄相似的东宫苍龙,由此产生周代"龙见而雩"的求雨方式,每年四月举行祈雨仪式。汉代用龙求雨应该是继承周代而来。其背后蕴含的逻辑和意义何在?

表 1-2　汉代以龙祈雨情况表

季节	日期	龙颜色、数目、长度	龙的方位朝向	舞者数目、服色	虾蟆池方大小
春	甲乙日	大苍龙一,长八丈,居中央。小龙七,各长四丈	东方皆东向	小童八人,服青衣	八尺
夏	丙丁日	大赤龙一,长七丈,居中央。又为小龙六,各长三丈五尺	南方皆南向	壮者七人,服赤衣	七尺
季夏	戊己日	大黄龙一,长五丈,居中央。又为小龙四,各长二丈五尺	南方皆南向	丈夫五人,服黄衣	五尺
秋	庚辛日	大白龙一,长九丈,居中央为小龙八,各长四丈五尺	西方皆西向	鳏者九人,服白衣	九尺
冬	壬癸日	大黑龙一,长六丈,居中央。又为小龙五,各长三丈	北方皆北向	老者六人,衣黑衣	八尺

《史记正义》记载张衡的话:"五星,五行之精。众星列布,体生于地,精成于天,列居错峙,各有所属,在野象物,在朝象官,在

人象事。"①《史记索隐》引用《文耀句》说："东宫苍帝,其精为龙。"②在田野"其体"是扬子鳄,在天上"其精"就是龙。司马迁《史记·天官书》说苍龙包括角、亢、氐、房、心、尾、箕七星。祈雨具体步骤如下:

1. 出实入实。《春秋繁露·阴阳位》说:"阳出实入实,阴出空入空,天之任阳不任阴。"③《春秋繁露·阴阳终始》说:"阴之行,故常居虚而不居实。"④那么,"四时皆以水日,为龙"制作的土龙,就是"出实入实"。

2. 开阴闭阳。《春秋繁露·阴阳出入上下》说:"天道大数,相反之物也,不得俱出,阴阳是也。春出阳而入阴,秋出阴而入阳,夏右阳而左阴,冬右阴而左阳。阴出则阳入,阳出则阴入,阴右则阳左,阴左则阳右。"⑤《春秋繁露·天道无二》说:"天之常道,相反之物也,不得两起,故谓之一。一而不二者,天之行也。阴与阳,相反之物也,故或出或入,或右或左……阳之出,常悬于前而任岁事;常悬于后而守空虚。……故阳出而前,阴出而后……故开一塞一。起一废一,至毕时而止,终有复始于一。"⑥《春秋繁露·基义》说:"凡物必有合。……合各有阴阳。"⑦龙为阳精出现之后,就需要阴精来合。如何让阴精出现?总的策略是"开阴闭阳"。所做之事为凿社通沟,取五虾蟆,置社里水池之中;将雄鸡与公猪在四通神宇焚烧;把邑里南门关上,北门打开;在北

---

① 司马迁《史记》,中华书局 1982 年版,第 1289 页。
② 司马迁《史记》,中华书局 1982 年版,第 1296 页。
③ 苏舆撰,钟哲点校《春秋繁露义证》,中华书局 1992 年版,第 338 页。
④ 苏舆撰,钟哲点校《春秋繁露义证》,中华书局 1992 年版,第 340 页。
⑤ 苏舆撰,钟哲点校《春秋繁露义证》,中华书局 1992 年版,第 342 页。
⑥ 苏舆撰,钟哲点校《春秋繁露义证》,中华书局 1992 年版,第 345-346 页。
⑦ 苏舆撰,钟哲点校《春秋繁露义证》,中华书局 1992 年版,第 350 页。

门之外和市中各放一头公猪,烧其猪尾;埋藏死人骨,开山渊,积薪而燔之;疏通路桥,水流通畅。《周易》讲"云从龙",阴精也就是云,龙出而云跟随出现。

3.动阴起阴,阴阳相合。《春秋繁露·同类相动》说:"物故以类相召也,故以龙致雨,以扇逐暑……天有阴阳,人亦有阴阳。天地之阴气起,而人之阴气应之而起,人之阴气起,而天地之阴气亦宜应之而起,其道一也。明于此者,欲致雨则动阴以起阴,欲止雨则动阳以起阳,故致雨非神也。"①人们怎样做呢?"令吏民夫妇皆偶处",让夫妇呆在一起。"凡求雨之大体,丈夫欲藏匿,女子欲和而乐。"丈夫要藏起来,女子竭尽引诱挑逗之能事,这就是"动阴以起阴",最后"和而乐",通过夫妇行云雨之事,来让天地之阴精应之而起,与阳精之龙阴阳相合,使得天降大雨。

通过以上叙述我们知道,运用阴阳相合之理求雨,同时配之以五行。如季节不同,制作土龙的日期和颜色也不一样。春季甲乙日配苍龙,夏季丙丁日配赤龙,季夏戊己日配黄龙,秋季庚辛日配白龙,冬季壬癸日配黑龙。

商代是一个以神为本、神权统治的时代,神鬼观念渗透在商代社会的方方面面。商代主要的两种求雨方式是以舞祈雨和焚女巫祈雨,其主角一般是年轻美丽的女性,其原理是"以人娱神",以女性的"无形"之裸舞诱使天神"淫乐",或让女巫直接上天(焚女巫)同天神云雨。不言而喻的是,天神应该是男性。

同商代相比,汉代的求雨观念发生了新的变化。《春秋繁露·同类相动》中说"故致雨非神也",下雨不是神的作用,而是阴阳相合的结果。并且是先出现阳(龙),再祈求阴的出现,阳要

---

① 苏舆撰,钟哲点校《春秋繁露义证》,中华书局1992年版,第358—360页。

与阴相合,这同商代女(巫)要与男(神)相合不同,甚至是相反的。总之,商代相信神降雨,汉代认为是阴阳相合的结果。商代是女要合男,汉代是阳要合阴。

总之,在《后汉书》中,龙的形象出现了不少新变化:以龙为名或以龙为姓的平常人大量出现,开始把龙比喻为英雄俊杰,尤其是龙被赋予主管四季降雨的神灵形象,对后世产生了持久而深远的影响。

小　结

本章首先对龙的原型进行了考证,考察先秦两汉文献中的龙,分析龙的生态特征与分布范围,得出了龙的原型应该是扬子鳄的结论。

其次,本章分析了汉代以前龙的文化形象,指出这时的龙已经具有文化意义,它是凶猛又带来祸患的灵异之物,是来往天上、地下、人间三界的神物。此时,出现了把臣民、国君比喻成龙的用法,龙成为一种人神坐骑。

再次,以司马迁《史记》为中心,分析了汉代龙的文化意象。司马迁以龙喻帝王,秦始皇成为第一个以龙为喻的帝王。而司马迁在《史记》中系统性地把刘邦比喻为龙,本章分析了司马迁这么做的目的和原因,探讨了将帝王比喻成龙的作用及影响。注意到秦汉之际龙原型的转变,即从鳄蛇并存,到从鳄向蛇转变。

最后,以《汉书》为中心,提出《汉书》的世界观为"从龙看天道"。指出在《汉书》中,黄龙象征国泰民安,黑龙是灾难祸患的征兆,井中之龙象征天灾人祸,是对《史记》中龙的继承与发展。通过对《后汉书》的分析,认为龙的文化内涵发生了改变,即"从天道到人道的转变,从庙堂向民间的扩展":龙的比喻从他人神话变为自我神话,英雄俊杰、文学之士亦可称为龙,以龙为名为姓的平常之人也开始出现,龙开始具有主管四季降雨的职能。

第二章 四灵之二——凤

　　凤,又称凤凰,在人们的心目当中是吉祥的象征,代表着喜庆、美满。作为四灵之一,它的历史源远流长;作为一种神鸟,在古代文学作品经常出现,代表的是光明和希望;作为一种图案、装饰、花纹,在古代和当今生活中运用广泛。那么,在有关凤的可考文献当中,它的最初形象是怎样的? 从先秦到汉代,在文化含义上它经过了哪些变化? 这些变化给人们的生活带来了怎样的影响? 本章将就这些问题作出回答。

第一节 先秦之凤

　　在先秦时期,凤在文献中是以什么样子出现的? 它在人们的心目中是怎样的? 有什么独特的文化涵义? 本节将对这些问题作出回答。

一、《尚书》、《诗经》中有仁德的灵性之物

　　《尚书》是我国最早的一部历史文献,是我们研究夏、商、周

三代较为可靠的文献资料。在《尚书》里面，就有对凤凰的记载：

> 夔曰："戛击鸣球，搏拊琴瑟以咏。……箫韶
> 九成，凤皇来仪。"夔曰："于！予击石拊石，百兽率
> 舞，庶尹允谐。"[①]（《尚书·皋陶谟》）

　　《皋陶谟》记载帝舜之时皋陶和禹在朝廷上的问答之语。由于年代久远，《尚书》在唐代时已经佶屈聱牙，较为含混难懂了。对于"箫韶九成，凤皇来仪"，我们怎样理解？《论语·述而》里，曾经说孔子"在齐闻《韶》，三月不知肉味，曰：'不图为乐之至于斯也'"[②]。《韶》乐是表现孔子仁政理想的最完美的音乐，达到了让孔子忘我的程度，可见《韶》乐的魅力之大。箫韶的乐曲演奏九节之后，凤凰都来配合乐声。[③] 也有人解释为"其形参差，像凤之翼，十管，长一尺"，是说箫的十管参差排列，其形像凤凰之仪。[④] 也有人把凤凰看作是河姆渡氏族或部落的族徽，[⑤]这句话就解释为当《韶》乐演奏九遍，以凤凰作为族徽的河姆渡氏族或部落就要来到。[⑥]

　　综合上述，我们可以看出，第一种把凤凰看成是自然界的动物；第二种解释为箫的形状像凤凰的翅膀，长短不齐；第三种把凤凰看成是河姆渡部落或氏族的图腾。哪一种解释更为合理？

---

① 顾颉刚、刘起釪《尚书校释译论》，中华书局 2005 年版，第 477 页。

② 杨伯峻《论语译注》，中华书局 1980 年版，第 70 页。

③ 屈万里《尚书今注今译》，新世界出版社 2011 年版，第 22 页。

④ 王利器《风俗通义校注》，中华书局 2010 年版，第 311 页。

⑤ 周庆基《河姆渡人的宗教观念和"凤"的起源》，《河北大学学报》1993 年第 2 期，第 65－68 页。

⑥ 钟金贵《中国崇凤习俗初探》，湘潭大学硕士论文，2005 年，第 36 页。

重点是如何解释"凤凰"这个词。我们只有研究先秦大时代背景和凤凰的使用语境,考察凤凰的较多用法之后,才能得出可信的结论。

在《诗经》里面,也出现了凤凰:

> 凤凰于飞,翙翙其羽,亦集爰止。蔼蔼王多吉士,维君子使,媚于天子。
> 凤凰于飞,翙翙其羽,亦傅于天。蔼蔼王多吉人,维君子命,媚于庶人。
> 凤凰鸣矣,于彼高冈。梧桐生矣,于彼朝阳。菶菶萋萋,雍雍喈喈。
> 君子之车,既庶且多。君子之马,既闲且驰。矢诗不多,维以遂歌。[①](《诗经·卷阿》)

高亨先生作注时写道:"此下四章当另为一篇。考今本《竹书纪年》:成王八年,凤凰见。此诗疑作于此时。"[②]

《竹书纪年》是一部编年体史书,相传为战国时魏国史官所作,记载自夏商西周至战国时期的历史。晋武帝时发掘战国魏襄王墓,挖到了大批竹简,经过当时著名学者中书监荀勖、中书令和峤整理,成文75篇,《竹书纪年》13篇只是其中一部分。凤凰在编年史书里出现,应该是当时重要事件的一次真实可信的记录。凤凰以自然界鸟类的面目出现,可见其是自然界的实有之物。

---

① 高亨《诗经今注》,上海古籍出版社2009年版,第418—420页。
② 高亨《诗经今注》,上海古籍出版社2009年版,第421页。

记载我国上古社会的重要文献《山海经》里面，有多处关于凤凰的描绘：

（1）又东五百里，曰丹穴之山，其上多金、玉。丹水出焉，而南流注于渤海。有鸟焉，其状如鸡，五采而文，名曰凤皇，首文曰德，翼文曰义，背文曰礼，膺文曰仁，腹文曰信。是鸟也，饮食自然，自歌自舞，见则天下安宁。①（《山海经·南山经》）

（2）东五百八十里，曰南禺之山，其上多金、玉，其下多水。有穴焉，水春辄入，夏乃出，冬则闭。佐水出焉，而东南流注于海，有凤皇、鹓雏。②（《山海经·南山经》）

（3）轩辕之国在此穷山之际，……此诸夭之野鸾鸟自歌，凤鸟自舞；凤皇卵，民食之；甘露，民饮之，所欲自从也。百兽相与群居。在四蛇北。其人两手操卵食之，两鸟居前导之。③（《山海经·海外西经》）

（4）有载民之国。帝舜生无淫，降载处，是谓巫载民。巫载民盼姓，食谷，不绩不经，服也；不稼不穑，食也。爰有歌舞之鸟，鸾鸟自歌，凤鸟自舞。爰有百兽，相群爰处。百谷所聚。④（《山海经·大荒南经》）

---

① 袁珂《山海经校注》，北京联合出版公司 2014 年版，第 14—15 页。
② 袁珂《山海经校注》，北京联合出版公司 2014 年版，第 16 页。
③ 袁珂《山海经校注》，北京联合出版公司 2014 年版，第 201—202 页。
④ 袁珂《山海经校注》，北京联合出版公司 2014 年版，第 316 页。

(5)有北狄之国。……有五彩鸟三名:一曰皇鸟,一曰鸾鸟,一曰凤鸟。[1](《山海经·大荒西经》)

(6)西有王母之山、壑山、海山。有沃之国,沃民是处。沃之野,凤鸟之卵是食,甘露是饮。凡其所欲,其味尽存。……鸾凤自歌,凤鸟自舞,爰有百兽,相群是处,是谓沃之野。[2](《山海经·大荒西经》)

(7)西南黑水之间,有都广之野,后稷葬焉。爰有膏菽、膏稻、膏黍、膏稷,百谷自生,冬夏播琴。鸾鸟自歌,凤鸟自舞,灵寿实华,草木所聚。爰有百兽,相群爰处。此草也,冬夏不死。[3](《山海经·海内经》)

《山海经》记载了我国上古时代民族、历史、地理、生物等诸多方面的丰富资料,也包括不少宗教和神话。即便是宗教和神话,也是当时社会现实的一种反映,在自然界和社会生活里都有其原型或影子。在前列材料里,凤凰无疑是作为自然界的鸟类出现的。

从《左传》中郯子的叙述可以了解,凤鸟曾经在其祖先少皞挚即位时出现:

秋,郯子来朝,公与之宴。昭子问焉,曰:"少

---

① 袁珂《山海经校注》,北京联合出版公司 2014 年版,第 334 页。
② 袁珂《山海经校注》,北京联合出版公司 2014 年版,第 335 页。
③ 袁珂《山海经校注》,北京联合出版公司 2014 年版,第 374 页。

皞氏鸟名官,何故也?"郯子曰:"我祖也,我知之。
昔者黄帝氏以云纪,……我高祖少皞挚之立也,凤
鸟适至,故纪于鸟,为鸟师而鸟名:凤鸟氏,历正
也;玄鸟氏,司分者也;伯赵氏,司至者也;青鸟氏,
司启者也;丹鸟氏,司闭者也。祝鸠氏,司徒也;雎
鸠氏,司马也;鸤鸠氏,司空也;爽鸠氏,司寇也;鹘
鸠氏,司事也。五鸠,鸠民者也。五雉为五工正,
利器用、正度量,夷民者也。"①(《春秋左传·昭公
十七年》)

　　正因为这样,少皞挚才以鸟来纪事,来命名官员。不仅如
此,处在黄河下游的东夷部落,以及南方长江下游的东夷部落
(有虞氏),都对鸟非常崇拜,甚至把鸟作为他们的祖先。《诗
经·商颂·玄鸟》里就有"天命玄鸟,降而生商"的例子,叙述商
的祖先契是其母亲简狄吞食燕子之卵而生。在山东、河南等地
出土的一些陶器,有很多是鸟的造型。石兴邦先生指出,鸟图腾
崇拜是环太平洋文化的一部分。鸟崇拜和鸟生传说是我国东方
沿海和东南地区,直至环太平洋地区西北部的一个独特的文化
表征,也是相当普遍的一种文化模式。②

　　　　黄帝与炎帝战于阪泉之野,帅熊、罴、狼、豹、
　　貙、虎为前驱,雕、鹖、鹰、鸢为旗帜,此以力使禽兽

---

① 杨伯峻《春秋左传注》,中华书局 2009 年版,第 1386—1388 页。
② 石兴邦《东方沿海和东南地区古文化中鸟类图像与鸟祖崇拜的有关问题》,载田
昌五、石兴邦主编《中国原始文化论集——纪念尹达八十诞辰》,文物出版社
1989 年版,第 263—265 页。

者也。尧使夔典乐，击石拊石，百兽率舞，箫韶九成，凤皇来仪：此以声致禽兽者也。然则禽兽之心，奚为异人？形音与人异，而不知接之之道焉。圣人无所不知，无所不通，故得引而使之焉。禽兽之智有自然与人童者，其齐欲摄生，亦不假智于人也：牝牡相偶，母子相亲，避平依险，违寒就温；居则有群，行则有列，小者居内，壮者居外；饮则相携，食则鸣群。太古之时，则与人同处，与人并行。帝王之时，始惊骇散乱矣。逮于末世，隐伏逃窜，以避患害。[①]

同熊狼豹虎雕鹰鸢一样，列子直接把凤凰当作禽兽一类。凤凰正是受到箫韶之乐的感召而来。因此，"箫韶九成，凤皇来仪"，把凤凰看成自然界的动物，应该更符合古人的本意。

二、《管子》、《荀子》中视为吉祥之征兆

凤凰作为自然界的鸟是有灵性的，与其他鸟相比，更能做到趋利避害，总是在安定祥和的环境里出现，久而久之，人们就把它看做吉祥的征兆。《左传》里叙述懿氏之妻的一次占卜，就以凤凰为喻，预测其女嫁给敬仲大吉大利，子孙兴旺，其后代八世之后，富贵无比。

（庄公二十二年）初，懿氏卜妻敬仲，其妻占

---

① 杨伯峻《列子集释》，中华书局 1979 年版，第 84—85 页。

之，曰："吉，是谓'凤皇于飞，和鸣锵锵，有妫之后，将育于姜。五世其昌，并于正卿。八世之后，莫之与京。'"①（《春秋左传·庄公下》）

孔子也把凤凰的出现看作清明盛世的标志，认为凤凰不飞来，黄河不出图画，自己的一生恐怕是无所作为了。

子曰："凤鸟不至，河不出图，吾已矣夫!"②（《论语·子罕篇》）

在《管子》里，这种观念几乎成了一种信仰：

桓公既霸，会诸侯于葵丘，而欲封禅。管仲曰："古者封泰山，禅梁父者，七十二家，而夷吾所记者，十有二焉。"……曰："古之封禅，鄗上之黍，北里之禾，所以为盛……今凤凰麒麟不来，嘉谷不生，而蓬蒿藜莠茂，鸱枭数至，而欲封禅，毋乃不可乎?"于是桓公乃止。③

《管子》是管仲学派学术成果的总结，非一人一世之作。《四库全书》将其列入子部法家类，是先秦时期各学派的言论汇编，内容庞博，包括儒家、阴阳家、名家、兵家和农家的观点。齐桓公认为自己九合诸侯，一匡天下，功比三代，执意封禅泰山，管仲看

---

① 杨伯峻《春秋左传注》，中华书局 2009 年版，第 221—222 页。
② 杨伯峻《论语译注》，中华书局 1980 年版，第 89 页。
③ 黎翔凤《管子校注》，中华书局 2004 年版，第 952—953 页。

出齐桓公骄傲的苗头将给国家带来危险，极力阻止。双方僵持不下，“管仲睹桓公不可穷以辞，因设之以事”，只好用古代清明太平盛世出现的征兆（凤凰为吉兆之一）来验证是否应该封禅泰山，齐桓公只好作罢。从这个事件可以看出，人们对凤凰为吉祥之征兆深信不疑。

类似用法在《文子》、《吕氏春秋》、《荀子》当中也多次出现。

> (1)老子曰："有物混成，先天地生。……山以之高，渊以之深，兽以之走，鸟以之飞，麟以之游，凤以之翔，星历以之行……与刚柔卷舒兮，与阴阳俛仰兮。"①

文子，名字籍贯未见史载。《汉书·艺文志》道家类著录《文子》九篇。班固在其条文下注明："老子弟子，与孔子同时，而称周平王问，似依托者也。"②

> (2)老子曰："昔黄帝之治天下，……故于此时，日月星辰，不失其时，风雨时节，五谷丰昌，凤凰翔于庭，麒麟游于郊。……当此之时，禽兽虫蛇无不怀其爪牙，藏其螫毒，功揆天地。"③
>
> (3)平王问文子曰……文子曰："夫道德者，……凤凰翔其庭，麒麟游其郊，蛟龙宿其沼。故以

① 王利器《文子疏义》，中华书局2009年版，第1—3页。

② 陈国庆《汉书艺文志注释汇编》，中华书局1983年版，第122页。

③ 王利器《文子疏义》，中华书局2009年版，第73—74页。

道莅天下，天下之德也。无道莅天下，天下之贼也。"①

（4）老子曰："衰世之主，钻山石，挈金玉，擿砮蜃，消铜铁，而万物不滋。刳胎焚郊，覆巢毁卵，凤凰不翔，麒麟不游。……于是兴矣。"②

（5）鲁哀公问舜冠于孔子，孔子不对。三问，不对。哀公曰："寡人问舜冠于子，何以不言也？"孔子对曰："古之王者有务而拘领者矣，其政好生而恶杀焉。是以凤在列树，麟在郊野，乌鹊之巢可俯而窥也。君不此问，而问舜冠，所以不对也。"③

（6）二曰凡帝王者之将兴也，天必先见祥乎下民。黄帝之时，天先见大螾大蝼蛄蝼，黄帝曰："土气胜。"……夫覆巢毁卵则凤凰不至，刳兽食胎则麒麟不来，干泽涸渔则龟龙不往。④

（7）昔黄帝令伶伦作为律。……次制十二筒，以之阮隃之下，听凤皇之鸣，以别十二律。其雄鸣为六，雌鸣亦六，以比黄钟之宫适合。黄钟之宫皆可以生之，故曰"黄钟之宫，律吕之本"。⑤

（8）流沙之西，丹山之南，有凤之丸，沃民所食。⑥

---

① 王利器《文子疏义》，中华书局 2009 年版，第 255－256 页。
② 王利器《文子疏义》，中华书局 2009 年版，第 526－527 页。
③ 张觉《荀子译注》，上海古籍出版社 2012 年版，第 454 页。
④ 许维遹《吕氏春秋集释》，中华书局 2009 年版，第 284－288 页。
⑤ 许维遹《吕氏春秋集释》，中华书局 2009 年版，第 120－123 页。
⑥ 许维遹《吕氏春秋集释》，中华书局 2009 年版，第 316 页。

(9)一曰：开春始雷则蛰虫动矣，时雨降则草木育矣，饮食居处适则九窍百节千脉皆通利矣。王者厚其德，积众善，而凤皇圣人皆来至矣。①

(10)南宫括入见，公曰："今者，宽也非周公，其辞若是也。"南宫括对曰：……"今使燕爵为鸿鹄凤凰虑，则必不得矣。其所求者，瓦之间隙，屋之黟蔚也，与一举则有千里之志，德不盛、义不大则不至其郊。愚庳之民，其为贤者虑，亦犹此也。固妄诽訾，岂不悲哉！"②

三、《论语》、《尸子》中喻杰出人物

在先秦，除了将凤凰视为自然界有灵性的动物、吉祥之征兆，还把杰出人物比喻为凤凰。

> 楚狂接舆歌而过孔子曰："凤兮凤兮！何德之衰？往者不可谏，来者犹可追。已而，已而！今之从政者殆而！"孔子下，欲与之言。趋而辟之，不得与之言。③

楚狂接舆把孔子比喻为鸟中的凤凰，是非同一般的人物。孔子对楚狂接舆的这种比喻很感慨，可能是说到了孔子的心坎

---

① 许维遹《吕氏春秋集释》，中华书局 2009 年版，第 58－582 页。
② 许维遹《吕氏春秋集释》，中华书局 2009 年版，第 550－551 页。
③ 杨伯峻《论语译注》，中华书局 1980 年版，第 193 页。

上。孔子想要和接舆交流有关时事和人生等问题的看法，接舆避开了。

> （孟子）曰："宰我、子贡、有若，智足以知圣人，污不至阿其所好。"……有若曰：'岂惟民哉？麒麟之于走兽，凤凰之于飞鸟，泰山之于丘垤，河海之于行潦，类也。圣人之于民，亦类也。出于其类，拔乎其萃，自生民以来，未有盛于孔子也。'"①

孟子继承了上辈人对孔子的评价，也把孔子看成飞鸟中的凤凰、走兽中的麒麟，是人类之中最杰出的人物，无人能与他相媲美。

> 古者明王之求贤也，不避远近，不论贵贱，卑爵以下贤，轻身以先士。……夫士不可妄致也。覆巢破卵，则凤皇不至焉；刳胎焚夭，则麒麟不往焉；竭泽漉鱼，则神龙不下焉。……夫求士不遵其道而能致士者，未之尝见也。②

在《尸子》里边，作者把"士"比喻成凤凰，并认为只有礼贤下士，才能让士为自己服务。在这里，凤凰的比喻范围明显扩大了很多。因为士人在当时是一个阶层，一个群体。

综上所述，凤凰从自然界有灵性的鸟类，到成为吉祥之征

---

① 杨伯峻《孟子译注》，中华书局 2010 年版，第 58 页。
② 朱海雷《尸子译注》，上海古籍出版社 2006 年版，第 14—15 页。

兆,与社会的关系越来越密切。不仅如此,从以上用例可以看出,不管是把孔子比喻成凤凰,还是把"士"比喻成凤凰,凤凰在社会中的使用范围明显扩大了。也就是说,凤凰和人的关系越来越密切了,这是凤凰在先秦发展的一个规律。

四、《楚辞》之凤——天空神鸟

《楚辞》是我国最早的浪漫主义诗歌总集。说是浪漫主义,是因为在诗歌中运用了楚地特色的神话和传说,这些神话和传说有一些是楚人自己的信仰。在春秋战国时期,这种神话传说信仰在楚国的现实生活中多有体现,其神话系统自成体系。正如宋人黄伯思所说,《楚辞》是运用楚地(今湖南、湖北、安徽西部一带)的方言声韵,叙写楚地的山川人物、历史风情,具有浓厚的地域文化色彩,"皆书楚语,作楚声,纪楚地,名楚物"(《东观余论》)。因此,《楚辞》感情奔放,想象奇特,具有浓郁的浪漫主义色彩,被称为浪漫主义文学源头。

在屈原最著名的诗篇《离骚》中,诗人拳拳爱国之心得不到楚怀王的理解,反而被群小谗言所中伤,以致一再流放。诗人愤懑痛苦之情无处释放,只好展开想象的翅膀,遨游于九天之上,漫步于昆仑之间,以求获得精神慰藉。而在天空遨游时,除去龙和马之外,凤凰也是诗人的坐骑和助手。

(1)吾令凤鸟飞腾兮,继之以日夜。[1]

---

[1] 汤炳正《楚辞今注》,上海古籍出版社 2012 年版,第 24 页。

（2）凤皇既受诒兮，恐高辛之先我。①

（3）凤皇翼其承旂兮，高翱翔之翼翼。②

　　屈原在《远游》篇里，③极力描绘了他想象中的天上远游。诗中出现了大量的神话与传说之物，先后有太皓、西皇、颛顼等四方帝神；也有雷神丰隆、木神句芒、风神飞廉、金神蓐收、火神祝融、洛神宓妃、湘水之神湘灵、海神海若、河神冯夷、水神玄冥、造化之神黔嬴等各类正神，有玄武星、文昌星等星官，有赤松子、傅说、韩众、王乔等仙人；也有汤谷、太微、旬始、清都、太仪、寒门、清源等神话地名；当然，凤凰作为上天的工具之一，也是不可缺少的角色。这些让人目不暇接、心驰神摇的诗句，正是战国时代楚国民间神话传说的产物，反映出楚文化富于想象的特色。

　　　　凤皇翼其承旂兮，遇蓐收乎西皇。④

　　宋玉的《九辩》，主题在于悲秋，描绘了秋季万木黄落、山川萧瑟的肃杀景象，是中国文学史上第一篇情深意长的悲秋之作。在第五章中，诗人以凤凰为喻，通过描绘凤凰因周围环境的恶劣而没有安身之地的困境，来反映"贫士"才能得不到施展，理想不能实现的痛苦和无奈。

---

① 汤炳正《楚辞今注》，上海古籍出版社 2012 年版，第 24 页。

② 汤炳正《楚辞今注》，上海古籍出版社 2012 年版，第 26 页。

③ 关于《远游》的作者问题，学术界有异议，如陆侃如、游国恩、茅盾和郭沫若认为非屈原作。

④ 汤炳正《楚辞今注》，上海古籍出版社 2012 年版，第 187 页。

> 凫雁皆唼夫梁藻兮,凤愈飘翔而高举。
>
> 圜凿而方枘兮,吾固知其钼铻而难入。
>
> 众鸟皆有所登栖兮,凤独遑遑而无所集。
>
> ……
>
> 谓骐骥兮安归,谓凤皇兮安栖。
>
> 变古易俗兮,世衰。今之相者兮,举肥。
>
> 骐骥伏匿而不见兮,凤皇高飞而不下。[1]

我们知道,在河姆渡文化遗址的发掘中,出土了一件连体双鸟太阳纹象牙蝶(鸟)形器。[2] 王士伦认为双鸟日纹图像异首连体,中间饰太阳,可能表示鸟是空中神秘的动物,是介乎人天之间的神使。[3] 楚辞中凤凰在仙界遨游的形象,恐怕早就在先民的意识里产生了。那么,诗人们想象自己在天界漫步时,离不开凤凰就不足为怪了。

三国时期,占据长江下游一带的吴国,先有开国之君孙权用"神凤",后有亡国之君孙皓用"凤凰"作为年号。相比之下,魏国和蜀国年号没有一次用凤凰,可见凤凰信仰在吴国影响久远。

---

[1] 汤炳正《楚辞今注》,上海古籍出版社 2012 年版,第 209 页。

[2] 刘军《河姆渡文化》,文物出版社 2006 年版,第 47 页。

[3] 王士伦《越国鸟图腾和鸟崇拜的若干问题》,《浙江学刊》1990 年第 6 期。

第二节 汉凤文化形象

汉代从刘邦建国,到献帝"禅让",除去西汉与东汉之间的新朝,也有 400 余年的历史。其间,从西汉初年黄老思想的流行,到汉武之时独尊儒术的强力推广;西汉末年,谶纬思想一时弥漫,阴阳五行推波助澜;东汉以后,佛教传入,道教开始形成。思想潮流的交汇发展,社会观念的此起彼伏,对当时的社会产生了很大影响,其中最主要的就是蕴藏于其中的"天人合一"、"天人感应"和阴阳五行思想。这一点从汉代人关于凤的观念来看,也不例外。

一、《淮南鸿烈》、《大戴礼记》中"圣王"的象征

"圣王"治理天下之时,凤凰作为天下清明祥和的象征出现,体现了天人感应、天人合一的思想。

> (1)昔者,黄帝治天下……五谷登熟,虎狼不妄噬,鸷鸟不妄搏,凤皇翔于庭,麒麟游于郊,青龙进驾,飞黄伏皁,诸北、儋耳之国莫不献其贡职。然犹未及虙戏氏之道也。[①]
>
> (2)故一动其本而百枝皆应……故精诚感于内,形气动于天,则景星见,黄龙下,祥凤至,醴泉出,嘉谷生,河不满溢,海不溶波。……故国危亡

---

① 刘文典《淮南鸿烈集解》,中华书局 2013 年版,第 246－248 页。

而天文变,世惑乱而虹蜺见,万物有以相连,精祲有以相荡也。①

(3)所以览五帝三王,怀天气,抱天心,执中含和,德形于内……故景星见,祥风至,黄龙下,凤巢列树,麟止郊野。……故德形于内,治之大本。此《鸿烈》之《泰族》也。②

(4)人君苟能至诚动于内,万民必应而感移,尧舜之诚,感于万国,动于天地,故荒外从风,凤麟翔舞,下及微物,咸得其所。③

(5)平公曰:"清角可得而闻乎?"师旷曰:"不可。昔者黄帝合鬼神于泰山之上,驾象车而六蛟龙,毕方并辖,蚩尤居前,风伯进扫,雨师洒道,虎狼在前,鬼神在后,腾蛇伏地,凤皇覆上,大合鬼神,作为清角。"……故曰:"不务听治而好五音不已,则穷身之事也。"④

(6)群臣奏言:"地祇灵应而朱草萌生。孝宣帝每有嘉瑞,辄以改元,神爵、五凤、甘露、黄龙,列为年纪,盖以感致神祇,表彰德信。……宜令太史撰集,以传来世。"⑤

　　黄帝治理天下,按日月运行的规律,阴阳之气的变化,四季

---

① 刘文典《淮南鸿烈集解》,中华书局2013年版,第808页。
② 刘文典《淮南鸿烈集解》,中华书局2013年版,第858页。
③ 刘向编著,石光瑛校释《新序校释》,中华书局2009年版,第613—615页。
④ 王先慎《韩非子集解》,中华书局2013年版,第69—70页。
⑤ 范晔《后汉书》,中华书局1965年版,第82—83页。

交替的顺序来进行。因此,上下尊卑有序,人民安居乐业,各行各业兴旺发达,农村城市和平安宁,整个社会清明和谐,使得自然界运行有序,五谷丰登。这时,作为天下祥和的征兆——凤凰、麒麟等物就会出现。

这里需要注意的是,作为天人合一、天人感应的主体的"人",并非一般的普通人,而是"圣人",是"五帝三王",这一点明确无误。"圣人"、"五帝三王"能感天动地,使得黄龙祥凤出现。

综合起来,《淮南子》中的凤凰,多与"圣人"、"五帝三王"联系在一起,体现了天人感应、天人合一的状态。因此,凤凰是高贵的、杰出的象征,非一般之物所能比。

凤凰与"圣人"、"五帝三王"联系的事例比比皆是,在其他典籍里面也很多:

> (1)《春秋》何贵乎元而言之?……故天为之下甘露,朱草生,醴泉出,风雨时,嘉禾兴,凤凰麒麟游于郊。……德恩之报,奉先之应也。[1]
>
> (2)故帝王好坏巢破卵,则凤凰不翔焉;好竭水搏鱼,则蛟龙不出焉;好刳胎杀夭,则麒麟不来焉;好填壑塞谷,则神龟不出焉。[2]
>
> (3)舜孝益笃。……及立为天子,天下化之,蛮夷率服。北发、渠搜、南抚、交阯,莫不慕义,麟凤在郊。故孔子曰:"孝弟之至,通于神明,光于四海。"舜之谓也。[3]

[1]　苏舆撰,钟哲点校《春秋繁露义证》,中华书局1992年版,第100—105页。
[2]　王聘珍《大戴礼记解诂》,中华书局1983年版,第259—260页。
[3]　刘向编著,石光瑛校释《新序校释》,中华书局2009年版,第8—16页。

刘向,原名更生,字子政,西汉楚国彭城(今江苏徐州)人,西汉经学家、目录学家、文学家,其散文主要是秦疏和校雠古书的"叙录"。

(4)昔者唐、虞崇举九贤,布之于位,而海内大康,要荒来宾,麟凤在郊。①

(5)故天降膏露,地出澧泉,山出器车,河出马图,凤凰、麒麟皆在郊棷,龟、龙在宫沼,其余鸟兽之卵胎,皆可俯而窥也。②

(6)文学曰:"……德施方外,绝国殊俗,臻于阙庭,凤皇在列树,麒麟在郊薮,群生庶物,莫不被泽。"③

(7)(孝成帝时)其十二月羽猎,雄从。……故甘露零其庭,澧泉流其唐,凤凰巢其树,黄龙游其沼,麒麟臻其囿,神爵栖其林。④

(8)夫古之天下亦今之天下……德润草木,泽被四海,凤凰来集,麒麟来游,以古准今,壹何不相逮之远也!⑤

(9)元光五年,复征贤良文学,菑川国复推上弘。……阴阳和,五谷登,六畜蕃,甘露降,风雨

---

① 刘向编著,石光瑛校释《新序校释》,中华书局 2009 年版,第 149—168 页。
② 杨天宇《礼记译注》,上海古籍出版社 1997 年版,第 385 页。
③ 王利器《盐铁论校注》,中华书局 1992 年版,第 514 页。
④ 班固《汉书》,中华书局 1962 年版,第 3540 页。
⑤ 班固《汉书》,中华书局 1962 年版,第 2519—2520 页。

时,嘉禾兴,朱草生,山不童,泽不涸;麟凤在郊薮,
龟龙游于沼,河洛出图书……咸得其宜。[①]

以上九个事例都是讲"圣王"治理天下之时,出现了祥和安
宁、清明太平的繁盛气象。这实际上是在描绘儒家的理想社会:
五帝三王治天下之时,爱民如子,社会各个阶层,各行各业,和谐
而有序,有条而不紊,自然界也祥瑞频出,凤凰麒麟在郊外游荡。
唐虞、帝舜之时,凤凰麒麟也在郊外出现。

不仅统治天下的圣王是这样,生活在圣明的时代,大到一个
国家,小到一郡也是这样:只要你行仁政,吏治清明,治下民众富
足安康,社会和谐,那么,凤凰也会出现。

(1)霍将军歌者……乃援琴而歌之曰:"……
麒麟来臻,凤凰翔兮。与天相保,永无疆兮。亲亲
百年,各延长兮!"[②]

(2)于是吴王穆然……凤皇来集,麒麟在郊,
甘露既降,朱草萌芽;远方异俗之人响风慕义,各
奉其职而来朝贺。[③]

(3)霸以外宽内明得吏民心,户口岁增,治为
天下第一。……是时凤皇神爵数集郡国,颍川尤
多。天子以霸治行终长者,下诏称扬曰:"颍川太
守霸,宣布诏令,百姓向化,孝子弟弟贞妇顺孙日
以众多,田者让畔,道不拾遗,养视鳏寡,赡助贫

① 班固《汉书》,中华书局 1962 年版,第 2613—2614 页。
② 蔡邕《琴操》,陈文新译注《雅趣四书》,崇文书局 1998 年版,第 52 页。
③ 班固《汉书》,中华书局 1962 年版,第 2872 页。

穷,狱或八年亡重罪囚,吏民向于教化,兴于行谊,可谓贤人君子矣。……后数月,征霸为太子太傅,迁御史大夫。[①]

（4）秦彭字伯平,扶风茂陵人也。……在职六年,转颍川太守,仍有凤皇、麒麟、嘉禾、甘露之瑞,集其郡境。[②]

在《霍将军歌》里,国家和平安宁,凤凰麒麟就会出现。东方朔在《非有先生论》中将凤凰与地方诸侯吴王联系在一起,表明方圆千里的吴国,亦如以前圣王执政那样,当太平安宁之时,象征清明祥和的凤凰就会出现。在《汉书·循吏列传》黄霸的传记里,第一次将凤凰和地方官的杰出政绩相联系,以前都是圣王圣人,这里和郡守黄霸联系在一起。

在汉代,凤凰的出现从旧时与圣王联系在一起,到与诸侯甚至郡守联系在一起,使用的范围扩大。

（1）古之治天下者必圣人……于时龙至不闭,凤降忘翼,鸷兽忘攫,爪鸟忘距……雏出服,河出图。自上世以来,莫不降仁。国家之昌,国家之臧,信仁。[③]

（2）曾子曰:"……毛虫之精者曰麟,羽虫之精者曰凤,介虫之精者曰龟,鳞虫之精者曰龙,裸虫之精者曰圣人。龙非风不举,龟非火不兆,此皆阴

---

① 班固《汉书》,中华书局 1962 年版,第 3631—3632 页。
② 范晔《后汉书》,中华书局 1965 年版,第 2467 页。
③ 王聘珍《大戴礼记解诂》,中华书局 1983 年版,第 184—185 页。

阳之际也。兹四者，所以圣人役之也，是故圣人为
天地主，为山川主，为鬼神主……历居阳而治阴，
律历迭相治也，其间不容发。"①

戴德是西汉元帝时期(前48—前33)的人，生卒年不详。戴
德把凤凰麒麟的出现同"圣人"联系在一起，认为圣人是天地之
主、天地之王，并且把凤凰麒麟和阴阳联系起来。虽名义上为
"圣人"，但同圣王有什么差别呢？

二、《淮南鸿烈》、《新序》中高洁高贵的象征

在《淮南子》和《新序》里边，凤凰成为决不同流合污、高洁高
贵的象征：

(1)凤皇之翔至德也，雷霆不作，风雨不兴，川
谷不澹，草木不摇，而燕雀佼之，以为不能与之争
于宇宙之间。②
(2)夫至人倚不拔之柱……凤皇不能与之俪，
偕而况斥鴳乎!③
(3)狗彘不择甂瓯而食，偷肥其体而顾近其
死；凤皇高翔千仞之上，故莫之能致。④
(4)太清之始也……凤麟至，著龟兆，甘露下，

① 王聘珍《大戴礼记解诂》，中华书局1983年版，第98—101页。
② 刘文典《淮南鸿烈集解》，中华书局2013年版，第242—243页。
③ 刘文典《淮南鸿烈集解》，中华书局2013年版，第282页。
④ 刘文典《淮南鸿烈集解》，中华书局2013年版，第672页。

竹实满,流黄出,而朱草生,机械诈伪莫藏于心。
……刳胎杀夭,麒麟不游;覆巢毁卵,凤皇不翔。
钻燧取火,构木为台,焚林而田,竭泽而渔,人械不
足,畜藏有余,而万物不繁兆,萌牙卵胎而不成者,
处之太半矣。[①]

（5）《吊屈原赋》讯曰：……所贵圣人之神德
兮,远浊世而自藏。使麒麟可系而羁兮,岂云异夫
犬羊?……凤凰翔于千仞兮,览德辉而下之;见细
德之险征兮,遥曾击而去之。[②]

（6）楚威王问于宋玉……宋玉对曰：……凤
鸟,上击于九千里,绝浮云,负苍天,翱翔乎窈冥之
上,夫卤田之鷃,岂能与之断天地之高哉?[③]

凤凰是高贵杰出的象征,非燕雀斥鷃狗彘所能比。《淮南鸿
烈·本经训》里用对比的手法,写了作为祥和之征兆的凤凰,只
在太清之始那种"质真而素朴"的状态中,那种本真无伪、天地祥
和的氛围里,那种自然造化一片清朗的世间出现,而在"万物不
滋"、"万物不繁兆"的衰世,凤凰就会隐藏不出。凤凰高洁而决
不同流合污的形象,跃然纸上,呼之欲出。

三、《盐铁论》、《后汉书》喻皇帝

从刘邦开始,龙常常成为帝王的象征,特别是黄龙,更是与

---

① 刘文典《淮南鸿烈集解》,中华书局 2013 年版,第 293—295 页。
② 班固《汉书》,中华书局 1962 年版,第 2224—2225 页。
③ 刘向编著,石光瑛校释《新序校释》,中华书局 2009 年版,第 126—140 页。

帝王紧密联系在一起。从西汉起，不仅是龙，凤凰也成为帝王的象征。晁错在《盐铁论》里，就把刘邦的出世说成"龙飞凤举"，不仅把刘邦比喻成龙，也比喻成凤，凤凰也成了皇帝的象征。

> (1)贤良曰："夫山东天下之腹心，贤士之战场也。高皇帝龙飞凤举于宋、楚之间，山东子弟萧、曹、樊、郦、滕、灌之属为辅，虽即异世，亦即闳夭、太颠而已。"①
>
> (2)行到南平棘，诸将复固请之。……耿纯进曰："天下士大夫捐亲戚，弃土壤，从大王于矢石之间者，其计固望其攀龙鳞，附凤翼，以成其所志耳。……时不可留，众不可逆。"纯言甚诚切，光武深感，曰："吾将思之。"②
>
> (3)(更始二年)，衍因以计说永曰："……皇帝以圣德灵威，龙兴凤举，率宛、叶之众，将散乱之兵，喢血昆阳……一期之间，海内大定。"③

可见，不管是西汉的开国皇帝刘邦，还是东汉的创立者刘秀，都用"龙飞凤举"、"龙兴凤举"还有"龙鳞凤翼"来比喻他们的英雄壮举，且常常是龙和凤连在一起使用。

---

① 王利器《盐铁论校注》，中华书局 1992 年版，第 333—334 页。
② 范晔《后汉书》，中华书局 1965 年版，第 21 页。
③ 范晔《后汉书》，中华书局 1965 年版，第 966 页。

四、《淮南鸿烈》、《后汉书》喻士大夫或贤者

在汉代,龙和凤连在一起使用,不仅喻帝王,东汉时也喻士大夫或贤者。从西汉到东汉,凤的用法也发生了变化。

> (1)老父趋而过之,植其杖,太息言曰:"吁!二大夫何泣之悲也? 夫龙不隐鳞,凤不藏羽,网罗高悬,去将安所? 虽泣何及!"二人欲与之语,不顾而去,莫知所终。[1]
>
> (2)时考城令河内王涣……涣谢遣曰:"枳棘非鸾凤所栖,百里岂大贤之路。今日太学曳长裾,飞名誉,皆主薄后耳。以一月奉为资,勉卒景行。"[2]

由喻皇帝,到喻士大夫或贤者,凤凰的使用范围扩大了不少。凤凰也化为其他不同状态,形式多样,多姿多彩。

> (3)夫道者,覆天载地……山以之高,渊以之深,兽以之走,鸟以之飞,日月以之明,星历以之行,麟以之游,凤以之翔。[3]

在这里,"凤"是"道""包裹天地,禀授无形"万千世界中的一

---

① 范晔《后汉书》,中华书局1965年版,第2776页。
② 范晔《后汉书》,中华书局1965年版,第2480页。
③ 刘文典《淮南鸿烈集解》,中华书局2013年版,第1—3页。

种,"道"所化万物中的一员,是须臾也离不开"道"的一种具体物质的存在形式。

(4)夫子曰:"弦则是也,其声非也。"文者,所以接物也,情系于中而欲发外者也。以文灭情,则失情;以情灭文,则失文。文情理通,则凤麟极矣。言至德之怀远也。[1]

(5)《易》曰:"正其本,万物理。失之毫厘,差之千里。"故君子慎始也……故曰:凤凰生而有仁义之意,虎狼生而有贪戾之心,两者不等,各以其母。呜呼,戒之哉!无养乳虎,将伤天下。[2]

(6)夫有形坶者,天下讼见之;有篇籍者,世人传学之。……善者之动也,神出而鬼行,星耀而玄遂;进退诎伸,不见朕垠,鸾举麟振,凤飞龙腾,发如秋风,疾如骇龙。[3]

前面用凤凰形容文理相通时达到的那种极致效果,后面用凤凰麒麟等物描绘善用兵者那种神出鬼没的状态。在《大戴礼记·保傅》里,凤凰与仁义几乎是同义词。

综合上述,凤凰在汉代主要有四种用法:"圣王"的象征、高洁高贵的象征、喻皇帝、喻士大夫或贤者。当然,凤凰也可以化为其他不同状态,形式多样,多姿多彩,较为复杂和多变。

---

[1]　刘文典《淮南鸿烈集解》,中华书局 2013 年版,第 393—395 页。

[2]　王聘珍《大戴礼记解诂》,中华书局 1983 年版,第 58—59 页。

[3]　刘文典《淮南鸿烈集解》,中华书局 2013 年版,第 602—603 页。

第三节　凤原型考

凤凰究竟为何物？王大有认为，商周时为玄鸟期，即燕子、乌鸦、踆乌、鹰鹗类鸟之统称，秦汉时为朱雀，即朱雀、踆乌之类。① 钟金贵认为，凤的原型是鸡。② 何新认为，凤凰的原型是鸵鸟。③ 那凤凰的原型究竟是什么呢？

一、《山海经》中的凤凰

古代典籍里边，对凤凰记录较早较多又较为集中的，当属《山海经》一书，里面有多处对凤凰的描绘。《山海经·南山经》里记载：

> 丹穴之山有鸟焉，其状如鸡，五彩而文，名曰凤皇。首文曰德，翼文曰义，背文曰礼，膺文曰仁，腹文曰信。是鸟也，饮食自然，自歌自舞，见则天下安宁。④

这段文字里的凤凰，加了许多想象和加工的成分，是仁德的化身，是天下安宁的象征。

---

① 王大有《龙凤文化源流》，中国时代经济出版社 2008 年版，第 40、41 页。
② 钟金贵《中国崇凤习俗初探》，湘潭大学硕士论文，2005 年，第 26 页。
③ 何新《诸神的起源（第二卷）：论龙与凤的动物学原形》，中国民主法制出版社 2008 年版，第 15 页。
④ 郭璞注《山海经》，上海古籍出版社 1989 年版，第 15 页。

（1）又东五百八十里，曰南禺之山，其上多金、玉，其下多水，有穴焉，水出辄入，夏乃出，冬则闭。佐水出焉，而东南流注于海，有凤凰、鹓雏。①（《山海经·西山经》）

（2）此诸夭之野鸾凤自歌，凤鸟自舞；凤凰卵，民食之；甘露，民饮之，所欲自从也。百兽相与群居。②（《山海经·海外西经》）

（3）有襄山，又有重阴之山……爰有歌舞之鸟，鸾凤自歌，凤鸟自舞。③（《山海经·大荒南经》）

（4）西有王母之山、壑山、海山。有沃之国，沃民是处。沃之野，凤鸟之卵是食，甘露是饮，及其所欲，其味尽存。……鸾凤自歌，凤鸟自舞，爰有百兽，相群是处。④（《山海经·大荒西经》）

（5）有鸾鸟自歌，凤鸟自舞，凤鸟首文曰德，翼文曰顺，膺文曰仁，背文曰义。见则天下和。⑤（《山海经·海内经》）

从《山海经》以上描述中，我们可以得出结论：凤凰一般生活在海边，能鸣叫，会跳舞。

---

① 郭璞注《山海经》，上海古籍出版社1989年版，第16页。
② 郭璞注《山海经》，上海古籍出版社1989年版，第84页。
③ 郭璞注《山海经》，上海古籍出版社1989年版，第108—109页。
④ 郭璞注《山海经》，上海古籍出版社1989年版，第111页。
⑤ 郭璞注《山海经》，上海古籍出版社1989年版，第119页。

二、《汉书》中的凤凰

再看《汉书》中有关凤凰的记载,凤凰出现的时间地点详尽而明确,我们考察一下都出现在哪些地方。

> (1)(本始元年)五月,凤皇集胶东、千乘。赦天下。赐吏二千石、诸侯相、下至中都官、宦吏、六百石爵,各有差,自左更至五大夫。[①](《汉书·宣帝纪》)
>
> (2)(本始四年)五月,凤皇集北海安丘、淳于。[②](《汉书·宣帝纪》)
>
> (3)(地节元年)夏四月,凤皇集鲁郡,群鸟从之。大赦天下。[③](《汉书·宣帝纪》)
>
> (4)(元康元年)三月,诏曰:乃者凤皇集泰山、陈留,甘露降未央宫。[④](《汉书·宣帝纪》)
>
> (5)(元康元年)三月,以凤皇甘露降集,赐天下吏爵二级,民一级,女子百户牛酒,鳏寡孤独高年帛。[⑤](《汉书·宣帝纪》)
>
> (6)(神爵)二年春二月,诏曰:"乃者正月乙丑,凤皇甘露降集京师,群鸟从以万数。朕之不

① 班固《汉书》,中华书局 1962 年版,第 242 页。
② 班固《汉书》,中华书局 1962 年版,第 246 页。
③ 班固《汉书》,中华书局 1962 年版,第 247 页。
④ 班固《汉书》,中华书局 1962 年版,第 253—254 页。
⑤ 班固《汉书》,中华书局 1962 年版,第 255 页。

德,屡获天福,祗事不怠,其赦天下。"①(《汉书·宣帝纪》)

(7)(神爵)四年春二月,诏曰:"乃者凤皇甘露降集京师,嘉瑞并见。修兴泰一、五帝、后土之祠,祈为百姓蒙福祉。鸾凤万举,蜚览翱翔,集止于旁……上帝嘉向,海内承福。其赦天下,赐民爵一级,女子百户牛酒,鳏寡孤独高年帛。"②《汉书·宣帝纪》

(8)(神爵四年)冬十月,凤皇十一集杜陵。……十二月凤皇集上林。五凤元年春正月,行幸甘泉,郊泰畤。③(《汉书·宣帝纪》)

(9)上自幸河东之明年正月,凤凰集祋栩……后间岁,凤皇神爵甘露降集京师,赦天下。其冬,凤皇集上林,乃作凤皇殿,以答嘉瑞。明年正月,复幸甘泉,郊泰畤,改元曰五凤。明年,幸雍祠五畤。……凤皇下郡国凡五十余所。④(《汉书·郊祀志下》)

胶东,据《汉书·地理志》记载,西汉时有胶东国。⑤ 东汉及三国时有胶东城。胶东、千乘都属于青州,⑥在今山东省境内。

---

① 班固《汉书》,中华书局 1962 年版,第 262 页。
② 班固《汉书》,中华书局 1962 年版,第 263 页。
③ 班固《汉书》,中华书局 1962 年版,第 264 页。
④ 班固《汉书》,中华书局 1962 年版,第 1252 页。
⑤ 班固《汉书》,中华书局 1962 年版,第 1634－1635 页。
⑥ 班固《汉书》,中华书局 1962 年版,第 1580 页。

北海安丘、淳于属于北海郡，①也在山东省境内。

鲁郡，西汉高后元年（前 187）置鲁国。② 前 180 年，诸吕伏诛，鲁国为鲁郡。鲁郡治鲁县（今山东曲阜市），领鲁、卞、汶阳、蕃、驺、薛六县。景帝三年（前 154）还为鲁国。公元 9 年，王莽为鲁郡。东汉时为国时为郡，仍治鲁县，领县如故，三国魏因之。

泰山郡属于兖州，辖 24 县，③位置在今山东泰安地区及其周围。

陈留郡，汉武帝元狩元年置，④辖 17 县，位置在今开封及其周围。

杜陵，属汉代京兆尹，本名杜县，汉宣帝改名杜陵县，⑤位置在今西安市。

祋祤，属于左冯翊，⑥汉景帝二年置县，县治在今陕西耀州。

可见，在《汉书》里，凤凰出现的地点大多在山东，其次是陕西，河南出现过一次。凤凰出现时经常群鸟跟随，成群结队。

三、《后汉书》中的凤凰

我们再看《后汉书》中有关凤凰的记载：

（1）冬十月辛巳，废皇后郭氏为中山太后，立贵人阴氏为皇后。……乃悉为春陵宗室起祠堂。

---

① 班固《汉书》，中华书局 1962 年版，第 1583 页。
② 班固《汉书》，中华书局 1962 年版，第 1637 页。
③ 班固《汉书》，中华书局 1962 年版，第 1581 页。
④ 班固《汉书》，中华书局 1962 年版，第 1558—1559 页。
⑤ 班固《汉书》，中华书局 1962 年版，第 1544 页。
⑥ 班固《汉书》，中华书局 1962 年版，第 1545 页。

有五凤凰见于颍川之郏县。①（《后汉书·光武帝纪》）

（2）（元和二年）丙辰,东巡狩。己未,凤皇集肥城。②（《后汉书·肃宗孝章帝纪》）

（3）（元和二年）五月戊申,诏曰:"五月戊申,诏曰:"乃者凤皇、黄龙、鸾鸟比集七郡,或一郡再见,及白鸟、神雀、甘露屡臻。"③（《后汉书·肃宗孝章帝纪》）

（4）（元和二年）九月壬辰,诏:"凤皇、黄龙所见亭部无出二年租赋。加赐男子爵,人二级;先见者帛二十匹,近者三匹,太守三十匹,令、长十五匹,丞、尉半之。诗云:'虽无德与汝,式歌且舞。'它如赐爵故事。"④（《后汉书·肃宗孝章帝纪》）

（5）（章和元年六月）壬戌,诏曰:"……朕以不德,受祖宗弘烈。乃者凤皇仍集,麒麟并臻,甘露宵降,嘉谷滋生,芝草之类,岁月不绝。朕夙夜祇畏上天,无以彰于先功。今改元和四年为章和元年。"⑤（《后汉书·肃宗孝章帝纪》）

（6）（建光三年春二月）戊子,济南上言,凤皇集台县丞霍收舍树上。赐台长帛五十匹,丞二十匹,尉半之,吏卒人三匹。凤皇所过亭部,无出今

① 范晔《后汉书》,中华书局 1965 年版,第 69 页。
② 范晔《后汉书》,中华书局 1965 年版,第 149 页。
③ 范晔《后汉书》,中华书局 1965 年版,第 152 页。
④ 范晔《后汉书》,中华书局 1965 年版,第 153 页。
⑤ 范晔《后汉书》,中华书局 1965 年版,第 157 页。

年田租。① (《后汉书·孝安帝纪》)

(7)(建光三年)冬十月,行幸长安。壬午,新丰上言凤凰集西界亭。② (《后汉书·孝安帝纪》)

(8)(光和四年)六月庚辰,雨雹。秋七月,河南言凤皇见新城,群鸟随之;赐新城令及三老、力田帛,各有差。③ (《后汉书·孝灵帝纪》)

(9)安帝延光三年二月戊子,有五色大鸟集济南台,十月,又集新丰,时以为凤皇。或以为凤皇阳明之应,故非明主,则隐不见。凡五色大鸟似凤者,多羽虫之孽。……时以为凤皇。此时政治衰缺,梁冀秉政阿枉,上幸亳后,皆羽孽时也。灵帝光和四年秋,五色大鸟见于新城,众鸟随之,时以为凤皇。④ (《后汉书·五行志二》)

郏县,属颍川郡,⑤今河南省平顶山市,属豫西山区向豫东平原过渡地带,县内河流属淮河流域沙颍河水系。

肥城,属泰山郡,⑥今山东省泰安市肥城。

台县,属济南国,文帝十六年别为济南国,景帝二年为郡,⑦属今山东省济南市。

———————————

① 范晔《后汉书》,中华书局1965年版,第239页。
② 范晔《后汉书》,中华书局1965年版,第240页。
③ 范晔《后汉书》,中华书局1965年版,第345页。
④ 范晔《后汉书》,中华书局1965年版,第3300—3301页。
⑤ 范晔《后汉书》,中华书局1965年版,第3421页。
⑥ 班固《汉书》,中华书局1962年版,第1581页。
⑦ 范晔《后汉书》,中华书局1965年版,第3471页。

新丰,属京兆尹,[1]今陕西省西安市临潼区新丰街道。

新城县属河南尹,[2]位于今河南省内乡县和邓州市接合部一带。

己氏属济阴郡,[3]故梁国所在地。西汉置己氏县,治所在今山东菏泽市曹县城。

在《后汉书》里,凤凰出现的地点大多在山东,记录四次;其次是河南,出现过三次;陕西新丰出现过三次。

从《汉书》和《后汉书》的记载,我们可以看出,凤凰在山东出现最多,其次是河南,再次是陕西。凤凰的颜色和体态是"五色大鸟"。

四、孔雀——凤凰原型

综合上述,凤凰的特点如下:

①栖息地在中国东部,靠近海洋,在山东东部出现最多;

②经常跳舞;

③形状如鸡;

④羽毛为五种颜色;

⑤会飞翔;

⑥体形较大。

应该说,鸵鸟之说不可信,因为鸵鸟不会飞。燕子、乌鸦体形较小,也不符合。符合上述条件的鸟最可能是孔雀,因为在几乎所有鸟里面,孔雀开屏是最有特色的,这种开屏是最美的

---

[1]　范晔《后汉书》,中华书局1965年版,第3403页。

[2]　范晔《后汉书》,中华书局1965年版,第3389页。

[3]　范晔《后汉书》,中华书局1965年版,第3356－3457页。

舞蹈。

《春秋左传·昭公十七年》记载郯子对祖先的介绍：

> 我高祖少皞挚之立也，凤鸟适至，故纪于鸟，为鸟师而鸟名：凤鸟氏，历正也。[①]

我们知道，早在商代，少昊氏后裔就建立郯国。郯国故地属于今山东省临沂市。郯城是"东夷"集团中最大的方国徐国之都，是古徐州和徐国文化的源头，亦是徐姓的祖陵和发迹之地。

郯城县地处鲁中南低山丘陵南部，山区面积 183.3 平方千米，主要分布于东部马陵山一带，其次是西北部零星残孤山丘。

《说文解字》解释"凤"说：

> 天老曰：凤之象也，麟前鹿后，蛇头鱼尾，龙文龟背，燕颔鸡喙，五色备举。出于东方君子之国，翱翔四海之外，过昆仑，饮砥柱，濯羽弱水，暮宿风穴，见则天下大安宁。[②]

东夷是最为崇拜凤凰的部落。商民族崇拜鸟，把鸟作为自己的祖先，把凤凰作为自己民族的崇拜。历史学家认为商朝是商民族向西迁徙，进入中原之后建立起来的王朝。同时，他们也把这种信仰崇拜带到了中原地区。可能在周灭商之后，这种信

---

① 杨伯峻《春秋左传注》，中华书局 2009 年版，第 1386—1388 页。
② 许慎撰，段玉裁注《说文解字注》，上海古籍出版社 1988 年版，第 148 页。

仰也随之西迁。

　　因此,凤凰作为一种灵物崇拜,其信仰范围的扩大和增加,是文化传播和交流的结果,是人们观念改变的结果。

第四节　汉昭帝、宣帝凤凰年号初探

据《汉书》的记载,汉昭帝是最早用凤凰作年号的皇帝。而汉宣帝当政时期是汉代记录凤凰出现次数最多、凤凰最受皇帝重视的时期,并且连续用了五凤、神爵、甘露、黄龙等四个带有吉祥安宁征兆的年号,一共是 17 年,直到汉宣帝死去。为什么用凤凰作年号从昭宣开始?汉宣帝为什么特别重视凤凰,还要用五凤来作年号?并且连续四个年号都与象征和平安宁的吉祥之物有关?这些问题背后有什么历史背景?本节将就以上问题作出初步回答。

一、汉昭帝年号采用"凤凰"的原因

(一)巫蛊之祸对汉昭帝即位的影响

汉武帝是我国历史上少数大有作为的皇帝之一,论功绩,常以秦皇汉武唐宗宋祖并称。汉武帝时期,建立了中朝,兴太学,开创察举制选拔人才;解决了王国势力,并将盐铁和铸币权收归中央;首开丝绸之路,大力开疆拓土,奠定了中华疆域版图;但晚年穷兵黩武,又造成巫蛊之祸。因此,不同人对汉武帝的评价不一样。

班固对汉武帝称颂有加:

> 汉承百王之弊,高祖拨乱反正,文景务在养民,至于稽古礼文之事,犹多阙焉。孝武初立,卓

然罢黜百家，表章六经。遂畴咨海内，举其俊茂，
与之立功。兴太学，修郊祀，改正朔，定历数，协音
律，作诗乐，建封禅，礼百神，绍周后，号令文章，焕
焉可述。后嗣得遵洪业，而有三代之风。如武帝
之雄材大略，不改文景之恭俭以济斯民，虽诗书所
称何有加焉！①

司马光的评价则褒贬参半：

孝武穷奢极欲，繁刑重敛，内侈宫室，外事四
夷，信惑神怪，巡游无度，使百姓疲敝，起为盗贼，
其所以异于秦始皇者无几矣。然秦以之亡，汉以
之兴者，孝武能尊先王之道，知所统守，受忠直之
言，恶人欺蔽，好贤不倦，诛赏严明，晚而改过，顾
托得人，此其所以有亡秦之失而免亡秦之祸乎！②

实事求是地说，班固的评价由于受时代条件的限制，全是赞
美之词，有过誉之嫌；而司马光作为儒家名臣，偏重汉武帝残暴
的一面，这种批评有些言过其实，但毕竟还是有几分真实的因
素，比班固的评价客观得多。总的来说，汉武帝的历史功绩远远
大于他的过失，汉武帝对于中国历史产生了持久而深远的影响。
那么，对直接承续武帝的昭帝、宣帝来讲，其影响就更加直接和
明显。汉武帝征和二年的巫蛊之祸，使得太子及其三子一女全

---

① 班固《汉书》，中华书局 1962 年版，第 212 页。
② 司马光《资治通鉴》，中华书局 2012 年版，第 758 页。

部遇害,汉朝在皇位继承问题上出现了危机。

(二)汉昭帝即位危机

我们知道,汉昭帝是武帝少子,登基之时年仅八岁,霍光作为辅命大臣,与金日䃅、上官桀受遗诏辅佐处理政事。燕王刘旦认为汉武帝废长立幼,内心不服。汉武帝死后,刘旦立即联合中山哀王儿子刘长、齐孝王孙子刘泽准备武装,阴谋夺权。汉昭帝即位的第一年,即始元元年八月,计划泄露,刘泽等被处死。可见,汉昭帝作为一国之君的地位受到了严峻挑战。

始元元年九月,金日䃅病死,大权由霍光与上官桀两人共同执掌。始元五年正月,阳夏人成方遂冒充死去的太子,乘黄犊车去见汉昭帝,长安城中聚观者几万人。"右将军勒兵阙下以备非常。丞相、中两千石至者并莫敢发言。"[①]一个手无寸铁、只身一人的江湖骗子,只因冒充死去太子的名号,就使整个朝廷上下如临大敌,惶恐不安至极,可见当时汉昭帝作为皇帝的正当性是多么脆弱,以致闹出了这样一个天大的笑话。

应对危机的策略之一——用"凤凰"作为昭帝的年号。

怎样巩固汉昭帝的帝位,证明汉昭帝作为皇帝的正当性,是以汉昭帝为首的朝廷上下的首要问题。它关系大臣和民众的信任和支持,爱戴和拥护。因此,从舆论上凝聚民心,及时对怀疑加以澄清,占领舆论的制高点,取得臣民的拥护,是汉昭帝朝廷的重要任务。年号立为"元凤",应是这个行动的一部分。在人们的观念中,"凤凰"是天下和平安宁的象征,是明君在位的表现,可以证明汉昭帝皇位的正当性,是顺天而行。

---

① 司马光《资治通鉴》,中华书局 2012 年版,第 766 页。

（始元三年）冬十月，凤皇集东海，遣使者祠
其处。[①]

在公元前 80 年，汉昭帝将年号改为"元凤"，是中国历史上
第一个用凤凰作年号的皇帝。

（元凤元年）八月，改始元为元凤。[②]

不幸的是，金日磾死后，霍光与上官桀两人产生了嫌隙，后
来发展到水火不容、势不两立的地步，又有燕王旦不思悔改，对
皇帝宝座虎视眈眈。两股势力狼狈为奸，合二为一，都把霍光看
作障碍和绊脚石。上官安（上官桀长子）又欲谋杀燕王旦，废帝
而立其父为帝。元凤元年九月，即改元一个月后，阴谋败漏，上
官父子并宗族皆灭，燕王旦自杀，一场严重的政治危机暂时平
息。但是，树欲静而风不止。

西汉孝昭帝元凤三年正月，发生了两起灵异事件。

第一件事："泰山有大石自起立。"[③]泰山是中国古代天子常
进行封禅之地，对于当时许多人来说，泰山既神圣，又神秘。泰
山发生了"大石自起立"这一灵异事件，许多人不得其解，又惶恐
不安。

第二件事："上林有柳树枯僵复起，有虫食叶成文，曰'公孙
病已当立。'"上林园是汉皇家园林，一般人进不去。元凤三年正

---

①　班固《汉书》，中华书局 1962 年版，第 221 页。
②　班固《汉书》，中华书局 1962 年版，第 226 页。
③　司马光《资治通鉴》，中华书局 2012 年版，第 778 页。

月里的一天，管理园林的官员却发现，一株枯了许多年的柳树"复起"。枯树复起，奇特，不奇怪。这树说不定是没有死透，现又逢春，营养合适，所以能逢春再发。但奇就奇在，这树上的虫儿，居然能把树叶蚕食出文字形状，且读之成句："公孙病已当立"。

接着就有符节令鲁国人眭弘上书，断定"大石自立，僵柳复起，当有匹庶为天子者。枯树复生，故废之家公孙氏当复兴乎？"要求"汉家承尧之后，有传国之运，当求贤人禅帝位，退自封百里以顺天命"[①]。

上书劝告汉昭帝退位禅让，汉朝自降为一个方圆百里的诸侯之国，由异姓继承皇位，统治天下，以顺应天命。一个小人物，不仅对汉昭帝，甚至连整个汉朝统治的正当性都敢怀疑，汉昭帝的朝廷受到前所未有的挑战。

这无疑是属于谶纬思想干涉政治的表现。可以看出，由于年幼的汉昭帝不能亲自执政，政由霍光等人而出，已给当时的汉朝朝廷带来严重的信任危机，汉朝政权的合法性和正当性受到严峻挑战，直到汉昭帝去世，这种危机仍持续存在。

二、汉宣帝年号采用"凤凰"的原因

（一）汉宣帝的成长经历

1. 汉宣帝即位

元平元年（前74）四月，年仅23岁的汉昭帝在未央宫死去，

---

① 司马光《资治通鉴》，中华书局2012年版，第778页。

因无嗣,昌邑王刘贺即帝位。登帝位 27 天,因"荒淫迷惑,失帝王礼宜,乱汉制度",[①]被以霍光为首的众大臣废掉。这时,汉武帝的曾孙,即因巫蛊之祸而死的戾太子之孙刘病已,继承帝位,这就是汉宣帝。

2.命运多舛,经历坎坷

宣帝襁褓之时即在监狱,并且父母、祖父母皆被杀,是一个地地道道的孤儿,被廷尉监邴吉收养。

> 孝宣皇帝,武帝曾孙,戾太子孙也。太子纳史良娣,生史皇孙。皇孙纳王夫人,生宣帝,号曰皇曾孙。生数月,遭巫蛊事,太子、良娣、皇孙、王夫人皆遇害。语在《太子传》。曾孙虽在襁褓,犹坐收系郡邸狱。而邴吉为廷尉监,治巫蛊于郡邸,怜曾孙之亡辜,使女徒复作淮阳赵征卿、渭城胡组更乳养,私给衣食,视遇甚有恩。[②]

巫蛊之祸发生在汉武帝征和二年(前 91 年)。汉宣帝四岁之时,汉武帝下令,对太子后代斩草除根,由邴吉舍命相保,才躲过一劫。

> 巫蛊事连岁不决。至后元二年,武帝疾,往来长杨、五柞宫,望气者言长安狱中有天子气,上遣使者分条中都官狱系者,轻重皆杀之。内谒者令

---

① 司马光《资治通鉴》,中华书局 2012 年版,第 797 页。
② 班固《汉书》,中华书局 1962 年版,第 235 页。

　　　郭穰夜至郡邸狱，吉拒闭，使者不得入，曾孙赖吉
　　得全。因遭大赦，吉乃载曾孙送祖母史良娣家。①

　　成为至高无上的一国之君后，贵为皇帝之尊，宣帝连同甘共
苦、相依为命的心爱女人也保不住，未出生的儿子也被谋害
而死。

　　　初，许广汉女适皇曾孙，一岁，生子奭。数月，
　　曾孙立为帝，许氏为婕妤。是时霍将军有小女与
　　皇太后亲，公卿议更立皇后，皆心拟霍将军女，亦
　　未有言。上乃诏求微时故剑。大臣知指，白立许
　　婕妤为皇后。十一月，壬子，立皇后许氏。霍光以
　　后父广汉刑人，不宜君国；岁余，乃封为昌成君。②
　　　（本始）三年春，正月，癸亥，恭哀许皇后崩。
　　时霍光夫人显欲贵其小女成君，道无从。会许后
　　当娠，病，女医淳于衍者，霍氏所爱，尝入宫侍皇后
　　疾。……衍曰："何谓邪？"显曰："妇人免乳，大故，
　　十死一生。今皇后当免身，可因投毒药去也，成君
　　即为皇后矣。如蒙力，事成，富贵与少夫共之。"
　　……皇后免身后，衍取附子并合大医大丸以饮皇
　　后，有顷，曰："我头岑岑也，药中得无有毒？"对曰：
　　"无有。"遂加烦懑，崩。衍出，过见显，相劳问，亦
　　未敢重谢衍。后人有上书告诸医侍疾无状者，皆

①　班固《汉书》，中华书局 1962 年版，第 236 页。
②　司马光《资治通鉴》，中华书局 2012 年版，第 804 页。

收系诏狱,劾不道。显恐急,即以状具语光,因曰:
"既失计为之。无令吏急衍!"光大惊,欲自发举,
不忍,犹与。会奏上,光署衍勿论。显因劝光内其
女入宫。[①]

3. 来自民间,尝尽人间沧桑,深知民众疾苦

汉宣帝在狱中靠邴吉养到四岁,米、肉由邴吉供给,看病吃
药由邴吉负责,最后送到宣帝外祖母家抚养。

> 既而吉谓守丞谁如:"皇孙不当在官。"使谁如
> 移书京兆尹,遣与胡组俱送;京兆尹不受,复还。
> 及组日满当去,皇孙思慕,吉以私钱雇组令留,与
> 郭征卿并养,数月,乃遣组去。后少内啬夫白吉
> 曰:"食皇孙无诏令。"时吉得食米、肉,月月以给皇
> 曾孙。曾孙病,几不全者数焉,吉数敕保养乳母加
> 致医药,视遇甚有恩惠。吉闻史良娣有母贞君及
> 兄恭,乃载皇曾孙以付之。贞君年老,见孙孤,甚
> 哀之,自养视焉。[②]

后由掖庭令张贺奉旨抚养,张贺自己出钱供汉宣帝日用,教
宣帝读书。宣帝长大后,张贺出钱作聘礼,给宣帝娶妻。

> 后有诏掖庭养视,上属籍宗正。时掖庭令张

① 司马光《资治通鉴》,中华书局 2012 年版,第 809—811 页。
② 司马光《资治通鉴》,中华书局 2012 年版,第 800—801 页。

> 贺,尝事戾太子,思顾旧恩,哀曾孙,奉养甚谨,以
> 私钱供给,教书。既壮,贺欲以女孙妻之。是时昭
> 帝始冠,长八尺二寸。贺弟安世为右将军,辅政。
> 闻贺称誉皇曾孙,欲妻以女,怒曰:"曾孙乃卫太子
> 后也,幸得以庶人衣食县官足矣,勿复言予女事!"
> 于是贺止。时暴室啬夫许广汉有女,贺乃置酒请
> 广汉,酒酣,为言:"曾孙体近,下乃关内侯,可妻
> 也。"广汉许诺。明日,妪闻之,怒。广汉重令人为
> 介,遂与曾孙;贺以家财聘之。①
>
>   每买饼,所从卖家辄大售,亦以怪。②

从买饼的事例可以看出,普通民众对于汉宣帝儿时的遭遇
还是充满同情的,有些人尽力给他帮助,这从一个侧面反映了汉
宣帝当时生活的艰难。

由此可见,宣帝小时候虽无衣食之忧,但生活在他人的屋檐
之下,也仅仅是免于饥寒而已。生活的困苦,使得年幼的汉宣帝
懂得富足生活的可贵,穿衣吃饭等平常之事对于普通人的重要。

(二)汉宣帝继承帝位的不利条件

汉宣帝出身庶人,既不能像一般程序那样,由太子继承皇
位,身边早就有父皇安排好的顾命大臣可以依靠;也不是从侯或
王升为天子,早就有自己的班子和人马来保驾护航。汉宣帝所
拥有的,只是自己的出身和血统。而霍光作为汉武帝托付的顾

---

① 司马光《资治通鉴》,中华书局 2012 年版,第 801-802 页。
② 班固《汉书》,中华书局 1962 年版,第 236 页。

命大臣,历经三朝,手握重权。

> 自昭帝时,光子禹及兄孙云皆为中郎将,云弟
> 山奉车都尉、侍中,领胡、越兵,光两女婿为东、西
> 宫卫尉,昆弟、诸婿、外孙皆奉朝请,为诸曹、大夫、
> 骑都尉、给事中,党亲连体,根据于朝廷。[①]

霍光一个大臣,竟然能把皇帝废掉,这让后来的汉宣帝不得不战战兢兢,如履薄冰,考虑自己的帝位稳固性和延续性问题,给其思想和行动造成极大的压力。

> 帝初立,谒见高庙,大将军光骖乘,上内严惮
> 之,若有芒刺在背。后车骑将军张安世代光骖乘,
> 天子从容肆体,甚安近焉。[②]

正是对自己前途和命运的担忧,使得汉宣帝特别渴望祥和安宁,只有祥和安宁能给他带来精神的慰藉,平复过于紧张的心灵。

(三)汉宣帝继承帝位的不自信

由于既不是汉昭帝的儿子,也没有遗诏指定汉宣帝继承帝位,而是在昌邑王狂惑无礼被废之后,霍光等人仓促之间的一种无奈选择,所以汉宣帝的即位就让汉武帝的很多子孙内心不服。

---

① 司马光《资治通鉴》,中华书局 2012 年版,第 806 页。
② 司马光《资治通鉴》,中华书局 2012 年版,第 820 页。

由于是"被"登上帝位,宣帝也对自己的即位有一种不自信,时常有一种惶恐的感觉。

1. 汉武帝子孙对于汉宣帝即位正当性的怀疑

汉宣帝是汉武帝的曾孙,当其登基之时,汉武帝的儿子、孙子还大有人在,他们当中很多对皇帝宝座虎视眈眈。

> 楚王延寿以广陵王胥,武帝子,天下有变,必得立,阴附助之,为其后母弟赵何齐取广陵王女为妻,因使何齐奉书遗广陵王曰:"愿长耳目,毋后人有天下!"何齐父长年上书告之,事下有司考验,辞服。冬,十一月,延寿自杀。胥勿治。①

2. 汉宣帝的不自信

"被"当上皇帝,恐怕是汉宣帝连做梦都没有想到的。突然之间巨大的身份和地位变化,使其在心理上不能很快适应,产生不自信是自然而然的事情。

> 上心忌故昌邑王贺,赐山阳太守张敞玺书,令谨备盗贼,察往来过客;毋下所赐书。敞于是条奏贺居处,著其废亡之效曰:"故昌邑王为人,青黑色,小目,鼻末锐卑,少须眉,身体长大,疾痿,行步不便。臣敞尝与之言,欲动观其意,即以恶鸟感之曰:'昌邑多枭。'故王应曰:'然。前贺西至长安,殊无枭;复来,东至济阳,乃复闻枭声。'察故王衣

---

① 司马光《资治通鉴》,中华书局 2012 年版,第 618 页。

服、言语、跪起,清狂不惠。臣敞前言:'哀王歌舞
者张等十人无子,留守哀王园,请罢归。'故王闻之
曰:'中人守园,疾者当勿治,相杀伤者当勿法,欲
令亟死。太守奈何而欲罢之?'其天资喜由乱亡,
终不见仁义如此。"上乃知贺不足忌也。[1]

(四)汉宣帝亲政与收权

1.汉宣帝亲政

从本始元年即位(前73),一直到地节二年(前68)霍光去世
的五年时间里,国家大事一律取决于霍光,汉宣帝只是拱手
而已。

> (本始元年)大将军光稽首归政,上谦让不受;
> 诸事皆先关白光,然后奏御。[2] 及昌邑王废,光权
> 益重,每朝见,上虚己敛容,礼下之已甚。[3]

对于霍光的功过,司马光的评价可谓一语中的:

> 臣光曰:霍光之辅汉室,可谓忠矣;然卒不能
> 庇其宗,何也? 夫威福者,人君之器也;人臣执之,
> 久而不归,鲜不及矣。以孝昭之明,十四而知上官
> 桀之诈,固可以亲政矣。况孝宣十九即位,聪明刚

---

[1] 司马光《资治通鉴》,中华书局 2012 年版,第 843—844 页。
[2] 司马光《资治通鉴》,中华书局 2012 年版,第 805 页。
[3] 司马光《资治通鉴》,中华书局 2012 年版,第 806 页。

> 毅,知民疾苦,而光久专大柄,不知避去,多置私
> 党,充塞朝廷,使人主蓄愤于上,吏民积怨于下,切
> 齿侧目,待时而发,其得免于身幸矣,况子孙以骄
> 侈趣之哉!①

地节二年,历经三朝的老臣霍光终于死去,在皇位上待了五年的汉宣帝开始亲政,励精图治,史称汉宣"中兴"。

2.汉宣帝收权

霍光死后一年,汉宣帝立已故许皇后所生子为太子。汉宣帝和霍氏集团的决裂已经从幕后走向公开,霍氏集团感到前所未有的威胁,以致霍光之妻霍显愤怒不已,到了吐血的地步。

> 夏,四月,戊申,立子奭为皇太子,以丙吉为太
> 傅,太中大夫疏广为少傅。封太子外祖父许广汉
> 为平恩侯。又封霍光兄孙中郎将云为冠阳侯。②
> 霍显闻立太子,怒恚不食,欧血,曰:"此乃民
> 间时子,安得立! 即后有子,反为王邪?"复教皇后
> 令毒太子。皇后数召太子赐食,保、阿辄先尝之;
> 后挟毒不得行。③

3.削夺霍氏权力

> 时霍山领尚书,上令吏民得奏封事,不关尚

---

① 司马光《资治通鉴》,中华书局 2012 年版,第 833 页。

② 司马光《资治通鉴》,中华书局 2012 年版,第 822 页。

③ 司马光《资治通鉴》,中华书局 2012 年版,第 821 页。

书,群臣进见独往来,于是霍氏甚恶之。上颇闻霍氏毒杀许后而未察,乃徙光女婿度辽将军、未央卫尉、平陵侯范明友为光禄勋,出次婿诸吏、中郎将、羽林监任胜为安定太守。数月,复出光姊婿给事中、光禄大夫张朔为蜀郡太守,群孙婿中郎将王汉为武威太守。顷之复徙光长女婿长乐卫尉邓广汉为少府。戊戌,更以张安世为卫将军,两宫卫尉、城门、北军兵属焉。以霍禹为大司马,冠小冠,亡印绶;罢其屯兵官属,特使禹官名与光俱大司马者。又收范明友度辽将军印绶,但为光禄勋;及光中女婿赵平为散骑、骑都尉、光禄大夫,将屯兵,又收平骑都尉印绶。诸领胡、越骑、羽林及两宫卫将屯兵,悉易以所亲信许、史子弟代之。[①]

4. 诛灭霍氏

(地节四年)禹、山等家数有妖怪,举家忧愁。山曰:"丞相擅减宗庙羔、菟、蛙,可以此罪也!"谋令太后为博平君置酒,召丞相、平恩侯以下,使范明友、邓广汉承太后制引斩之,因废天子而立禹。约定,未发,云拜为玄菟太守,太中大夫任宣为代郡太守。会事发觉,秋,七月,云、山、明友自杀。显、禹、广汉等捕得;禹要斩,显及诸女昆弟皆弃市;与霍氏相连坐诛灭者数十家。太仆杜延年以

---

① 司马光《资治通鉴》,中华书局 2012 年版,第 824—825 页。

霍氏旧人,亦坐免官。八月,己酉,皇后霍氏废,处
昭台宫。①

汉宣帝亲政后,通过诛灭霍氏,彻底把国家大权收归自己手
中,可以按照自己的理想来治理国家。

(五)巩固自己的帝位

1. 树立自己的恩信,提拔赏赐自己的恩人

上自初即位,数遣使者求外家;久远,多似类
而非是。是岁(地节三年),求得外祖母王媪及媪
男无故、武。上赐无故、武爵关内侯。旬日间,赏
赐以钜万计。②

丙吉为人深厚,不伐善。自曾孙遭遇,言绝口
不道前恩,故朝廷莫能明其功也。会掖庭宫婢则
令民夫上书,自陈尝有阿保之功,章下掖庭令考
问,则辞引使者丙吉知状。掖庭令将则诣御史府
以视吉,吉识,谓则曰:"汝尝坐养皇曾孙不谨,督
笞汝,汝安得有功! 独渭城胡组、淮阳郭征卿有恩
耳。"分别奏组等共养劳苦状。诏吉求组、征卿;已
死,有子孙,皆受厚赏。诏免则为庶人,赐钱十万。
上亲见问,然后知吉有旧恩而终不言,上大贤之。③

初,掖庭令张贺数为弟车骑将军安世称皇曾

① 司马光《资治通鉴》,中华书局 2012 年版,第 831 页。
② 司马光《资治通鉴》,中华书局 2012 年版,第 828 页。
③ 司马光《资治通鉴》,中华书局 2012 年版,第 842 页。

孙之材美及征怪；安世辄绝止，以为少主在上，不宜称述曾孙。及帝即位而贺已死，上谓安世曰："掖庭令平生称我，将军止之，是也。"上追思贺恩，欲封其冢为恩德侯，置守冢二百家。贺有子蚤死，子安世小男彭祖。彭祖又小与上同席研书指，欲封之，先赐爵关内侯。安世深辞贺封；又求损守冢户数，稍减至三十户。上曰："吾自为掖庭令，非为将军也！"安世乃止，不敢复言。①

（元康三年）乙未，诏曰："朕微眇时，御史大夫丙吉、中郎将史曾、史玄、长乐卫尉许舜、侍中、光禄大夫许延寿皆与朕有旧恩，及故掖庭令张贺，辅导朕躬，修文学经术，恩惠卓异，厥功茂焉。《诗》不云乎：'无德不报。'封贺所子弟子侍中、中郎将彭祖为阳都侯，追赐贺谥曰阳都哀侯，吉为博阳侯，曾为将陵侯，玄为平台侯，舜为博望侯，延寿为乐成侯。"贺有孤孙霸，年七岁，拜为散骑、中郎将，赐爵关内侯。故人下至郡邸狱复作尝有阿保之功者，皆受官禄、田宅、财物，各以恩深浅报之。②

2.励精图治，赢得民心

霍光既薨，始亲政事，厉精为治，五日一听事。自丞相以下各奉职奏事，敷奏其言，考试功能。侍

---

① 司马光《资治通鉴》，中华书局 2012 年版，第 843 页。
② 司马光《资治通鉴》，中华书局 2012 年版，第 844－845 页。

中、尚书功劳当迁及有异善，厚加赏赐，至于子孙，终不改易。枢机周密，品式备具，上下相安，莫有苟且之意。及拜刺史、守、相，辄亲见问，观其所由，退而考察所行以质其言，有名实不相应，必知其所以然。常称曰："庶民所以安其田里而亡叹息愁恨之心者，政平讼理也。与我共此者，其唯良二千石乎！"以为太守，吏民之本，数变易则下不安；民知其将久，不可欺罔，乃服从其教化。故二千石有治理效，辄以玺书勉厉，增秩、赐金，或爵至关内侯；公卿缺，则选诸所表，以次用之。是以汉世良吏，于是为盛，称中兴焉。①

对于汉宣帝任贤臣治社稷，班固给出了很高的评价：

班固赞曰：古之制名，必由象类，远取诸物，近取诸身。故《经》谓君为元首，臣为股肱，明其一体相待而成也。是故君臣相配，古今常道，自然之势也。近观汉相，高祖开基，萧、曹为冠；孝宣中兴，丙、魏有声。是时黜陟有序，众职修理，公卿多称其位，海内兴于礼让。览其行事，岂虚呼哉！②

（六）频繁改元易号多用吉祥之名的原因

从宣帝地节二年（前 68）霍光死去，到地节四年诛灭霍氏集

---

① 司马光《资治通鉴》，中华书局 2012 年版，第 818—819 页。
② 司马光《资治通鉴》，中华书局 2012 年版，第 886—887 页。

团,做了八年皇帝的汉宣帝终于把国家的军政大权掌握在自己手里,可以按照自己的理想治理国家了。

特殊的人生经历,特殊的人生遭遇,又处在权臣可以废立皇帝的特殊历史时期,对汉宣帝的心理和精神造成了特殊的影响,也造就了汉宣帝治理国家时采取的一些特殊举措。我们翻开历史书,既不是开国皇帝,又不处于诸侯割据、国家分裂时期,有谁从庶人一朝之间忽然做了皇帝吗?没有,这是历史上极其罕见,甚至是绝无仅有的。

从一个温饱都不能自给的平民,从一个连无赖都敢欺侮的少年,一夜之间,由于命运的安排,成了疆域纵横万里、人口已至几千万的大汉王朝至高无上的皇帝,这对仅十八九岁的汉宣帝的心灵冲击有多大,可想而知!曾经的九死一生,曾经的寄人篱下,曾经的受人侮辱,都已是昨日云烟。但从小失去父母双亲的伤痛犹在,没有祖父母、父母庇护的现实仍在,自己的叔父爷爷辈觊觎帝位的人犹在(汉武帝的儿子孙子),怀疑宣帝继承帝位正当性的还大有人在,这一切让贵为一国之君的汉宣帝不得不战战兢兢,如履薄冰。得到的太想一直拥有,生怕一时大意瞬间失去,这种极度的心理反差使得汉宣帝的执政也打上了与之相应的深深的烙印。

诛灭霍氏集团后,如何巩固自己的执政地位,消除民众对自己继承帝位正当性的怀疑,是汉宣帝的首要任务。如何才能证明自己是无可争辩的、惟一正当的继承人呢?除去自己励精图治,使得国富民强之外,利用民众的思想和信仰,有意识地大造舆论,是一个行之有效又能立竿见影的办法。因此,汉宣帝在元康四年之后,连续用神爵、五凤、甘露、黄龙作为自己的年号,在用其他年号期间,也特别重视凤凰的出现。

从上下文来看，神爵应是一种在当时的人看来吉祥的鸟类，大体同凤凰类似。神爵出现，表明国泰民安，天下清明太平。汉宣帝极为重视，认为正是自己听天之命，顺天而为，才使得天降吉兆。因此，再三昭告天下，赏赐文武大臣以至天下平民。

> （元康）三年春，以神爵数集泰山，赐诸侯王、丞相、将军、列侯、二千石金，郎从官帛，各有差。赐天下吏爵二级，民一级，女子百户牛酒、鳏寡孤独高年帛。[①]
>
> （元康三年）夏六月，诏曰："前年夏，神爵集雍。今春，五色鸟以万数飞过属县，翱翔而舞，欲集未下。其令三辅毋得以春夏搏巢探卵，弹射飞鸟。具为令。"[②]
>
> （元康四年）三月，诏曰："乃者，神爵五采以万数集长乐、未央、北宫、高寝、甘泉泰畤殿中及上林苑。朕之不逮，寡于德厚，屡获嘉祥，非朕之任。其赐天下吏爵二级，民一级，女子百户牛酒。加赐三老、孝弟力田帛，人二匹，鳏寡孤独各一匹。"[③]
>
> 神爵元年春正月，行幸甘泉，郊泰畤。三月，行幸河东，祠后土。诏曰："朕承宗庙，战战栗栗，惟万事统，未烛厥理。乃元康四年嘉谷、玄稷降于郡国，神爵仍集，金芝九茎产于函德殿铜池中，九真献奇兽，南郡获白虎威凤为宝。朕之不明，震于

---

① 班固《汉书》，中华书局 1962 年版，第 257 页。
② 班固《汉书》，中华书局 1962 年版，第 258 页。
③ 班固《汉书》，中华书局 1962 年版，第 258－259 页。

珍物，饬躬斋精，祈为百姓。东济大河，天气清静，
神鱼舞河。幸万岁官，神爵翔集。朕之不德，惧不
能任。其以五年为神爵元年。赐天下勤事吏爵二
级，民一级，女子百户牛酒，鳏寡孤独高年帛。所
振贷物勿收。行所过毋出田租。"①

　　对于凤凰的出现，汉宣帝更是欣喜万分，一再昭告天下，赏
赐臣民，并且用"五凤"来作为自己的年号。一次凤凰的出现已
经表明河清海平，天下昌明了，更何况是五次？可见，汉宣帝对
于凤凰是多么情有独钟。对于汉宣帝继承帝位的正当性、合法
性，谁还会怀疑？谁还敢怀疑？上天一再给出答案，任何人都应
明白上天的昭示，除了汉宣帝，谁还有资格当这个皇帝？还能使
得上天这样眷顾汉朝臣民？这是毋庸置疑的、明明白白的道理。
　　除此之外，凤凰、神爵等物所象征的和平安宁，对于一直颠
沛流离，命运跌宕起伏，历经坎坷苦难，从社会下层成长起来的
汉宣帝来讲，可以获得精神的慰藉，抚平心灵的创伤，与宣帝过
去的生活情形形成鲜明对比。这应该也是宣帝儿时的愿望和
理想。

　　（1）（本始元年）五月，凤皇集胶东、千乘。赦
天下。赐吏二千石、诸侯相、下至中都官、宦吏、六
百石爵，各有差，自左更至五大夫。②
　　（2）（本始四年）五月，凤皇集北海安丘、

①　班固《汉书》，中华书局1962年版，第259页。
②　班固《汉书》，中华书局1962年版，第242页。

淳于。①

（3）（地节元年）夏四月，凤皇集鲁郡，群鸟从之。大赦天下。②

（4）（元康元年）三月，诏曰：乃者凤皇集泰山、陈留，甘露降未央宫。朕未能章先帝休烈，协宁百姓，承天顺地，调序四时，获蒙嘉瑞，赐兹祉福，夙夜兢兢，靡有骄色，内省匪解，永惟罔极。《书》不云乎？"凤皇来仪，庶尹允谐。"其赦天下徒，赐勤事吏中二千石以下至六百石爵，自中郎吏至五大夫，佐史以上二级，民一级，女子百户牛酒。加赐鳏寡孤独、三老、孝弟力田帛。所振贷勿收。"③

（5）（元康元年）三月，以凤皇甘露降集，赐天下吏爵二级，民一级，女子百户牛酒，鳏寡孤独高年帛。④

（6）（神爵）二年春二月，诏曰："乃者正月乙丑，凤皇甘露降集京师，群鸟从以万数。朕之不德，屡获天福，祇事不怠，其赦天下。"⑤

（7）（神爵）四年春二月，诏曰："乃者凤皇甘露降集京师，嘉瑞并见。修兴泰一、五帝、后土之祠，祈为百姓蒙福祉。鸾凤万举，蜚览翱翔，集止于旁……上帝嘉向，海内承福。其赦天下，赐民爵一

---

①　班固《汉书》，中华书局 1962 年版，第 246 页。
②　班固《汉书》，中华书局 1962 年版，第 247 页。
③　班固《汉书》，中华书局 1962 年版，第 253－254 页。
④　班固《汉书》，中华书局 1962 年版，第 255 页。
⑤　班固《汉书》，中华书局 1962 年版，第 262 页。

级,女子百户牛酒,鳏寡孤独高年帛。"①

(8)(神爵四年)冬十月,凤皇十一集杜陵。……十二月凤皇集上林。五凤元年春正月,行幸甘泉,郊泰畤。②

(9)上自幸河东之明年正月,凤凰集祋祤,于所集处得玉宝,起步寿宫,乃下诏赦天下。后间岁,凤皇神爵甘露降集京师,赦天下。其冬,凤皇集上林,乃作凤皇殿,以答嘉瑞。明年正月,复幸甘泉,郊泰畤,改元曰五凤。明年,幸雍祠五畤。……凤皇下郡国凡五十余所。③

对于非议凤凰的言论,宣帝是不能容忍的,可见宣帝对于凤凰的钟情程度。

（元康元年）是岁,少府宋畸坐议"凤凰下彭城,未至京师,不足美",贬为泗水太傅。④

当然,正是由于采取了上述措施,汉宣帝才稳坐帝位二十五年,并且成功地把帝位传给了自己的儿子。这对于宣帝本人来讲,是成功的。从庶人一步登天,继承了帝位,宣帝"中兴"成为历史上的佳话,并且让皇权在子孙手里顺利传承下去,这不能不说是历史的奇迹。

---

① 班固《汉书》,中华书局 1962 年版,第 263 页。
② 班固《汉书》,中华书局 1962 年版,第 264 页。
③ 班固《汉书》,中华书局 1962 年版,第 1252 页。
④ 司马光《资治通鉴》,中华书局 2012 年版,第 837 页。

　　王莽篡汉，建立新朝之后，第三个年号"天凤"用了六年。用天凤的目的，可能也是证明自己获得帝位的正当性，平息人们的怀疑甚至反对，与汉宣帝的用意颇有相似之处。

　　在三国时期，吴国孙权曾用"神凤"作为自己的年号，末帝孙皓用"凤凰"作为自己的年号；唐高宗李治曾用"仪凤"，五代后梁朱友珪曾用"凤历"作为自己的年号，这些都是汉代凤凰崇拜对后世的影响。

小　结

本章首先分析了先秦时期的凤,指出凤是以自然界动物形象出现的,是吉祥的征兆,并在文献中喻指杰出人物。

其次,从文献中梳理了汉代凤凰的文化意蕴。汉代的凤作为天下清明祥和的象征出现,体现了天人合一、天人感应的思想。在汉代,凤凰的出现从与圣王联系在一起,到与诸侯甚至郡守联系在一起,使用的范围扩大,也是不同流合污、高洁高贵人格的象征。凤也用以喻指圣人和皇帝,乃至士大夫和贤者。凤凰化为其他不同形态,形式多样,多姿多彩。

再次,以文献为基础,总结凤凰具有六个特点,其原型最有可能是孔雀。凤凰作为一种灵物崇拜,是文化交流和传播的结果。

最后,论述了汉代昭宣二帝与凤凰的关系。汉昭帝是最早用凤凰作年号的皇帝,而汉宣帝当政时期是汉代记录凤凰出现次数最多、凤凰最受皇帝重视的时期。本章对其历史背景进行了深入分析,认为"凤凰"是天下和平安宁的象征,是明君在位的表现;凤凰年号的使用,强化了皇位的正当性,对后世也产生影响。

第三章　四灵之三——龟

　　作为"四灵"之一，人们对龟已经有较为深入的研究。在国外，美国学者艾兰出版了其著作《龟之谜》，[①]实际上专门论述龟的内容并不是很多，只在第五章"商代的祭祀和占卜"和第四章最后一节"龟的形状"里涉及一些，其他都是以龟为引子，来探讨商代的神话、祭祀、艺术和宇宙观。

　　范方芳的博士论文《中国史前用龟现象研究》，对于史前龟的研究有较高学术水平。文章在前人研究的基础上，采用类型学和统计分析及比较分析的方法，借助考古学和文献资料，对史前用龟现象进行了较为系统的研究，对史前中国境内各文化区之间的联系情况向前推进了一步，对于黄淮流域的文明探源研究以及中国思想文化史的研究具有重要价值。论文证据充分，材料确凿，但运用古典文献较少，导致在运用证据分析时往往局限于就事论事，广度和深度不够。对于龟甲器与礼制起源和发展的关系，在从史前往历史时期过渡方面，论述得不够清晰与深入。

---

① 艾兰《龟之谜》，商务印书馆 2010 年版。

对历史时期的龟研究,刘玉建的《中国古代龟卜文化》是我国第一部较为全面系统的著作,研究重点放在用龟占卜方面。作者对龟卜文化的产生、发展、消亡过程,对古人占卜的原因、兆象吉凶的判断等问题都提出了自己的观点,材料较为齐全。但似是受当时舆论环境的影响,很多问题都蜻蜓点水,没有深入探讨,看得出来,作者甚至有时讲些言不由衷的话。随着时间的推移,不知为何,直到现在,作者也没有重新修订过。其他研究龟的单篇论文也很丰富,限于篇幅,不再一一赘述。

从史前到汉代,龟的地位发生了哪些变化? 龟的形象又有哪些含义? 这些形象发展过程是怎样的? 对社会生活产生了哪些影响? 在前人研究的基础上,结合文献与考古资料,本文将就上述问题作初步探讨。

第一节　史前的龟文化

据地质学和古生物学研究,龟在地球上至少已经存在了 2.2 亿年。我国化石龟鳖类研究最早有属种记载的记录是 1929 年在河南淅川发现的始新世地层中的淅川中国厚龟,[①]后来杨钟健、周明镇又发现了可能是晚侏罗世的中国古鳖。[②] 一直到现在,龟类仍然分布在中国广大地区。

龟的长期存在,为以后和人类发生联系提供了必要条件。龟的生物性特征,是龟具有顽强生命力的重要原因。龟的背部和腹部都有坚硬的甲壳,耐压抗打,遇到危险时头尾四肢可以收

---

① 吴遵霖等《中华龟鳖文化博览》,中国农业出版社 2007 年版。

② 杨钟健、周明镇《四川中生代爬行动物的新发现》,《古生物学报》,1953 年第 1 期,第 87—110 页。

缩到龟壳里面。龟又耐渴耐饥,即使长时间不进食也能存活。同时龟又水路两栖,善游泳,又能匍匐于陆地之上。

一、龟的神话传说

(一)《淮南子》、《列子》之顶天负地形象

中国古代文献中有关龟的神话很多,最为人熟知的当是女娲"断鳌足以立四极"的传说:

> 往古之时,四极废,九州裂,天不兼覆,地不周载,火爁炎而不灭,水浩洋而不息,猛兽食颛民,鸷鸟攫老弱。于是女娲炼五色石以补苍天,断鳌足以立四极。[①]

不仅在《淮南子》中有记载,《列子》对此事也有描绘:

> 物有不足,故昔者女娲氏练五色石以补其阙;断鳌之足,以立四极。……而龙伯之国有大人,举足不盈数千而暨五山之所,一钓而连六鳌,合负而趣归其国,灼其骨以数焉。[②]

从上述神话我们可以看出,在先民的观念里,龟可以撑起苍

---

① 刘文典撰《淮南鸿烈集解》,中华书局 2013 年版,第 248—249 页。
② 杨伯峻撰《列子集释》,中华书局 2013 年版,第 157—162 页。

天,使其不能塌下来,用自己的身体保护了人类,为人的生存和繁衍而牺牲。可见龟做了人类根本做不到的事情,这不是很奇异的吗? 龟不仅为人类服务,在《列子·汤问篇》里,连上界之神仙离开了龟的帮助,也变得流离失所,不得安宁。可见龟是天上地下须臾都离不开的灵物,龟的重要性不言而喻。通过神化故事的叙述,我们可以捕捉到龟在当时人们心目中的形象:顶天负地,力大无比,长寿不老,可以同神仙的寿命相始终。

(二)《洪范》、《竹书纪年》之天帝使者

在有关龟的传说里面,作为"河图洛书"之一"洛书"的主角——龟负图出洛水的流传也相当广泛,这个传说在《竹书纪年》里有记载:

> 帝禹夏后氏,当尧之时,禹观于河,有长人白面鱼身出曰:吾河精也。呼禹曰文命治水,言讫授禹河图,言治水治事,乃退入于渊。禹治水既毕,天锡玄珪,以告成功,乃受舜禅,即天子之位。洛出龟书,是为洪范。

洛书的内容就是洪范九畴,据《尚书·周书·洪范》的记载:

> 箕子乃言曰:"我闻在昔,鲧陻洪水,汨陈其五行,帝乃震怒,不畀洪范九畴,彝伦攸斁。鲧则殛死,禹乃嗣兴,天乃锡禹洪范九畴,彝伦攸叙。"
> "初一,曰五行。次二,曰敬用五事。次三,曰农用八政。次四,曰协用五纪。次五,曰建用皇

极。次六,曰义用三德。次七,曰明用稽疑。次
八,曰念用庶征。次九,曰向用五福,威用六极。"①

作为天帝的使者,龟从洛水中负图而出,把天帝赐给大禹的
宝书,送达到大禹的手中。《洪范》是天地之大法,治世之至要。
可见,龟作为天界和人间的使者,可以自由往来于天地之间。龟
的灵异之性不是由此可见一斑吗? 其中,"稽疑"是重要的一项,
更是用龟来沟通天地人情。

> 稽疑:择建立卜筮人,……汝则从,龟从,筮
> 从,卿士从,庶民从,是之谓大同。身其康强,子孙
> 其逢,吉。汝则从,龟从,筮从,卿士逆,庶民逆,
> 吉。卿士从,龟从,筮从,汝则逆,庶民逆,吉。庶
> 民从,龟从,筮从,汝则逆,卿士逆,吉。汝则从,龟
> 从,筮逆,卿士逆,庶民逆,作内,吉;作外,凶。龟
> 筮共违于人,用静,吉;用作,凶。②

就是说,龟在天人相通的占卜活动中,是联系天与人最重要
的一环,能够向人传达天的意志,使人们不违反天道,顺天而行。
当然,龟的传说故事很多,一般不外乎上述顶天负地、力大
无比、长寿不老、预知吉凶的主题。

---

① 顾颉刚、刘起釪《尚书校释译论》,中华书局 2005 年版,第 1146—1148 页。
② 顾颉刚、刘起釪《尚书校释译论》,中华书局 2005 年版,第 1176 页。

二、从考古看史前龟的用途及其意义

(一)史前龟的用途

随着考古事业的发展,龟作为出土文物在多个文化遗址被发现,龟在史前的用途和对当时社会的意义逐渐为我们所了解和认知。

出土在灰坑及地层当中的食用龟甲,是史前用龟中数量最多的一类,在食物相对匮乏的史前时期,龟应该是比较容易获得的一种肉类食物。

新石器时代出土食用龟最多的地方在长江流域,主要集中在江浙一带。上海市松江县姚家圈遗址[①]、广富林遗址、马桥遗址等皆有龟出土。广富林遗址的第二层和灰坑当中都出土了龟腹甲,[②]马桥遗址第一、二次发掘的第五层中出土有龟。[③] 浙江余姚河姆渡遗址出土较完整的龟背甲、龟腹甲、龟头骨及体骨共96件。[④] 另外,江苏高邮龙虬庄遗址也出土了大量的鳖甲和龟

---

① 上海市文物保管委员会考古部《上海市松江县姚家圈遗址发掘简报》,《考古》,2001年第9期。

② 上海市文物保管委员会《上海市松江县广富林遗址初探》,《考古》,1962年第9期。

③ 上海市文物保管委员会《上海马桥遗址第一、二次发掘》,《考古学报》,1978年第1期。

④ 浙江省文物考古研究所《河姆渡:新石器时代遗址考古发掘报告》,文物出版社2003年版。

板，[1]高淳县薛城遗址、[2]海安青墩遗址、[3]常州圩墩遗址也出土了龟。[4]

黄淮之间出土龟的遗址主要集中在河南和山东。河南贾湖遗址发现了大量的龟鳖碎甲片，应为食用后丢弃物。河南鲁山邱公城古遗址中，属于仰韶时代的第二层出土有龟腹甲残片。[5]山东大汶口文化遗址出土了大量龟鳖，在山东滕县北辛遗址也有龟出土。[6]

华南地区的广东、广西和福建三省都有龟鳖出土，如广西横县江口新石器时代遗址出土了龟和鳖。[7] 东北地区也有极少数龟甲出土。

出土食用龟至少说明，人类在很早的时候就对龟有了认识并发生了关系。随着对龟的形态、活动和其他特性认识加深，人类开始捕捉龟并把它作为食物之一。

出土材料证明，史前时期的先民除把龟作为食物之外，丧葬、祭祀和占卜也都用龟来进行。根据范方芳的研究成果："墓葬中出土的龟甲器以实物龟甲器为主，主要见于贾湖和大汶口

① 龙虬庄遗址考古队《龙虬庄：江淮东部新石器时代遗址发掘报告》，科学出版社1999年版。
② 南京市文物局等《江苏高淳县薛城新石器时代遗址发掘简报》，《考古》，2000年第5期，第8页。
③ 南京博物院《江苏海安青墩遗址》，《考古学报》，1983年第2期，第24页。
④ 常州市博物馆《1985年江苏常州圩墩遗址的发掘》，《考古学报》，2001年第1期，第108页。
⑤ 河南省文物局文物工作队《河南鲁山邱公城古遗址的发掘》，《考古》，1962年第11期，第558页。
⑥ 中国社会科学院考古研究所山东队等《山东滕县北辛遗址发掘报告》，《考古学报》，1984年第2期，第186页。
⑦ 广西壮族自治区文物工作队《广西横县江口新石器时代的发掘》，《考古》，2000年第1期，第19页。

文化诸遗址。除此在马家浜文化、仰韶文化等遗址中也有少量发现,如圩墩、下王岗、龙岗寺遗址等。"在丁公、城子崖和马家窑遗址中发现了一些装有小石子的陶龟,在凌家滩、牛河梁遗址、胡头沟遗址还出土了玉龟。①

祭祀用龟数量较少,根据范方芳的研究成果,主要包括贾湖遗址和湖南洪江高庙遗址出土的实物龟甲、邓家湾出土的陶龟和北京平谷上宅的石龟等。②

占卜用龟主要出土于龙山时代的山东禹县邢寨汪遗址、河北邯郸涧沟遗址和郑州大河村遗址,这些龟甲可能具有占卜的用途。③

(二)从考古看史前龟的意义

从大汶口中晚期至龙山时代初期,贾湖、刘林、大墩子、下王岗、大汶口遗址龟甲墓中的随葬品数量的变化,反映了专职巫师阶层地位下降和氏族社会逐渐解体的事实。实物龟甲器的消失,体现了原始宗教信仰在龙山时期所发生的变化,从贾湖至大汶口文化时期,以实物龟甲器为载体的龟灵崇拜,离不开原始宗教信仰的背景以及原始巫术的实践,这是随当时社会状况的改变而改变的。

在原始宗教大发展的背景下,祭祀活动大为普及,玉龟成为巫师强化自身神力的重要工具之一,被赋予特殊含义,即灵龟观

---

① 范方芳《中国史前用龟现象研究》,中国科学技术大学博士学位论文,2008年,第17页。

② 范方芳《中国史前用龟现象研究》,中国科学技术大学博士学位论文,2008年,第19页。

③ 范方芳《中国史前用龟现象研究》,中国科学技术大学博士学位论文,2008年,第20页。

念与具有神秘力量的玉的结合,这一现象可以反映史前祭祀文化的发展。

龟灵崇拜随着大汶口文化至龙山文化的时代转变。开始出现的卜甲是以灼烧为特征,但在范围和数量上都不能与出现于仰韶文化晚期的骨卜相比。到了殷商时期,龟卜出现繁盛局面,大放光彩。商代龟卜是继承了贾湖时期的龟灵观念,并结合黄淮流域的骨卜传统发展而来的。

当然,超过百万年的人类历史长河中,史前时期占据了99%以上。至于在漫长的史前时期里,人类同龟的关系怎样,龟对于人的意义如何,我们只能从神话传说里去寻找,从越来越多的考古资料里去探究。相信随着更多考古资料的出土,我们的认识会越来越深刻。

第二节 夏商周的龟文化

公元前 21 世纪,禹建立了中国第一个王朝——夏,中国历史翻开了新的一页。至春秋时期,孔子就已经感叹夏商文献的不足,在《论语·八佾》中说:"夏礼,吾能言之,杞不足征也;殷礼,吾能言之,宋不足征也。文献不足故也。足,则吾能征之矣。"[①]孔夫子两千多年后的今天,我们只能通过仅存不多的文献和出土的文物,来推测当时的情况。

商代是龟卜文化发展的鼎盛时期,殷人对于龟卜的使用,几乎到了每凡大事皆占卜的程度。从龙山文化时期的以骨卜为主到商代龟卜的泛滥,其间必定经历了一个漫长的过程。夏代 500 多年的历史,应该在这个转变过程中起了重要的作用。我们可以从有限的文献中窥见一斑。

一、《禹贡》、《墨子》中的夏代龟文化

夏代直接流传下来的文字文献我们目前还不能确定存在,但后人追述夏代历史的文献还是有的。如《尚书·夏书·禹贡》里面就记载,九江这个地方以法令的形式规定,要向中央进贡大龟:

> 荆及衡阳惟荆州。江、汉朝宗于海,九江孔殷,沱潜既道,云梦土作乂。厥土惟涂泥,厥田惟

---

① 杨伯峻《论语译注》,中华书局 1980 年版,第 26 页。

下中，厥赋上下，厥贡羽毛齿革惟金三品，杶幹栝柏，砺砥砮丹，惟菌簵楛，三邦底贡厥名，包匦菁茅，厥篚玄纁玑组。九江纳锡大龟。浮于江沱潜汉，逾于洛，至于南河。[①]

这件事情《史记·夏本纪》也有记述：

荆及衡阳维荆州：江、汉朝宗于海。九江甚中，沱、涔已道，云土、梦为治。其土涂泥。田下中，赋上下。贡羽、旄、齿、革，金三品，杶、幹、栝、柏，砺、砥、砮、丹，维箘簵、楛，三国致贡其名，包匦菁茅，其篚玄纁玑组，九江入赐大龟。浮于江、沱、涔、（于）汉，逾于雒，至于南河。[②]

对于《禹贡》成书的时间，学者们有不同的看法：王国维在《古史新证》中认为《禹贡》为周初人所作，日人内滕虎次郎主张战国末至汉初说，史念海在《论〈禹贡〉的著作时代》一文中据《禹贡》中有"南河"、"西河"之称认定作者为魏国人，顾颉刚认为出自战国时秦国人之手。无论怎样，《禹贡》应该是记载大禹活动的一部著作，司马迁在撰写《史记》之时就坚信这一点，把《禹贡》的记载几乎一字不变地照搬过来。

《禹贡》中记载大禹把征收大龟作为一项法令，那征收大龟作何用途呢？据《墨子·耕柱篇》的记载，夏代的确是用龟来

---

① 顾颉刚、刘起釪《尚书校释译论》，中华书局 2005 年版，第 641 页。
② 司马迁《史记》，中华书局 1982 年版，第 60—61 页。

占卜：

> 巫马子谓子墨子曰："鬼神孰与圣人明智？"子
> 墨子曰："鬼神之明智于圣人，犹聪耳明目之与聋
> 瞽也。昔者夏后开使蜚廉折金于山川，而陶铸之
> 于昆吾，是使翁难雉乙卜于白若之龟。"①

　　这里很明确，夏帝启让人用龟占卜铸鼎之事，可见夏代已经
用龟占卜重要事件。有关夏代用龟占卜的事实，褚少孙补写的
《史记·龟策列传》里面也有夏代占卜的事实：

> 太史公曰：自古圣王将建国受命，兴动事业，
> 何尝不宝卜筮以助善！唐虞以上，不可记已。自
> 三代之兴，各据祯祥。涂山之兆从而夏启世，飞燕
> 之卜顺故殷兴，百谷之筮吉故周王。王者决定诸
> 疑，参以卜筮，断以蓍龟，不易之道也。
> 　　蛮夷氐羌虽无君臣之序，亦有决疑之卜。或
> 以金石，或以草木，国不同俗。然皆可以战伐攻
> 击，推兵求胜，各信其神，以知来事。
> 　　略闻夏殷欲卜者，乃取蓍龟，已则弃去之，以
> 为龟藏则不灵，蓍久则不神。至周室之卜官，常宝
> 藏蓍龟；又其大小先后，各有所尚，要其归等耳。②

---

① 孙诒让撰，孙启治点校《墨子间诂》，中华书局 2001 年版，第 422—423 页。
② 司马迁《史记》，中华书局 1982 年版，第 3223 页。

"涂山之兆从而夏启世",肯定了这一次占卜的意义及其巨大作用。说的是大禹涂山之卜很吉利,夏朝从此开始了新的篇章,兴旺发达起来。"涂山之卜"是为何而卜呢?据《史记·夏本纪》说:

> 夏后帝启,禹之子,其母涂山氏之女也。[①]

婚姻对于个人和家族都是很重要的事情,大禹要娶涂山氏之女为妻,用龟占卜是否合适,是很自然的事情。因此,大禹为娶妻而占卜,应该是可信的。

综合上面两次占卜,一次是铸鼎,国家大事;一次是占卜婚姻,人生大事,我们可以推测,夏代占卜应该是限于重大的事情。占卜人的身份都是国家的王,至于其他阶层是否有权利占卜,限于文献资料的不足,我们不得而知。

二、考古中的商代龟文化

商代离我们虽然遥远,但甲骨文的出土,为我们研究商代的龟文化提供了信而有征的可靠文献材料。目前出土卜龟的商代遗址,早期的主要分布在河南、山东和河北一带。河南有郑州商

---

① 司马迁《史记》,中华书局1982年版,第84页。

城遗址①、登封王城岗与阳城遗址②、夏邑清凉山遗址③、柘城孟庄遗址④；山东有泗水尹家城遗址⑤和济南大辛庄遗址⑥；河北是藁城台西村遗址⑦。其中以郑州商城、济南大辛庄和藁城台西村遗址出土数量较多。

自公元前 1300 年盘庚迁殷之后，一直到纣灭亡，殷商共经历八代十二王。⑧ 从 1928 年开始，经过在殷墟多年的发掘，共发现有刻辞甲骨 15 万多片，无字甲骨之数目更是难以统计。在小屯村之外，如花园庄东地、侯家庄南地等也有刻辞甲骨出土，但相对数目要小得多。

早期学者刘鹗、孙诒让先后写出了甲骨文研究的专著。罗振玉 1913 年编成《殷墟书契》和《殷墟书契菁华》（续编），对甲骨文的研究具有重要意义。以后许多著名的学者也在甲骨文方面进行了卓有成效的考释和研究，如王国维、董作宾、郭沫若、陈梦家、唐兰、容庚、胡厚宣、于省吾等，都在研究甲骨文方面取得了一定成绩。

目前出土的十多万片甲骨文，内容大都是殷商王室占卜的

---

① 河南省文物考古研究所《郑州商城——1953～1985 年考古发掘报告》，文物出版社 2001 年版。
② 河南省文物研究所、中国历史博物馆考古部《登封王城岗与阳城》，文物出版社 1992 年版。
③ 北京大学考古系等《河南夏邑清凉山遗址发掘报告》，《考古学研究》，2000 年第 00 期，第 443－519、533－535 页。
④ 中国社会科学院考古研究所河南一队《河南柘城孟庄商代遗址》，《考古学报》，1982 年第 1 期，第 49－70 页。
⑤ 山东大学历史系考古专业研究室《泗水尹家城》，文物出版社 1990 年版。
⑥ 蔡凤书《济南大辛庄商代遗址调查》，《考古》，1973 年第 5 期，第 272－275 页。
⑦ 河北省博物馆文物管理处《河北藁城台西村的商代遗址》，《考古》，1973 年第 5 期，266－271 页。
⑧ 司马迁《史记》，中华书局 1982 年版，第 97－110 页。

记录。商朝的人大都迷信鬼神，上至出征作战、祭祀、农业收成等国家大事，小至天气、生病、生子、梦境等个人关心的琐碎小事，都要通过占卜来预测吉凶。甲骨文所反映的内容使我们对商朝人的生活风俗有了大致了解，对商朝历史有了进一步的认识。

据文献记载和近人研究，商代有专门的占卜机构和严密的占卜程序。从收龟、治龟、命龟、占卜到契刻都有专门机构的专门官员负责。占卜程序包括取龟攻龟、钻龟凿龟、命龟、灼龟、占龟、书契以及卜用龟甲贮藏。每一步都必须遵循严格的程序，尤其是辨别兆象，必须由商王亲自确定，才能将占卜结果契刻于龟甲上。

商代政教合一，商王是国家最高统治者，同时也是级别最高的"巫师"。不仅如此，统治阶级上层的其他人也有占卜的权利。

安阳花园庄东地、南地出土的甲骨，大多是大版卜甲，完整的卜甲有755版，整甲有刻辞的近300版，占字甲骨总数的一半还多。半甲、大半甲的数量也不少，大块甲骨半版以上的，占此坑甲骨总数的80%。刻辞甲骨每版的字数从一两字至二百多字，多寡不等，一般几十字。大多刻辞甲骨的字体工整秀丽，较细小，有填朱、填墨和刻划卜兆的现象。甲骨内容主要涉及祭祀、天气、田猎、疾病等方面，有关祭祀祖先的卜辞数量最多，刻辞内容较为集中。

从甲骨卜辞涉及的人物、事类来看，应属于武丁时代。过去发现的"子组"、"午组"卜辞及一些早期卜辞所反映的情况，说明在武丁时代,不但是商王,高官和贵族也可以独立进行占卜活动。①

花园庄东地出土的甲骨文字明确记录了,问卜者既有武丁时期的王族成员,也有武丁时期的高级贵族。可见,占卜者的身份较为多样。

在《尚书·商书·西伯勘黎》篇里,有关于龟能够传达天命,预测吉凶的明确记载:

> 西伯既勘黎,祖伊恐,奔告于王。
>
> 曰:"天子! 天既讫我殷命,格人元龟,罔敢知吉。非先王不相我后人,惟王淫戏用自绝。故天弃我,不有康食,不虞天性,不迪率典。今我民罔弗欲丧,曰:'天曷不降威?'大命不挚,今王其如台?"王曰:"呜呼! 我生不有命在天?"
>
> 祖伊反曰:"呜呼! 乃罪多,参在上,乃能责命于天。殷之即丧,指乃功,不无戮于尔邦。"②

总之,由于商人尤重鬼神,商代是龟崇拜的繁荣时期,是龟文化大发展时期,也是龟卜在中国历史上占据最重要地位的时期,上至出征作战、祭祀、农业收成等国家大事,小至天气、生病、生子、梦境等个人关心的琐碎小事,都要通过占卜来预测吉凶。商代建立了完备的、专门的占卜机构,人员众多,有着严密的占卜程序,为以后龟卜的继续发展和繁荣提供了经验和指导。

---

① 中国社会科学院考古研究所安阳工作队《1991年安阳花园庄东地、南地发掘简报》,《考古》,1993年06期,第488—499页。
② 顾颉刚、刘起釪《尚书校释译论》,中华书局2005年版,第1047—1053页。

三、《尚书》、《诗经》及《史记》中的周代龟文化

公元前 11 世纪,周武王带领周军队攻入朝歌,纣王自杀,历史又翻开了新的一页。周代的龟卜既有对商代的继承,也有自己的特色和发展。根据现存文献记载,周代重要龟卜有以下几次:

1. 古公卜居岐

文献所见周人使用龟卜的最早记载,是《诗经·大雅·绵》,记载了周的早期首领古公亶父带领周人来到岐山之下,占卜周原是否适合定都建国的事情。

> 古公亶父,来朝走马,率西水浒,至于岐下。
> 爰及姜女,聿来胥宇。
> 周原膴膴,堇荼如饴。爰始爰谋,爰契我龟:
> 曰止曰时,筑室于兹。①

像定都建国这样关系整个民族是否能够兴旺发达的重大事情,仅靠人谋是远远不够的,最终必须通过龟卜来决定。太史公司马迁在写这段历史时,也用了这段材料:

> 乃与私属遂去豳,度漆、沮,逾梁山,止于岐
> 下。豳人举国扶老携弱,尽复归古公于岐下。及
> 他旁国闻古公仁,亦多归之。于是古公乃贬戎狄

———————————

① 高亨注《诗经今注》,上海古籍出版社 2009 年版,第 377 页。

之俗,而营筑城郭室屋,而邑别居之。①

2.文王卜出猎、伐纣

文王是周朝历史上的一个重要人物,曾被纣王囚于羑里,加上其父亲王季被纣王祖父文丁所杀。杀父之仇,囚辱之耻,使得死里逃生的文王决心一定要灭亡商纣,以报父仇,一雪前耻。这样,文献记载的文王这两次占卜出猎和伐纣,都是为了实现自己的目标:出猎是为了寻找辅佐自己灭纣的贤臣,占卜伐纣是为了确定出征时机是否成熟:

> 吕尚盖尝穷困,年老矣,以渔钓奸周西伯。西伯将出猎,卜之,曰:"所获非龙非彲,非虎非罴;所获霸王之辅"。于是周西伯猎,果遇太公于渭之阳,与语大说,曰:"自吾先君太公曰:'当有圣人适周,周以兴。'子真是邪?吾太公望子久矣。"故号之曰"太公望",载与俱归,立为师。②

> 文王问散宜生,卜伐纣吉乎?曰:不吉,钻龟不兆。(《六韬》)

3.武王卜居镐京、伐纣

根据《诗经》中《大雅·文王有声》的叙述,周人从小到大的发展过程中,祖先后稷都邰,公刘都豳,太王古父居岐,季历都程,至武王时,又迁至镐京建都。根据《诗经》的记载,武王当初

---

① 司马迁《史记》,中华书局 1982 年版,第 114 页。
② 司马迁《史记》,中华书局 1982 年版,第 1477—1478 页。

在选定镐京建都时，经过龟卜才最终确定下来。

> 考卜维王，宅是镐京。维龟正之，武王成之。
> 武王烝哉！①

"牧野之战"是商周之间的大决战，对于这次战争，周武王作了多年的精心准备。虽纣王无道，大杀忠臣贤良，众叛亲离，周武王仍没有丝毫掉以轻心，极为小心谨慎，在战争前，龟占问天，预卜吉凶。龟卜不吉，太公力排众议，坚持向商纣发起攻击。

> 文王崩，武王即位。九年，欲修文王业，东伐以观诸侯集否。……居二年，纣杀王子比干，囚箕子。武王将伐纣，卜龟兆，不吉，风雨暴至。群公尽惧，唯太公强之劝武王，武王于是遂行。十一年正月甲子，誓于牧野，伐商纣。纣师败绩。②

这里姜太公与众人的态度形成了鲜明的对比："群公尽惧"，说明在周初龟占深入人心，人们深信不疑，认为天命不可违；而"太公强之劝武王"，说明在龟卜盛行的情况下，对于龟卜的作用，仍然有人持不同意见。武王听从了太公建议，在龟卜不利的情况下，执意征伐商纣，最后取得了决定性胜利。

4. 周公为武王卜病

周人灭商的第二年，武王患病不愈。此时天下尚未安定，百

---

① 高亨注《诗经今注》，上海古籍出版社 2009 年版，第 397 页。
② 司马迁《史记》，中华书局 1982 年版，第 1479 页。

废待兴,这对新生的周朝政权来说,无疑是雪上加霜。满朝文武
惶恐不安,太公、召公提出为武王卜病。周公坚决反对,提出宁
愿牺牲自己,也要保全武王安然无恙,其心之诚,上通于天。果
然,在龟卜之后不久,武王身体就痊愈了。

> 史乃册祝曰:"惟尔元孙某遘厉虐疾,若尔三
> 王是有丕子之责于天,以旦代某之身。予仁若考,
> 能多材多艺,能事鬼神。乃元孙不若旦多材多艺,
> 不能事鬼神。乃命于帝庭,敷佑四方,用能定尔子
> 孙于下地,四方之民罔不祗畏。呜呼! 无坠天之
> 降宝命,我先王亦永有依归! 今我即命于元龟。
> 尔之许我,我其以璧与圭,归俟尔命。尔不许我,
> 我乃屏璧与圭。"乃卜三龟,一习吉。启龠见书,乃
> 并是吉。公曰:"体! 王其罔害! 予小子新命于三
> 王,惟永终是图。兹攸俟,能念予一人。"[①]

5.周公卜伐叛军

武王死后,成王即位,管叔、蔡叔和武庚发动了叛乱,周公亲
率大军,东征平叛,并作《大诰》,以声讨叛逆之罪。

> 天降威,用宁王遗我大宝龟绍天明,即命曰:
> "有大艰于西土,西土人亦不静,越兹蠢殷小腆,诞
> 敢纪其叙;天降威,知我国有疵,民不康,曰:'予
> 复!'反鄙我周邦。今蠢今翼日民献有十夫予翼,

---

① 顾颉刚、刘起釪《尚书校释译论》,中华书局 2005 年版,第 1223 页。

以于敉文、武图功。我有大事! 休?"朕卜并吉![1]

在这篇《大诰》文里,周公强调应该完全听命于龟卜的决定,认为宝龟所言就是天帝之命令,征伐得吉卜就是天命要诛灭叛逆,我们要坚决执行,不能违抗。

6. 召公卜建东都

周公东征平定叛乱后,为了更好地统治东方诸多邦国,周王朝计划在今洛阳附近建立新都。召公根据周公命令,在今洛阳附近进行龟卜,确定建都的具体地点。

> 惟太保先周公相宅,越若来三月,惟丙午朏,越三日戊申,太保朝至于洛,卜宅;厥既得卜,则经营。[2]

> 召公既相宅,周公往营成周,使来告卜,作《洛诰》。
> 周公拜手稽首曰:"朕复子明辟:王如弗敢及,天基命定命。予乃胤保大相东土,其基作民明辟。予惟乙卯朝至于洛师,我卜河朔黎水。我乃卜涧水东,瀍水西,惟洛食。我又卜瀍水东,亦惟洛食。伻来以图及献卜。"[3]

总的来说,同商朝相比,西周时占卜机构的地位已有所下

---

① 顾颉刚、刘起釪《尚书校释译论》,中华书局 2005 年版,第 1266 页。
② 顾颉刚、刘起釪《尚书校释译论》,中华书局 2005 年版,第 1432 页。
③ 顾颉刚、刘起釪《尚书校释译论》,中华书局 2005 年版,第 1456-1457 页。

降。商代时占卜机构直接隶属于商王，由太卜掌管；周代时降为
春官宗伯的下属机构，卜官的地位也随之下降。《诗·小雅·小
宛》就说明了这一问题。

　　　哀我填寡，宜岸宜狱。握粟出卜，自何能谷？[①]

　　在商代及周初，只有王或朝廷大臣，才有权龟卜，一般人是
没有资格的。在这首诗中，遭受牢狱之灾的人都可以用不多的
米来找人龟卜命运，说明王室对龟卜的垄断性降低，龟卜的范围
已经远远超过以前。

四、《左传》中春秋时期的龟文化

　　春秋时期是我国历史上发生重大变革的时代，在经济、政
治、文化和社会制度方面都发生着深刻的变化。经济上由于铁
农具的运用，社会生产得到极大提高，旧的生产关系打破，新的
生产关系处在建立之中。政治上礼崩乐坏，诸侯称霸，天子权力
旁落，"陪臣执国命"。思想文化上天子的垄断被打破，"王官失
业"，文化下移，受教育范围扩大，一部分平民上升为"士"阶层。
各诸侯国开始僭越礼法，"八佾舞于庭"的现象普遍存在，并扩展
开来。

　　龟卜也失去了王室独断的地位。整个春秋时代，从天子到
诸侯、大夫以至家臣，无不使用龟卜占问吉凶。《左传》详细记载
了春秋时期周王室和十五个诸侯国（鲁、齐、晋、楚、卫、郑、秦、

---

① 　高亨注《诗经今注》，上海古籍出版社 2009 年版，第 291 页。

梁、陈、吴、宋、邾、蔡、滕、随)的龟卜情况。问卜者身份各异,上至天子,下至诸侯、大夫、家臣各色人等,使得占卜内容十分广泛,占卜种类较以前有增加,除以前的祭祀、战争胜负、天气、修建都城、太子设立、官员任命、婚姻、生育、生病等外,增加了解梦、个人的房屋建设等。可以说,春秋时期是我国历史上使用龟卜最广泛的时期。

在龟卜扩展开来的同时,龟卜的程序遭到破坏,如《左传》中记载鲁国卜郊的事例,几乎每次都是占卜数次,被当时的史官讥为对神龟的亵渎。因此,违卜的现象开始普遍,神龟的神圣性遭到践踏,人们对龟的崇拜开始动摇。为了更好地证明上述结论,特从《左传》中选出龟卜事例加以说明。

1. 晋献公卜立骊姬为夫人

> 初,晋献公欲以骊姬为夫人,卜之,不吉;筮之,吉。公曰:"从筮。"卜人曰:"筮短龟长,不如从长。且其繇曰:专之渝,攘公之羭。一薰一莸,十年尚犹有臭。必不可!"弗听,立之。生奚齐,其娣生卓子。①

这是发生在公元前 656 年的事情。晋献公兵伐骊戎,俘获了美女骊姬,欲立为夫人,恐众人反对,乃托之龟卜,以堵众人之口。不料天不作美,"卜之不吉"。但"筮之,吉",于是晋献公抓到了救命稻草一般,"从筮",不再理会龟卜的结果。可见,尽管有卜官的据理力争,晋献公仍不为所动,铁了心要立骊姬为夫

---

① 杨伯峻《春秋左传注》,中华书局 2009 年版,第 295 页。

人。龟卜的神圣性遭到践踏。

2.卜齐侯之病,鲁文公反受其害

> 十八年,春,齐侯戒师期,而有疾。医曰:"不
> 及秋,将死。"公闻之,卜,曰:"尚无及期!"惠伯令
> 龟。卜楚丘占之,曰:"齐侯不及期,非疾也;君亦
> 不闻。令龟有咎。"二月丁丑,公薨。①

公元前 609 年,正当齐国准备进攻鲁国之时,齐懿公突然患
病不起,医生更是断定,齐懿公活不过秋天。鲁文公喜出望外,
要通过龟卜证实医生的判断。不料结果出人意外,不但鲁文公
要死在齐懿公之前,命龟者惠伯也反受其殃。此次龟卜凶险之
至,史所罕见。果然,鲁文公先齐懿公而死,惠伯也被人杀害。
这段记载表明了龟卜的另一面,有时候为他人龟卜会让自己反
受其害。

3.吴国蹶由之卜

> 吴子使其弟蹶由犒师,楚人执之,将以衅鼓。
> 王使问焉,曰:"女卜来吉乎?"对曰:"吉。寡君闻
> 君将治兵于敝邑,卜之以守龟,曰:'余亟使人犒
> 师,请行以观王怒之疾徐,而为之备,尚克知之。'
> 龟兆告吉,曰:'克可知也。'君若欢焉好逆使臣,滋
> 邑休殆,而忘其死,亡无日矣。今君奋焉震电冯
> 怒,虐执使臣,将以衅鼓,则吴知所备矣。敝邑虽

---

① 杨伯峻《春秋左传注》,中华书局 2009 年版,第 629 页。

赢，若早修完，其可以息师。难易有备，可谓吉矣。
且吴社稷是卜，岂为一人？使臣获衅军鼓，而敝邑
知备，以御不虞，其为吉，孰大焉？国之守龟，其何
事不卜？一臧一否，其谁能常之？城濮之兆，其报
在邲。今此行也，其庸有报志？"乃弗杀。①

公元前 537 年，楚灵王率兵进攻吴国。吴王派他的弟弟蹶
由到楚军中探听虚实，楚灵王要用蹶由衅鼓助威。在杀蹶由前，
楚灵王派人问蹶由，出发之前龟卜是否吉利。楚灵王的打算是，
如果说吉利，那为什么会被杀掉？如果说不吉利，那么，杀掉衅
鼓是应天之命，怨不得别人。聪明的蹶由看出了楚灵王的伎俩，
置自己的生死于身外，把占卜内容由自己性命之忧改为国家胜
负之数，要用自己的死换来吴国的胜利。这使得凶残狡猾的楚
灵王改变了主意，蹶由转危为安，返回吴国。由蹶由的回答我们
可以得出结论，吴国上下非常崇拜龟，信奉龟，龟卜在吴国很
普遍。

4. 郑子产不许驷乞龟卜

是岁也，郑驷偃卒。子游娶于晋大夫，生丝，
弱。其父兄立子瑕。子产憎其为人也，且以为不
顺，弗许，亦弗止。驷氏耸。他日，丝以告其舅。
冬，晋人使以币如郑，问驷乞之立故。驷氏惧，驷
乞欲逃，子产弗遣；请龟以卜，亦弗予。大夫谋对，
子产不待而对客曰："郑国不天，寡君之二三臣札

---

① 杨伯峻《春秋左传注》，中华书局 2009 年版，第 1271—1272 页。

瘥夭昏，今又丧我先大夫偃。其子幼弱，其一二父兄惧队宗主，私族于谋，而立长亲。寡君与其二三老曰：'抑天实剥乱是，吾何知焉？'谚曰：'无过乱门。'民有乱兵，犹惮过之，而况敢知天之所乱？今大夫将问其故，抑寡君实不敢知，其谁实知之？平丘之会，君寻旧盟曰：'无或失职！'若寡君之二三臣，其即世者，晋大夫而专制其位，是晋之县鄙也，何国之为？"辞客币而报其使，晋人舍之。①

公元前523年，郑国的大夫驷偃死了，由于其子丝年幼，故推举丝叔父的儿子瑕继承爵位，丝将这事告诉了他的晋国大夫舅舅。于是晋人来到郑国问罪，驷氏吓得要逃跑，子产不准；驷氏请求用龟占卜，子产又不准。驷氏在惶恐不安、走投无路之时要占卜，反映了龟卜在人们心目中神圣的、不可替代的地位。从龟卜必须征得子产的批准才能进行来看，龟甲这时应属于国家专有，不允许私人藏龟。

5. 鲁国臧会窃龟

初，臧昭伯如晋，臧会窃其宝龟偻句，以卜为信与僭，僭吉。臧氏老将如晋问，会请往。昭伯问家故，尽对。及内子与母弟叔孙，则不对。再三问，不对。归，及郊，会逆。问，又如初。至，次于外而察之，皆无之。执而戮之，逸，奔郈。郈鲂假使为贾正焉。计于季氏，臧氏使五人以戈楯伏诸

① 杨伯峻《春秋左传注》，中华书局2009年版，第1403—1404页。

> 桐汝之间，会出，逐之，反奔，执诸季氏中门之外。
> 平子怒，曰："何故以兵入吾门？"拘臧氏老。季、臧
> 有恶。及昭伯从公，平子立臧会。会曰："偻句不
> 余欺也。"[①]

公元前 517 年，鲁国大夫臧昭伯出使晋国，臧会乘机窃取了他的宝龟偻句，用来为自己占卜要讲究诚信还是欺骗他人，龟卜结果是欺骗他人有利。于是臧会就展开了对臧昭伯的欺骗，最后果如龟卜所占，臧会最终代替臧昭伯，成为臧氏爵位的继承人。臧会不由得感叹："宝龟偻句所言不虚，没有欺骗我！"这段记载表明，龟在春秋时代作为一种极其珍贵的重要财产，深受人们的崇拜和喜爱。臧昭伯藏有宝龟，其原因为何，我们不得而知，因为《礼记·礼器》明确规定"家不宝龟"，藏龟事实至少表明，礼法在鲁国已经遭到破坏。

6.子家子不见叔孙

> 夏，叔孙成子逆公之丧于乾侯。季孙曰："子
> 家子亟言于我，未尝不中吾志也，吾欲与之从政，
> 子必止之，且听命焉。"子家子不见叔孙，易几而
> 哭。叔孙请见子家子，子家子辞，曰："羁未得见，
> 而从君以出，君不命而薨，羁不敢见。"叔孙使告之
> 曰："公衍、公为实使群臣不得事君。若公子宋主
> 社稷，则群臣之愿也。凡从君出而可以入者，将唯
> 子是听。子家氏未有后，季孙愿与子从政，此皆季

---

① 杨伯峻《春秋左传注》，中华书局 2009 年版，第 1467—1468 页。

孙之愿也,使不敢以告。"对曰:"若立君,则有卿士
大夫与守龟在,羁弗敢知。若从君者,则貌而出者
入可也;寇而出者行可也。若羁也则君知其出也,
而未知其入也,羁将逃也。"①

公元前 510 年,流亡在外的鲁公死在乾侯。鲁国权臣季孙
子想要子家子听命于自己,派叔孙前去说服。子家子看出了季
孙的阴谋,不为季孙许诺的权位所动,并且声明,立国君是国家
大事,由卿士大夫所拥护,得到龟卜的允许,才可以立,并非由权
臣独裁。可见,鲁国非常重视龟卜的结果。

7.楚灵王投龟诟天

初,灵王卜,曰:"余尚得天下。"不吉,投龟,诟
天而呼曰:"是区区者而不余畀,余必自取之。"②

灵王年轻时,曾龟卜过自己的命运,看是否能得到天下。结
果大失所望,很不吉利。后来趁其侄儿病危之时活活将他扼死,
夺得楚王之位。现在人们常用"投龟诟天"这一成语,赞扬人们
对天命的反抗和蔑视,肯定人定胜天的壮举。但在当时却是冒
天下之大不韪,为人们所不齿。不管怎样,虽然不带有普遍性,
龟卜的神圣性还是受到践踏。

---

① 杨伯峻《春秋左传注》,中华书局 2009 年版,第 1196 页。
② 杨伯峻《春秋左传注》,中华书局 2009 年版,第 1350 页。

8. 卫灵公卜过中牟

> 晋车千乘在中牟，卫侯将如五氏，卜过之，龟
> 焦。卫侯曰："可也！卫车当其半，寡人当其半，敌
> 矣。"乃过中牟。中牟人欲伐之。卫褚师圃亡在牟
> 中，曰："卫虽小，其君在焉，未可胜也。齐师克城
> 而骄，遇，必败之，不如从齐。"乃伐齐师，败之。[1]

这是发生在公元前 501 年的事。卫灵公受到晋兵侮辱，遂
与晋国断交而与齐国结盟。齐国为了替卫灵公出气，兴兵伐晋。
此时齐国军队在晋国五氏，卫灵公亲率兵车五百乘前去救援驻
扎在五氏的齐军，途中必须经过驻扎着晋军一千乘兵车的中牟。
何去何从，卫灵公只得龟卜问吉凶。结果龟甲被烤焦了，连兆都
不能看，说明很不吉利。卫灵公难解心中被羞辱之恨，不顾凶
兆，前去救援，所幸安然无恙，军队通过了中牟。这次龟卜的结
果和事实正好相反，《左传》如实记录了，并没有迷信龟卜，可见
左丘明写《左传》抱着忠实于历史的态度。

9. 晋长武子请卜战

> 夏六月，晋荀瑶伐齐……将战，长武子请卜。
> 知伯曰："君告于天子，而卜之以守龟于宗祧，吉
> 矣；吾又何卜焉？……以辞伐罪足矣，何必卜？"[2]

---

① 杨伯峻《春秋左传注》，中华书局 2009 年版，第 1574—1575 页。
② 杨伯峻《春秋左传注》，中华书局 2009 年版，第 1721 页。

公元前472年夏,晋国荀瑶率兵伐齐。战前发生了一件意外小事,引起晋兵惊慌,即荀瑶观察齐军时,战马受惊飞奔,被视为不祥之兆。长武子请求龟卜,被荀瑶严辞拒绝,认为已经在宗庙里龟卜过,再占卜就是亵渎神灵,多此一举。可见晋人在这时对龟卜结果深信不疑。

> 居十五年,晋景公疾,卜之,大业之后不遂者为祟。景公问韩厥,厥知赵孤在,乃曰:"大业之后在晋绝祀者,其赵氏乎?夫自中衍者皆嬴姓也。中衍人面鸟噣,降佐殷帝大戊,及周天子,皆有明德。下及幽厉无道,而叔带去周适晋,事先君文侯,至于成公,世有立功,未尝绝祀。今吾君独灭赵宗,国人哀之,故见龟策。唯君图之。"景公问:"赵尚有后子孙乎?"韩厥具以实告。于是景公乃与韩厥谋立赵孤儿,召而匿之宫中。诸将入问疾,景公因韩厥之众以胁诸将而见赵孤。赵孤名曰武。诸将不得已,乃曰:"昔下宫之难,屠岸贾为之,矫以君命,并命群臣。非然,孰敢作难!微君之疾,群臣固且请立赵后。今君有命,群臣之愿也。"于是召赵武、程婴遍拜诸将,遂反与程婴、赵武攻屠岸贾,灭其族。复与赵武田邑如故。①

综合上述事例,人们对龟卜的态度,同以前相比,发生了明显变化。在更大规模和更广范围使用的同时,龟卜的神圣性在

① 司马迁《史记》,中华书局1982年版,第1784—1785页。

一定程度上遭到践踏,违卜的事情明显增多,对龟卜的敬畏不如以前,甚至出现了"投龟诟天"的事情。可见,龟卜在走下坡路,龟卜的影响力下降了,龟的信仰受到冲击。这是在新的历史条件下人们思想领域的一种反映,人同天的关系疏远了,人类开始了自己的觉醒,这是一种新的信号。

第三节 战国到秦汉龟崇拜的衰落

春秋战国时代,由于周王统治已经无可救药的衰落和各国诸侯的纷纷称霸,神权和政权一体的政治体制被彻底打破。各个诸侯国为了战胜对方,保全自己,积极招揽人才,大力推行经济政治的改革。此时人们思想文化的剧烈转变几乎是必然的。在这种条件下,春秋战国时代的思想家、哲学家、军事家、改革家灿若群星,我国进入了百家争鸣的时代,在我国思想史上开始了人的第一次真正自身的觉醒。同天命神权联系密切的龟崇拜的衰落已是必然,进入庄子所谓"道术将为天下裂"的辉煌时代。

> 古之人其备乎! 配神明,醇天地,育万物,和天下,泽及百姓,明于本数,系于末度,六通四辟,小大精粗,其运无乎不在。其明而在数度者,旧法世传之史尚多有之。其在于《诗》、《书》、《礼》、《乐》者,邹鲁之士搢绅先生多能明之。……其数散于天下而设于中国者,百家之学时或称而道之。
>
> 天下大乱,贤圣不明,道德不一,天下多得一察焉以自好,譬如耳目鼻口,皆有所明,不能相通。……是故内圣外王之道,暗而不明,郁而不发,天下之人各为其所欲焉以自为方。悲夫,百家往而不反,必不合矣! 后世之学者,不幸不见天地之纯,古人之大体,道术将为天下裂。[1]

① 王先谦《庄子集解》,中华书局1987年版,第287-288页。

正如葛兆光在《中国思想史》中指出的："道术为天下裂""并不是一个悲哀的结局而是一个辉煌的开端，'神话时代与其心灵的平静和自明的真理终结了'，过去那些无须思索的真理崩溃之后，人们不得不思索，过去那种神化时代的自信消失之后，人们不得不在理智的思索中重建自信，过去那些天地有序的观念倾斜之后，人们不得不在观察中重新修复宇宙的格局，在这一思想分裂的时代，人类才真的开始不完全依赖幻想的神明和自在的真理，而运用自己的理性。"①

一、战国到秦代龟卜的衰落

春秋时期是龟卜最广泛最普及的时代，而战国之后使用龟卜的记载，却很难在现有的历史文献中找到。在出土的考古资料中，现在还没发现战国之后使用龟卜的证据。虽然在诸子的文献中还偶尔谈论龟卜，但龟卜作为国家礼制当中不可缺少的重要一环，却消失了。

不但战国时这样，秦统一天下之后，虽然设有太卜官，但此时太卜官的职责，主要是为朝廷提供占筮与占梦的服务。例如《史记·秦始皇本纪》说：

> 三十六年，荧惑守心。有坠星下东郡，至地为石，黔首或刻其石曰"始皇帝死而地分"。始皇闻之，遣御史逐问，莫服，尽取石旁居人诛之，因燔销其石。始皇不乐，使博士为《仙真人诗》，及行所游

---

① 葛兆光《中国思想史》，复旦大学出版社 2001 年版。

天下,传令乐人歌弦之。秋,使者从关东夜过华阴
平舒道,有人持璧遮使者曰:"为吾遗滈池君。"因
言曰:"今年祖龙死。"使者问其故,因忽不见,置其
璧去。使者奉璧具以闻。始皇默然良久,曰:"山
鬼固不过知一岁事也。"退言曰:"祖龙者,人之先
也。"使御府视璧,乃二十八年行渡江所沉璧也。
于是始皇卜之,卦得游徙吉。迁北河榆中三万家。
拜爵一级。①

所谓"于是始皇卜之,卦得游徙吉",这里的"卜",实际上是
"筮",卜筮之卦为"吉","始皇卜之"实际上是"始皇筮之"。

在《史记·秦始皇本纪》里,秦二世曾经"卜梦":

沛公将数万人已屠武关,使人私于高,高恐二
世怒,诛及其身,乃谢病不朝见。二世梦白虎啮其
左骖马,杀之,心不乐,怪问占梦。卜曰:"泾水为
祟。"二世乃斋于望夷宫,欲祠泾,沉四白马。②

这里的"卜",是占梦人,并不是龟卜。

刘邦在民间时也曾"卜筮"过:

诸父老皆曰:"平生所闻刘季诸珍怪,当贵,且
卜筮之,莫如刘季最吉。"于是刘季数让。众莫敢

---

① 司马迁《史记》,中华书局1982年版,第259页。
② 司马迁《史记》,中华书局1982年版,第273-274页。

为，乃立季为沛公。①

这里的"卜筮"，并非龟卜，实际上也是"筮"。

可见，在秦代，无论宫廷还是民间，龟卜不再盛行，而易"筮"大行其道，就是说，易"筮"已经取代了龟卜，成为占卜吉凶的主流手段。当然，相面之术也流行起来，例如《史记·高祖本纪》记载：

> 吕公曰："臣少好相人，相人多矣，无如季相，愿季自爱。臣有息女，愿为季箕帚妾。"酒罢，吕媪怒吕公曰："公始常欲奇此女，与贵人。沛令善公，求之不与，何自妄许与刘季？"吕公曰："此非儿女子所知也。"卒与刘季。②

> 老父相吕后曰："夫人天下贵人。"令相两子，见孝惠，曰："夫人所以贵者，乃此男也。"相鲁元，亦皆贵。老父已去，高祖适从旁舍来，吕后具言客有过，相我子母皆大贵。高祖问，曰："未远。"乃追及，问老父。老父曰："乡者夫人婴儿皆似君，君相贵不可言。"高祖乃谢曰："诚如父言，不敢忘德。"及高祖贵，遂不知老父处。③

可见，在预卜吉凶的龟卜衰落的同时，更简便、用途更广的

① 司马迁《史记》，中华书局1982年版，第350页。
② 司马迁《史记》，中华书局1982年版，第344—345页。
③ 司马迁《史记》，中华书局1982年版，第346页。

易筮和相面及其他技艺开始流行,这也算得上是一种进步。

二、战国到秦代龟卜衰落的原因

(一)天子失官,学在四夷

夏商周时期,神权和国家政权密不可分,商王或周王又是级别最高的"巫",可以同天直接对话。中国思想世界中的文化传承者主要是祝、卜、史、宗等宗教机构的神职人员。春秋以来,随着周王朝实力的衰退与诸侯争霸的兴起,出现了"天子失官,学在四夷"的现象,诸侯国里出现了大批类似王官的士,过去被周王朝垄断的思想文化权利被分散了。《史记·历书》中说:

> 幽、厉之后,周室微,陪臣执政,史不记时,君不告朔,故畴人子弟分散,或在诸夏,或在夷狄,是以其废而不统。①

《史记·太史公自序》说:

> 当周宣王时,失其守而为司马氏。司马氏世典周史。惠襄之间,司马氏去周适晋。晋中军随会奔秦,而司马氏入少梁。自司马氏去周适晋,分散,或在卫,或在赵,或在秦。其在卫者,相中山。

---

① 司马迁《史记》,中华书局1982年版,第1258—1259页。

在赵者,以传剑论显,蒯聩其后也。①

司马氏世代掌管周朝的史记,在周惠王(前 676—前 652 在位)、周襄王(前 651—前 619 在位)期间,分散到各诸侯国,如卫国、赵国、秦国。

> 略闻夏殷欲卜者,乃取蓍龟,已则弃去之,以为龟藏则不灵,蓍久则不神。至周室之卜官,常宝藏蓍龟;又其大小先后,各有所尚,要其归等耳。或以为圣王遭事无不定,决疑无不见,其设稽神求问之道者,以为后世衰微,愚不师智,人各自安,化分为百室,道散而无垠,故推之至微,要絜于精神也。②

过去为周王室所垄断的思想文化被分散了,神权和政权一体的政治体制被打破了,人们的思想得到极大解放。龟卜的泛滥使其神圣性不断遭到践踏,龟卜的信仰受到怀疑,影响力无疑会随之降低,渐渐走向衰微。

(二)诸子对龟卜的怀疑和否定

春秋时期,百家争鸣,在思想界掀起了一场轰轰烈烈的解放运动,质疑传统、创造新说成为一种时尚。诸子都站在自己的立场之上,发表自己对社会国家各方面的观点和看法,其中也包括

---

① 司马迁《史记》,中华书局 1982 年版,第 3285—3286 页。
② 司马迁《史记》,中华书局 1982 年版,第 3223—3224 页。

对龟卜的怀疑和否定：

> 周公之佐成王也，希膳不彻于前，钟鼓不解于
> 悬，而歌雍咏勺，六服承德。凡祯祥瑞应之物，有
> 之足以备其数，无之不缺于治。圣王已没，天下大
> 乱，父子贸性，君臣失纪，未有甚于今日也，然且日
> 月星辰衡陈于上，与治世同焉而已矣。故曰天道
> 远，人道迩。待蓍龟而袭吉，福之末也。颠蹶望拜
> 而谒焉，其待则薄矣。故圣王不识也，君子不道
> 也，治世所无有也。吾恐后世之人主，方且睢睢盱
> 盱，唯此之事。而为人臣者巧诈诞谲，以容悦于其
> 君，舍其所当治而责成于天。①

　　子华子提出"天道远，人道迩。待蓍龟而袭吉，福之末也"，对前人深信不疑的"天道"大胆质疑，不再盲从和迷信。
　　庄子对待龟的态度是哀其不幸，那种对待龟的庄重和严肃全不见踪影：

> 庄子钓于濮水，楚王使大夫二人往先焉，曰：
> "愿以境内累矣！"庄子持竿不顾，曰："吾闻楚有神
> 龟，死已三千岁矣，王巾笥而藏之庙堂之上。此龟
> 者，宁其死为留骨而贵乎？宁其生而曳尾于涂中
> 乎？"二大夫曰："宁生而曳尾涂中。"庄子曰："往

---

① 子华子《子华子》，岳麓书社1993年版，第2350页。

矣,吾将曳尾于涂中。"①

在《庄子·秋水》篇中,对于庙堂之上龟的死,庄子给予深深的同情,龟的这种结局,庄子无疑是不赞成的。在《庄子·外物》篇中,对于占卜的龟,更是在嬉笑中有讽刺:

> 宋元君夜半而梦人被发窥阿门,曰:"予自宰路之渊,予为清江使河伯之所,渔者余且得予。"元君觉,使人占之,曰:"此神龟也。"君曰:"渔者有余且乎?"左右曰:"有。"君曰:"令余且会朝。"明日,余且朝。君曰:"渔何得?"对曰:"且之网,得白龟焉,其圆五尺。"君曰:"献若之龟。"龟至,君再欲杀之,再欲活之,心疑,卜之,曰:"杀龟以卜,吉。"乃刳龟,七十二钻而无遗策。"②

龟虽能传达上天的命令,预卜大事的吉凶,却不能预料自身的厄运,对此,庄子给予无情的讽刺和嘲弄。到了战国末期,韩非子走得更远:

> 凿龟数策,兆曰大吉,而以攻燕者,赵也。凿龟数策,兆曰大吉,而以攻赵者,燕也。剧辛之事,燕无功而社稷危。……自以为与秦提衡,非赵龟神而燕龟欺也。赵又尝凿龟数策而北伐燕,将劫

---

① 王先谦撰《庄子集解》,中华书局1987年版,第147—148页。
② 王先谦撰《庄子集解》,中华书局1987年版,第240—241页。

燕以逆秦,兆曰大吉。……臣故曰:赵龟虽无远见于燕,且宜近见于秦。秦以其大吉,辟地有实,救燕有有名。……又非秦龟神而赵龟欺也。……故曰:龟策鬼神不足举胜,左右背乡不足以专战。然而恃之,愚莫大焉。……越王勾践恃大朋之龟,与吴战而不胜,身臣入宦于吴;反国弃龟,明法亲民以报吴,则夫差为擒。故恃鬼神者慢于法,恃诸侯者危其国。曹恃齐而不听宋,齐攻荆而宋灭曹。荆恃吴而不听齐,越伐吴而齐灭荆。许恃荆而不听魏,荆攻宋而魏灭。①

韩非子提出"龟策鬼神不足举胜,左右背乡不足以专战。然而恃之,愚莫大焉"的观点,指出龟卜不足据、不可靠、不可信,依赖龟卜是极其愚蠢的行为,对龟卜预测吉凶、传达天命的说法彻底否定,主张人们应该完全抛弃龟卜。又从勾践依赖龟卜而被吴国俘虏,抛弃龟卜则灭吴雪恨的经历,指出君王只有"明法亲民"才是正道。由信神到信人,发现了人类自身的力量,开始人类自身的觉醒。人的态度到了这种地步,龟卜的衰落是必然的事情。

总之,从战国到秦代,百家争鸣的出现和人类自身的觉醒,使得神权和政权彻底分离,龟卜在国家政治生活中已变得可有可无,龟卜彻底衰落了。

---

① 王先慎《韩非子集解》,中华书局 2013 年版,第 121—123 页。

三、汉代龟文化

汉承秦制,设立了太卜机构,历史文献却少有中央政权龟卜的记载,仅仅在汉武帝和王莽之时兴盛过一阵。从汉代长达四百余年的历史来看,其间短暂的几十年的兴盛并不能挽救龟卜日益衰落的颓势。

从汉高祖建国到汉武帝近百年的龟卜历史,《史记·龟策列传》记载得很清楚:

> 至高祖时,因秦太卜官。天下始定,兵革未息。及孝惠享国日少,吕后女主,孝文、孝景因袭掌故,未遑讲试,虽父子畴官,世世相传,其精微深妙,多所遗失。至今上即位,博开艺能之路,悉延百端之学,通一伎之士咸得自效,绝伦超奇者为右,无所阿私,数年之间,太卜大集。会上欲击匈奴,西攘大宛,南收百越,卜筮至预见表象,先图其利。及猛将推锋执节,获胜于彼,而著龟时日亦有力于此。上尤加意,赏赐至或数千万。如丘子明之属,富溢贵宠,倾于朝廷。至以卜筮射蛊道,巫蛊时或颇中。素有眦睚不快,因公行诛,恣意所伤,以破族灭门者,不可胜数。百僚荡恐,皆曰龟策能言。后事觉奸穷,亦诛三族。①

---

① 司马迁《史记》,中华书局 1982 年版,第 3224 页。

可见,从汉高祖刘邦开始,到汉惠帝、吕太后,以至于汉文帝、汉景帝,虽在中央设有太卜机构,龟卜却并未在朝廷引起重视。由于龟卜技艺没有用武之地,故"多所遗失"。汉武帝时,广开"艺能之路,悉延百端之学",才使得龟卜重放异彩。通过龟卜升官富贵者,日益增多。但常有奸邪之士,借此公报私仇,以至于"破族灭门者,不可胜数"。到了王莽时期,为了篡夺政权,多次利用龟卜来为自己的政治目的服务。

（一）代王龟卜即位吉凶

汉文帝赴长安即位前,此行的吉凶福祸、前景和形势很不明朗。在这国家和个人命运转折的关键时刻,还是代王的汉文帝,毅然采用了历史上的传统做法,龟卜问天,占测吉凶:

> 丞相陈平、太尉周勃等使人迎代王。代王问左右郎中令张武等。……代王报太后计之,犹与未定。卜之龟,卦兆得大横。占曰:"大横庚庚,余为天王,夏启以光。"代王曰:"寡人固已为王矣,又何王?"卜人曰:"所谓天王者乃天子。"于是代王乃遣太后弟薄昭往见绛侯,绛侯等具为昭言所以迎立王意。薄昭还报曰:"信矣,毋可疑者。"代王乃笑谓宋昌曰:"果如公言。"乃命宋昌参乘,张武等六人乘传诣长安。至高陵休止,而使宋昌先驰之长安观变。[①]

---

① 司马迁《史记》,中华书局 1982 年版,第 415—416 页。

代王在犹豫不定、进退两难之时,采用龟卜占问吉凶,在卜者确定兆得大吉,代王必定为天子之后,马上根据龟卜结果派薄昭前去迎见绛侯。代王在关键时刻还是依靠龟卜,可见当时人们对龟的崇拜和信仰还是根深底厚。从战国末期到汉初,尽管龟卜在中央政府一直衰落,但在地方却绵延不绝。应该说直到汉初,龟卜一直保持着持续而长久的影响。

(二)汉武帝时龟卜的兴盛

汉武帝时,龟卜出现了汉代的第一次兴盛。太卜机构在国家机关中处于重要地位,汉武帝大规模招揽卜筮人才。例如在派遣军队攻打匈奴之前,曾用龟卜问过吉凶:

> 曩者,朕之不明……古者卿大夫与谋,参以著龟,不吉不行……公车方士、太史治星望气,及太卜龟著,皆以为吉,匈奴必破,时不可再得也。又曰:"北伐行将,于釜山必克。"封诸将,贰师最吉。故朕亲发贰师下釜山,诏之必毋深入。今计谋卦兆皆反缪。重合侯得虏候者,言:"闻汉军当来,匈奴使巫埋羊牛所出诸道及水上以诅军。单于遗天子马裘,常使巫祝之。缚马者,诅军事也。"又卜"汉军一将不吉"。匈奴常言:"汉极大,然不能(耐)饥渴,失一狼,走千羊。"乃者贰师败,军士死略离散,悲痛常在朕心。[①]

---

① 班固《汉书》,中华书局 1962 年版,第 3913 页。

　　在遴选出征大将的时候,因为龟卜结果是"贰师"将军李广利最合适,所以汉武帝就任命李广利为征伐匈奴的主力,并亲自为李广利出征送行。武帝时龟卜的兴盛,有多方面的原因。

　　首先是秦始皇焚书之时,卜筮之书免于火灾,仅《汉书》著录的龟卜之书就有《龟书》、《夏龟》、《南龟书》、《巨龟》等,达158卷之多,[①]为龟卜的复兴提供了文献资料和理论指导。

　　其次因为汉武帝是比较相信神仙方术的皇帝。正如《汉书·郊祀志》所说:"武帝初即位,尤敬鬼神之祀。"汉武帝对鬼神的笃信,为龟卜的兴盛提供了重要机遇。

　　再次是与汉武帝的"罢黜百家,独尊儒术"相联系。儒家的理想社会是三王时代,只有法三王与周公才是正道,而三王与周公平常重视龟卜,因此,龟卜成为复古的重要内容之一。

　　总的来说,由于各种主客观原因,龟卜在武帝时期又兴盛了较长时间,随着汉武帝死去,龟卜也跟着衰落了。

（三）王莽新朝龟卜的再兴

　　在篡汉过程中,为了达到和平"禅让"的目的,尽量减少舆论压力和反对的阻力,尽量使自己名正言顺地登基称帝,王莽极其重视龟卜。例如王莽担任摄政之后,为了实现篡位的野心,就让大臣上书太后,举荐其女为皇后,有名无权的太后只好下诏卜筮吉凶:

　　　　莽既尊重,欲以女配帝为皇后,以固其权……
　　　有诏遣大司徒、大司空策告宗庙,杂加卜筮,皆曰:

――――――――――

① 　班固《汉书》,中华书局1962年版,第1770页。

> "兆遇金水王相,卦遇父母得位,所谓'康强'之占,
> '逢吉'之符也。"①

　　龟卜结果自然是吉上加吉,党羽早已遍布朝廷的王莽,岂能让这次龟卜出现不吉之兆,把筹谋已久的事情搞黄?

　　王莽登基之后,未能采取正确的改革措施来解决西汉长期积累的问题,使得阶级矛盾日益尖锐,农民起义此起彼伏;而大地主和王室贵族也反对王莽统治,使得王莽内外交困,众叛亲离。危局中,王莽就模仿周公卜建东都洛阳,试图稳定军心民心:

> 　　望气为数者多言有土功象,莽又见四方盗贼多,欲视为自安能建万世之基者……于是遂营长安城南,提封百顷。②

　　王莽学周公龟卜问天,营建长安城南,希望像周公那样能够平叛顽敌,再造河山。不仅如此,他还模仿周公的《大诰》另作《大诰》:

> 　　惟居摄二年十月甲子,摄皇帝若曰:《大诰》道诸侯王三公列侯于汝卿大夫元士御事。……天降威明,用宁帝室,遗我居摄宝龟。太皇太后以丹石

---

① 班固《汉书》,中华书局 1962 年版,第 4051 页。
② 班固《汉书》,中华书局 1962 年版,第 4161 页。

之符，乃绍天明意，诏予即命居摄践祚，如周公
故事。①

　　文中"遗我居摄宝龟"句，极力宣扬自己篡汉是顺天意而为，顺天道而行。这里的"宝龟"成了天命皇权的象征，作用不可谓不大。可惜的是，王莽所做的这些并没有挽救他失败的命运，随着王莽的战败被杀，龟卜也再度归入沉寂。

　　综合上述，随着时代的发展和进步，人们的思想和意识进入了一个新的阶段。神权和政权的分离使得龟卜不再具有持续稳定占据国家重要地位的条件，在特殊的历史时期和特殊的条件之下，可能有回光返照，而从长期来看，历史的车轮总要滚滚向前，龟卜归于沉寂，是历史的必然。

① 班固《汉书》，中华书局 1962 年版，第 3428 页。

小　结

从史前到汉代,对龟的信仰史、崇拜史,实际上也可以说是一部龟的占卜史。

在史前期(新石器时代),我们只能从神话传说和考古资料里追寻龟对于人们的作用和意义。从中我们知道龟顶天负地、力大无比、长寿不老、能预知吉凶。龟作为沟通天人的使者,人们信仰它,崇拜它。

夏代的龟文化已经有了较为可靠的文献记载,尽管有些是后人对于夏代的追忆,但这并不能否定人类口头传承历史的真实性。九江进贡中央大龟和夏帝启让人用龟占卜铸鼎之事,无可辩驳地证明了龟卜在夏代的重要性。

由于商人重鬼神,商代是龟崇拜的繁荣时期,是龟文化大力发展的时期,也是龟卜在中国历史上占据最重要地位的时期,国家大事和个人琐碎小事,都要通过占卜来预测吉凶。商代建立了完备专门的占卜机构和严密的占卜程序,为日后龟卜的继续发展和繁荣提供了经验和指导。

同商朝相比,西周时占卜机构的地位已有所下降,卜官的地位也随之下降。王室对龟卜的垄断性降低,龟卜的范围已经远远超过以前。

同西周相比,春秋时期的人们对龟卜的态度发生了明显变化。在更大规模和更广范围使用的同时,龟卜的神圣性在一定程度上遭到践踏,违卜的事情明显增多。对龟卜的敬畏不如以前,龟卜的影响力下降了,龟的信仰受到冲击。这是在新的历史条件下人们思想领域的一种反映:人同天的关系疏远了,人类开始了自己的觉醒,这是一种新的信号。

从战国到秦代,百家争鸣的出现和人类自身的觉醒,使得神权和政权彻底分离,龟卜在国家政治生活中已变得可有可无,彻底衰落。

在汉代,由于汉武帝"尤敬鬼神",王莽为了和平篡汉,龟卜出现了两次短暂兴盛。但这只是在特殊历史时期和特殊条件之下的回光返照,龟卜不再持续稳定地在国家政治生活占据重要地位,从长期来看,龟卜再次归于沉寂,是历史的必然。至于在隋唐的死灰复燃,已经是五百多年之后的事情了。

第四章　四灵之四——麒麟

　　麒麟经常以神兽、仁兽、灵兽、毛虫之长等形象出现在先秦诸子及其他文化典籍里面，从先秦到汉代，麒麟的形象有哪些变化？为什么麒麟的出现总与天下大治的社会理想紧密相连？麒麟究竟是何物？本章将就以上问题作出初步回答。

第一节　汉前麒麟文化涵义

一、麒麟原型的几种说法

　　麒麟是一种神物，抑或是实际存在的动物，一种怎样的动物，自古以来人们的看法并不一致。

　　多数学者认为麒麟只是传说中的动物。如今人杨伯峻认为中国实无此兽，是人们幻想出来的一种仁兽。[①] 廖建福在他的硕士学位论文《中国崇麟习俗初探》中认为，麒麟是传说中的动物，

---

① 　杨伯峻《春秋左传注》，中华书局 2009 年版，第 1680 页。

现实生活中根本不存在。^① 这些看法很有代表性。

还有一些学者认为麒麟是实际存在的动物，但具体是哪一种，看法并不一致。如尹荣方认为麒麟的原型是麋鹿，^②王永波认为原型是獐。^③

对于第一种说法，下列材料证明麒麟应该是现实中存在的动物。

1.《诗经》里的《国风·周南·麟之趾》篇，相传为孔子所作。

> 麟之趾，振振公子，于嗟麟兮。
> 麟之定，振振公姓，于嗟麟兮。
> 麟之角，振振公族，于嗟麟兮！^④

2.《春秋》载：十有四年春，西狩获麟。^⑤ 这件事情，《左传》和《史记》记载得更详细：

> 十四年春，西狩于大野，叔孙氏之车子钼商获麟，以为不祥，以赐虞人。仲尼观之，曰："麟也。"然后取之。^⑥

> 鲁哀公十四年春，狩大野。叔孙氏车子钼商

---

① 廖建福《中国崇麟习俗初探》，湘潭大学硕士论文，2007年，第4页。
② 尹荣方《麒麟原型为"四不象"考》，《社会科学战线》，1991年第2期，第330—335页。
③ 王永波《也说"麒麟"》，《文史知识》，1992年第5期。
④ 高亨《诗经今注》，上海古籍出版社2009年版，第13—15页。
⑤ 杨伯峻《春秋左传注》，中华书局2009年版，第1680页。
⑥ 杨伯峻《春秋左传注》，中华书局2009年版，第1682页。

获兽，以为不祥。仲尼视之，曰："麟也。"取之。曰："河不出图，雒不出书，吾已矣夫！"颜渊死，孔子曰："天丧予！"及西狩见麟，曰："吾道穷矣！"喟然叹曰："莫知我夫！"子贡曰："何为莫知？"子曰："不怨天，不尤人，下学而上达，知我者其天乎！"①

我们知道，孔子作《春秋》而乱臣贼子惧。孔子把自己亲历的重大历史事件写入《春秋》，"西狩获麟"即其中一例。我们知道"子不语怪、力、乱、神"，②对于鬼神，孔子是承认其存在的。子曰："非其鬼而祭之，谄也。"③但孔子不会主动谈起，涉及这个话题也尽力避开。如季路问事鬼神，子曰："未能事人，焉能事鬼？"④谈到生死时，孔子回答说："未知生，焉知死？"⑤可见孔子是有意不讨论生死鬼神的话题。对于麒麟的出现，孔子把它写入《春秋》，应该是以纪实的手法写进去的，是孔子亲耳所闻，亲眼所见，并非杜撰。

《汉书·司马迁传》里，记载了司马迁对孔子作《春秋》的目的和历史作用的探讨：

上大夫壶遂曰："昔孔子为何作《春秋》哉？"太史公曰："余闻之董生：'周道废，孔子为鲁司寇

① 司马迁《史记》，中华书局1982年版，第1942页。
② 杨伯峻《论语译注》，中华书局1980年版，第72页。
③ 杨伯峻《论语译注》，中华书局1980年版，第22页。
④ 杨伯峻《论语译注》，中华书局1980年版，第113页。
⑤ 杨伯峻《论语译注》，中华书局1980年版，第113页。

　　……子曰：'我欲载之空言，不如见之于行事之深
切著明也。'《春秋》上明三王之道，下辨人事之经
纪，别嫌疑，明是非，定犹与，善善恶恶，贤贤贱不
肖，存亡国，继绝世，补弊起废，王道之大者也。
……《春秋》辩是非，故长于治人。……察其所以，
皆失其本已。……故《春秋》者，礼义之大宗也。
夫礼禁未然之前，法施已然之后；法之所为用者易
见，而礼之所为禁者难知。"

　　壶遂曰："孔子之时，上无明君，下不得任用，
故作《春秋》，垂空文以断礼义，当一王之法。"[①]

　　可见，《春秋》作为"礼义之大宗"，目的是希望天下能够实行
王制，达王事，行王道，施仁政。麒麟作为王道兴盛的征兆，在礼
崩乐坏、诸侯互相攻伐的春秋时代出现，很让孔子震惊、失望乃
至绝望。因此，孔子把"西狩获麟"当作一件历史大事写入《春
秋》，来表明自己离世前对人生、对世界的态度：自己的人生已进
入尾声，将顺其自然，听从天命，不再有所作为。这是作为哲学
家、教育家的孔子留给世界的最后信息。

二、《文子》、《管子》中的"仁兽"形象
——兼论《春秋》记载"西狩获麟"的原因

　　孔子写"西狩获麟"，以简略的笔墨，忠实记录了事件的时
间、地点和过程。虽是惜墨如金，只有短短九个字，却完整地记

---

① 　班固《汉书》，中华书局 1962 年版，第 2717—2719 页。

录了孔子眼中当时的重大历史事件。为什么"西狩获麟"事件能同诸侯征伐会盟、诸侯国亡、弑君事件相提并论？"麟"在孔子心目中的分量之重是不言而喻的。

根据杨伯峻先生的统计,在《论语》中,讲"仁"多达109次,[①]孔子作为儒家思想的代表人物,其核心就是"仁"。对于"仁",孔子作过多次解释：

> 子曰："仁者先难而后获,可谓仁矣。"[②]
>
> 子曰："克己复礼为仁。一日克己复礼,天下归仁焉。"[③]
>
> 樊迟问仁。子曰："爱人。"[④]
>
> 子张问仁于孔子。孔子曰："能行五者于天下,为仁矣。""请问之。"曰："恭、宽、信、敏、惠。恭则不侮,宽则得众,信则人任焉,敏则有功,惠则足以使人。"[⑤]
>
> 曾子曰："夫子之道,忠恕而已矣。"

正如杨伯峻先生所讲,"仁"的核心就是"忠恕"。孔子记述"西狩获麟"的原因,一定与"仁"有内在联系。具体来说,与天下是否实行"仁政"有关。麒麟在先秦往往被认为是"仁兽"：

---

① 杨伯峻《论语译注》,中华书局1980年版,第16页。
② 杨伯峻《论语译注》,中华书局1980年版,第61页。
③ 杨伯峻《论语译注》,中华书局1980年版,第123页。
④ 杨伯峻《论语译注》,中华书局1980年版,第131页。
⑤ 杨伯峻《论语译注》,中华书局1980年版,第183页。

(1) 桓公既霸,会诸侯于葵丘,而欲封禅。……"今凤凰麒麟不来,嘉谷不生,而蓬蒿藜莠茂,鸱枭数至,而欲封禅,毋乃不可乎?"于是桓公乃止。①

齐桓公(前685－前643在位)作为春秋五霸之首,在管仲辅佐下,九合诸侯,一匡天下,成为中原第一个霸主,受到周天子赏赐,晚年变得骄傲起来,他认为自己功可比三代,欲封禅泰山。

三十五年夏,会诸侯于葵丘。周襄王使宰孔赐桓公文武胙、彤弓矢、大路,命无拜。桓公欲许之,管仲曰"不可",乃下拜受赐。秋,复会诸侯于葵丘,益有骄色。周使宰孔会。诸侯颇有叛者。……是时周室微,唯齐、楚、秦、晋为强。晋初与会,献公死,国内乱。秦穆公辟远,不与中国会盟。楚成王初收荆蛮有之,夷狄自置。唯独齐为中国会盟,而桓公能宣其德,故诸侯宾会。②

齐桓公三十五年(前651)夏季在葵丘的诸侯会盟,连周天子都派代表参加,并且不让齐桓公跪拜接受天子赏赐。齐桓公虚荣心极为膨胀,欲封禅泰山,昭告天下,名垂青史,显示自己的霸业和功绩。管仲看出了齐桓公的危险倾向,坚决阻止,"固谏,不听","以远方珍怪物至乃得封"来劝说,桓公乃止。在采用其他

① 黎翔凤《管子校注》,中华书局2004年版,第952－953页。
② 司马迁《史记》,中华书局1982年版,第1490页。

方式劝说无效的情况下，管仲将凤凰、麒麟、嘉谷的出现当作社会处于盛世的标志，成功地阻止了齐桓公封禅泰山的行为，可见当时人们对于麒麟等作为仁兽吉祥的标志深信不疑。

（2）老子曰："昔黄帝之治天下，调日月之行，治阴阳之气……故于此时，日月星辰，不失其时，风雨时节，五谷丰昌，凤凰翔于庭，麒麟游于郊。"①

（3）平王问文子曰："吾闻子得道于老聃，今贤人虽有道，而遭淫乱之世，以一人之权，而欲化久乱之民，其庸能乎？"文子曰："夫道德者，匡邪以为正……凤凰翔其庭，麒麟游其郊，蛟龙宿其沼。故以道莅天下，天下之德也。……无道莅天下，天下之贼也。"平王曰："寡人敬闻命矣。"②

（4）老子曰："衰世之主，钻山石，挈金玉，搚蚌蜃，消铜铁，而万物不滋。剖胎焚郊，覆巢毁卵，凤凰不翔，麒麟不游。……制服色等，异贵贱，差贤不肖，行赏罚，则兵革起而忿争生，虐杀不辜，诛罚无罪，于是兴矣。"③

（5）鲁哀公问舜冠于孔子，孔子不对。三问，不对。……孔子对曰："古之王者有务而拘领者矣，其政好生而恶杀焉。是以凤在列树，麟在郊野，乌鹊之巢可俯而窥也。君不此问，而问舜冠，

---

① 王利器《文子疏义》，中华书局 2009 年版，第 73—74 页。
② 王利器《文子疏义》，中华书局 2009 年版，第 255—256 页。
③ 王利器《文子疏义》，中华书局 2009 年版，第 526—527 页。

所以不对也。"[1]

（6）老子曰："有物混成，先天地生。惟象无形，窈窈冥冥，寂寥淡漠，不闻其声。……山以之高，渊以之深，兽以之走，鸟以之飞，麟以之游，凤以之翔，星历以之行。……遂兮通兮，不虚动兮。与刚柔卷舒兮，与阴阳俛仰兮。"[2]

（7）二曰凡帝王者之将兴也，天必先见祥乎下民。黄帝之时，天先见大螾大蝼蛄蝼，黄帝曰："土气胜。"……夫覆巢毁卵则凤凰不至，刳兽食胎则麒麟不来，干泽涸渔则龟龙不往。……黄帝曰："芒芒昧昧，因天之威，与元同气。"故曰同气贤于同义，同义贤于同力，同力贤于同居，同居贤于同名。[3]

文子借老子之口，描绘了黄帝时社会昌明和谐的局面：风调雨顺，五谷丰登，人民安居乐业，社会繁荣昌盛，路不拾遗，夜不闭户，天下大治，在这种背景下，麒麟凤凰出现了。

文子认为，只有以德治天下，天与地助，鬼神辅之，天下才能大治，麒麟凤凰呈祥。衰世之时，"阴阳缪戾，四时失序，雷霆毁折，雹霜为害，万物焦夭，处于太半，草木夏枯，三川绝而不流"，此时"凤凰不翔，麒麟不游"。

文子与孔子同时代，在对麒麟形象的认识上，二人的看法是一致的，麒麟作为天下大治、盛世荣昌的吉祥之征兆，应该是时

---

①　张觉《荀子译注》，上海古籍出版社 2012 年版，第 454 页。
②　王利器《文子疏义》，中华书局 2009 年版，第 1—3 页。
③　许维遹《吕氏春秋集释》，中华书局 2009 年版，第 284—288 页。

代的共识。

三、《尸子》、《战国策》喻指杰出人物

麒麟在先秦一般代表仁兽，是毛虫之长，往往用来比喻杰出人物。

> （1）子华子曰：……毛虫三百有六十，兑宫麒麟为之长；介虫三百有六十，坎宫伏龟为之长；裸虫三百有六十，盈宇宙之间，人为之长。一人之身，为骨凡三百有六十，精液之所朝夕也……皆与天地之大数，通体而为一，故曰天地之间人为贵。①

子华子，春秋末期晋国人，生活在庄子之前，与孔子同时代。他重视养生，其"六欲皆得其宜"、"动以养生"等观点，至今仍有重大的实用价值。

> （2）（孟子）曰："宰我、子贡、有若，智足以知圣人，污不至阿其所好。"……子贡曰："见其礼而知其政，闻其乐而知其德，由百世之后，等百世之王，莫之能违也。自生民以来，未有夫子也。"有若曰："岂惟民哉？麒麟之于走兽，凤凰之于飞鸟，泰山之于丘垤，河海之于行潦，类也。"②

---

① 子华子《子华子》，岳麓书社 1993 年版，第 3003 页。
② 杨伯峻《孟子译注》，中华书局 2010 年版，第 58 页。

就像麒麟是走兽的杰出首领,凤凰是飞鸟之王一样,孟子把孔子比喻为人中之凤、人中之麒麟,是人类的百世之王,无人可以比肩。

> (3)古者明王之求贤也,不避远近,不论贵贱,卑爵以下贤,轻身以先士。……夫士不可妄致也:覆巢破卵,则凤皇不至焉;刳胎焚夭,则麒麟不往焉;竭泽涸鱼,则神龙不下焉。夫禽兽之愚而不可妄致也,而况于火食之民乎!……夫求士不遵其道而能致士者,未之尝见也。然则先王之道可知已,务行之而已矣。[①]

尸子,名尸佼,战国时人,大约生活在公元前390年至前330年间,曾在秦国参与商鞅变法。《尸子》一书的特点是"兼儒墨,合名法",属于杂家。在这里,尸子以麒麟喻贤人,天下不清明和谐,麒麟就远遁不出;同样,如果求贤不遵循王道,贤人就不可得。

> (4)鲁仲连谓孟尝:"君好士也! 雍门养椒亦,阳得子养,饮食、衣裘与之同之,皆得其死。今君之家富于二公,而士未有为君尽游者也。"……对曰:"君之厩马百乘,无不被绣衣而食菽粟者,岂有骐麟騄耳哉? ……故曰君之好士未也。"[②]

---

① 朱海雷《尸子译注》,上海古籍出版社2006年版,第14—15页。
② 刘向辑录《战国策》,上海古籍出版社1998年版,第404—405页。

孟尝君,战国四公子之一,曾为齐湣王相国,联合韩、魏击败楚、秦。孟尝君喜欢养士,门客很多,但鲁仲连以骏马中的麒麟为喻,一针见血地指出:尽管养士几千,但并没有真正的士可以死来报答孟尝君。

综合上述,《子华子》把世上之物分成五类:苍龙为鳞虫之长,朱鸟为羽虫之长,麒麟为毛虫之长,伏龟为介虫之长,人为裸虫之长,天地之间人为贵,以包括麒麟在内的五虫比附人。《孟子·公孙丑章句上》认为麒麟"出于其类,拔乎其萃",并把孔子喻为麒麟。《尸子·明堂》篇把名臣贤士比喻成麒麟,要想遵循先王之道,招贤纳士,唯有礼贤下士才能成功。《战国策·鲁仲连谓孟尝》也是把"好士"比喻成如麒麟那样杰出的骏马。可见,麒麟已经由天下大治的吉祥之征兆,转而与社会人事紧密结合。这是麒麟意象从春秋向战国的一个发展,也是在新时代条件下产生的一个新意象。

第二节　汉代麒麟文化形象

麒麟形象在汉代发生了较显著的改变，从春秋时期那种温柔敦厚、文明祥和的形象，那种天下大治的吉祥征兆，发展到汉代"麒麟斗而日月食"的地步，让人胆战心惊。

一、《淮南鸿烈》中多样化的麒麟形象

（1）夫道者，覆天载地，廓四方，柝八极，高不可际，深不可测，包裹天地，禀授无形。……星历以之行，麟以之游，凤以之翔。泰古二皇，得道之柄，立于中央，神与化游，以抚四方。是故能天运地滞，轮转而无废，水流而不止，与万物终始。[①]

（2）天道曰圆，地道曰方……物类相动，本标相应，故阳燧见日则燃而为火，方诸见月则津而为水，虎啸而谷风至，龙举而景云属，麒麟斗而日月食，鲸鱼死而彗星出，蚕珥丝而商弦绝，贲星坠而勃海决。人主之情，上通于天，故诛暴则多飘风，枉法令则多虫螟，杀不辜则国赤地，令不收则多淫雨。[②]

（3）凡羽者生于庶鸟。毛犊生应龙，应龙生建马，建马生麒麟，麒麟生庶兽，凡毛者生于庶兽。

---

①　刘文典《淮南鸿烈集解》，中华书局 2013 年版，第 1—3 页。

②　刘文典《淮南鸿烈集解》，中华书局 2013 年版，第 96—101 页。

介鳞生蛟龙,蛟龙生鲲鲠,鲲鲠生建邪,建邪生庶鱼,凡鳞者生于庶鱼。①

(4)昔者,黄帝治天下,而力牧、太山稽辅之,以治日月之行律,治阴阳之气,节四时之度……于是日月精明,星辰不失其行,风雨时节,五谷登熟,虎狼不妄噬,鸷鸟不妄博,凤皇翔于庭,麒麟游于郊,青龙进驾,飞黄伏皁,诸北、儋耳之国莫不献其贡职。然犹未及虙戏氏之道也。②

(5)太清之始也,和顺以寂漠,质真而素朴,闲静而不躁,推移而无故……当此之时,玄元至砀而运照,凤麟至,著龟兆,甘露下,竹实满,流黄出,而朱草生,机械诈伪莫藏于心。……刳胎杀夭,麒麟不游,覆巢毁卵,凤皇不翔,钻燧取火,构木为台,焚林而田,竭泽而渔,人械不足,畜藏有余,而万物不繁兆,萌牙卵胎而不成者,处之太半矣。③

(6)圣人之行,无所合,无所离。……文情理通,则凤麟极矣。言至德之怀远也。④

(7)夫有形埒者,天下讼见之;有篇籍者,世人传学之……鸾举麟振,凤飞龙腾;发如秋风,疾如骇龙。⑤

---

① 刘文典《淮南鸿烈集解》,中华书局 2013 年版,第 185—187 页。
② 刘文典《淮南鸿烈集解》,中华书局 2013 年版,第 246—248 页。
③ 刘文典《淮南鸿烈集解》,中华书局 2013 年版,第 293—295 页。
④ 刘文典《淮南鸿烈集解》,中华书局 2013 年版,第 393—395 页。
⑤ 刘文典《淮南鸿烈集解》,中华书局 2013 年版,第 501 页。

从西汉建立到"文景之治"时期，由于经过秦末的战乱和动荡，国家需要采取"休养生息"政策，于是大力倡导黄老思想。这对当时的社会必定产生重要影响，《淮南鸿烈》就是在这种背景下出现的。

在以黄老思想为主的《淮南鸿烈》中，道化万物，包裹天地，禀授无形。道至宏至微，至高至大，至渊至深，塞于天地，弥于四海，施之无穷。麒麟是道化万物中的一员，只是清明祥和氛围的点缀，是外物环境的一部分，是呈现"道"的千万种形式之一。因为内在的阴阳相薄，同其他外物相动相应，能引起其他外物的变化。也就是说，在这里，麒麟只是无形之"道"变化为有形之"体"的一分子，并且通过无形之"道"的内因引起外形之物的变化、运动，不再是春秋时期那种天下大治的吉祥征兆。正是由于这个原因，才终于发展到"麒麟斗而日月食"的地步，麒麟斗起来昏天黑地，日月无光，让人胆战心惊，一改以前那种温柔敦厚、文明祥和的形象。很明显，黄老思想、阴阳观念同麒麟很和谐地融为一体。

二、《春秋繁露》、《大戴礼记》及《汉书》中的麒麟形象

以麒麟喻"圣人"出现，是汉代的麒麟观念对春秋时期的继承和发展，也是儒家思想在汉代发展的一个方面。

> (1)《春秋》何贵乎元而言之？元者，始也，言本正也。……毒虫不螫，猛兽不搏，抵虫不触。故天为之下甘露，朱草生，醴泉出，风雨时，嘉禾兴，凤凰麒麟游于郊。……贡土地所有，先以入宗庙，

端冕盛服而后见先。德恩之报,奉先之应也。①

（2）颜渊死,子曰:"天丧予。"子路死,子曰:"天祝予。"西狩获麟,曰:"吾道穷,吾道穷。"三年,身随而卒。阶此而观,天命成败,圣人知之,有所不能救,命矣夫。②

《春秋繁露》是西汉董仲舒的主要著作,共十七卷,八十二篇。此书推崇公羊学,阐发"春秋大一统"之旨,杂糅儒家思想和五行学说,对自然和人事作各种比附,建立"天人感应"论的神秘主义体系。

（3）金者秋,杀气之始也。……恩及于金石,则凉风出;恩及于毛虫,则走兽大为,麒麟至。如人君好战,侵陵诸侯,贪城邑之赂,轻百姓之命,则民病喉咳嗽,筋挛,鼻鼽塞。……咎及毛虫,则走兽不为,白虎妄搏,麒麟远去。③

（4）曾子曰:"天之所生上首,地之所生下首。……毛虫之精者曰麟,羽虫之精者曰凤,介虫之精者曰龟,鳞虫之精者曰龙,裸虫之精者曰圣人。龙非风不举,龟非火不兆,此皆阴阳之际也。兹四者,所以圣人役之也……律居阴而治阳,历居阳而治阴,律历迭相治也,其间不容发。"④

---

① 苏舆撰,钟哲点校《春秋繁露义证》,中华书局 1992 年版,第 100－105 页。
② 苏舆撰,钟哲点校《春秋繁露义证》,中华书局 1992 年版,第 137 页。
③ 苏舆撰,钟哲点校《春秋繁露义证》,中华书局 1992 年版,第 375－377 页。
④ 王聘珍《大戴礼记解诂》,中华书局 1983 年版,第 98－101 页。

（5）故曰："有羽之虫三百六十，而凤凰为之
长；有毛之虫三百六十，而麒麟为之长；有甲之虫
三百六十，而神龟为之长；有鳞之虫三百六十，而
蛟龙为之长……"故帝王好坏巢破卵，则凤凰不翔
焉；好竭水搏鱼，则蛟龙不出焉；好刳胎杀夭，则麒
麟不来焉；好填壑塞谷，则神龟不出焉。故王者动
必以道，静必以理。动不以道，静不以理，则自夭
而不寿，妖孽数起，神灵不见，风雨不时，暴风水旱
并兴，人民夭死，五谷不滋，六畜不蕃息。[①]

《大戴礼记》是戴德的作品，戴德是西汉元帝时期的人，生卒
年不详。很明显，《大戴礼记》贯彻了儒家治理天下的理想，尤其
推崇上古之治，强调秩序，强调遵从圣人思想的重要性，并杂有
阴阳思想。

（6）舜尽孝道以供养瞽瞍，瞽瞍与象，为浚懔
涂井之谋，欲以杀舜。舜孝益笃。……及立为天
子，天下化之，蛮夷率服。北发、渠搜、南抚、交阯，
莫不慕义，麟凤在郊。故孔子曰："孝弟之至，通于
神明，光于四海。"舜之谓也。[②]

（7）昔者唐、虞崇举九贤，布之于位，而海内大
康，要荒来宾，麟凤在郊。……楚不用伍子胥而
破，吴阖庐用之而霸。夫差非徒不用子胥也，又杀

---

① 王聘珍《大戴礼记解诂》，中华书局 1983 年版，第 259—260 页。
② 刘向编著，石光瑛校释《新序校释》，中华书局 2009 年版，第 8—16 页。

之,而国卒以亡。①

刘向,西汉经学家、目录学家、文学家,其散文主要是秦疏和校雠古书的"叙录"。这是刘向在《新序》里对五帝三王时代社会生活的追述,描绘了社会安康和谐、天下其乐融融的盛世画面,作为社会清明象征的麒麟,在城区附近出现了。

(8)故礼之不同也,不丰也,不杀也,所以持请而合危也。……故天降膏露,地出澧泉,山出器车,河出马图,凤凰、麒麟皆在郊棷,龟、龙在宫沼,其余鸟兽之卵胎,皆可俯而窥也。则是无故,先王能修礼以达义,体信以达顺,故此顺之实也。"②

(9)《吊屈原赋》讯曰:已矣! 国其莫我知兮,独壹郁其谁语? 凤漂漂其高逝兮,夫固自引而远去。……所贵圣人之神德兮,远浊世而自藏。使麒麟可系而羁兮,岂云异夫犬羊? ……横江湖之鳣鲸兮,固将制于蝼蚁。③

西汉著名文学家、政论家贾谊过长江时,用《吊屈原赋》来表达自己的郁郁不得志。其中以麒麟被羁绊为喻,来描绘自己虽有才能却得不到施展的苦闷。

(10)霍将军歌者,霍去病之所作也。……乃

---

① 刘向编著,石光瑛校释《新序校释》,中华书局 2009 年版,第 149—168 页。
② 杨天宇《礼记译注》,上海古籍出版社 1997 年版,第 385 页。
③ 班固《汉书》,中华书局 1962 年版,第 2224—2225 页。

援琴而歌之曰:"四夷既获,诸夏康兮。国家安宁,
乐无央兮。载戢干戈,弓矢藏兮。麒麟来臻,凤凰
翔兮。与天相保,永无疆兮。亲亲百年,各延
长兮!"①

　　霍去病是汉武帝时的著名将领,是在对匈奴的战争中取得
巨大胜利的民族英雄。他不但能杀敌立功,同时也富于文学才
能,创作出了《霍将军歌》,其中用麒麟凤凰,来表达自己对国家
和平安宁的歌颂和赞美。

　　　　(11)于是吴王穆然,俯而深惟,仰而泣下交
　　颐,曰:"嗟乎! 余国之不亡也,绵绵连连,殆哉,世
　　之不绝也!"……天下大治,阴阳和调,万物咸得其
　　宜;国无灾害之变,民无饥寒之色,家给人足,畜积
　　有余,囹圄空虚;凤凰来集,麒麟在郊,甘露既降,
　　朱草萌牙;远方异俗之人响风慕义,各奉其职而来
　　朝贺。……故《诗》曰:"王国克生,惟周之桢,济济
　　多士,文王以宁。"此之谓也。②(东方朔《非有先生
　　论》)

　　东方朔是汉武帝时的大臣,以诙谐幽默著称于世,在《非有
先生论》里,也是用凤凰麒麟来表达对天下大治的赞美。

---

① 蔡邕《琴操》,陈文新译注《雅趣四书》,崇文书局 1998 年版,第 52 页。
② 班固《汉书》,中华书局 1962 年版,第 2872 页。

（12）上犹谦让而未俞也，方将上猎三灵之流，下决醴泉之滋，发黄龙之穴，窥凤皇之巢，临麒麟之囿，幸神雀之林。①

（13）雄见诸子各以其知舛驰，大氐诋訾圣人，即为怪迂，析辩诡辞，以挠世事，虽小辩，终破大道而或众，使溺于所闻而不自知其非也。及太史公记六国，历楚汉，麟止，不与圣人同，是非颇谬于经。②

（14）五月，诏贤良曰：朕闻昔在唐虞……星辰不孛，日月不蚀，山陵不崩，川谷不塞；麟凤在郊薮，河洛出图书。呜呼，何施而臻此与！今朕获奉宗庙，夙兴以求，夜寐以思，若涉渊水，未知所济。"③

（15）太皇太后临政，有龟龙麟凤之应，五德嘉符，相因而备。④

以上（14）、（15）事例中，在正式的公文诏书里，麟凤是作为天下太平安宁、国家政通人和的标志出现的。可见，麒麟的象征意义，不仅仅是一种个人的或民间的认识，更是上升到国家层面的共识，反映麒麟在更广范围内、更深层次上发挥影响。

（16）（孝成帝时）其十二月羽猎，雄从。……

---

① 班固《汉书》，中华书局 1962 年版，第 3553 页。
② 班固《汉书》，中华书局 1962 年版，第 3580 页。
③ 班固《汉书》，中华书局 1962 年版，第 160－161 页。
④ 班固《汉书》，中华书局 1962 年版，第 3540 页。

故甘露零其庭，澧泉流其唐，凤凰巢其树，黄龙游其沼，麒麟臻其囿，神爵栖其林。昔者禹任益虞而上下和，草木茂；成汤好田而天下用足；文王囿百里，民以为尚小；齐宣王囿四十里，民以为大：裕民之与夺民也。①

（17）夫古之天下亦今之天下，今之天下亦古之天下，共是天下，古亦大治……德润草木，泽被四海，凤凰来集，麒麟来游，以古准今，壹何不相逮之远也！……试迹之古，返之于天，党可得见乎？②

（18）元光五年，复征贤良文学，菑川国复推上弘。……风雨时，嘉禾兴，朱草生，山不童，泽不涸；麟凤在郊薮，龟龙游于沼，河洛出图书；父不丧子，兄不哭弟；北发渠搜，南抚交阯，舟车所至，人迹所及，跂行喙息，咸得其宜。③

儒家称"五帝三王"时期为天下大治的理想社会，是王道治理的盛世和典范，以"仁"治天下，使得家丰民足，和善友爱，这时风调雨顺，麒麟就会出现。《大戴礼记》明确提出麒麟为阳气所生，人为阴阳之精，圣人"为天地主，为山川主，为鬼神主，为宗庙主"，可以驱使麟凤龟龙。从《子华子》提出的人为宇宙之长，到"圣人"为天地万物鬼神宗庙之主，这是一种继承和发展，其线索较为明显。在信奉儒家思想的学者那儿，圣人被提高到无以复加的地位。以麒麟比喻"圣人"出现，是汉代麒麟文化观念对春

---

① 班固《汉书》，中华书局 1962 年版，第 3540 页。
② 班固《汉书》，中华书局 1962 年版，第 2519－2520 页。
③ 班固《汉书》，中华书局 1962 年版，第 2613－2614 页。

秋时期的继承和发展,也是儒家思想在汉代发展的一个方面。

三、获麟与写史

由于《春秋》对后世的巨大影响,《春秋》中的麒麟形象在历史观念和政治思想上也影响了后来的史学家,使他们在写史时把自己的情感经历融于其中,表现了更多的人文情怀。

(一)"西狩获麟"与孔子绝笔

《春秋》与《左传》中关于此事的记载,上节已引,此不赘述。孔子为了彰显王道,推行自己的政治主张,曾经周游列国,到70多个诸侯国毛遂自荐,没人重用他,只好回到鲁国,从事文化工程,《春秋》的编写就是其中一部分。

> (1)上记隐,下至哀之获麟,约其辞文,去其烦重,以制义法,王道备,人事浃。[①]
>
> (2)孔子既不得用于卫,将西见赵简子。……孔子曰:"窦鸣犊、舜华,晋国之贤大夫也。赵简子未得志之时,须此两人而后从政;及其已得志,杀之乃从政。丘闻之也,刳胎杀夭则麒麟不至郊,竭泽涸渔则蛟龙不合阴阳,覆巢毁卵则凤皇不翔。何则?君子讳伤其类也。夫鸟兽之于不义也尚知辟之,而况乎丘哉!"乃还息乎陬乡,作为《陬操》以

---

① 司马迁《史记》,中华书局1982年版,第1361页。

哀之。而反乎卫,入主蘧伯玉家。①

　　《春秋》对获麟事件的记载只是纯粹客观的叙述。孔子到底怎样看待获麟事件,《春秋》并无直接记载。后人只能从《春秋》作为史书的地位与性质,结合当时时代特点和孔子的人生经历、社会理想,参考其他史料,对此事提出自己的看法。

　　在《左传》里,获麟人直接出现,明确"叔孙氏之车子锄商获麟"。叔孙氏是春秋战国时鲁国的卿家贵族,为三桓之一,出自鲁桓公,掌握鲁国实权。更重要的是,《左传》对获麟事件的定性——"以为不祥",里面掺杂了对此事的思想情感。至于孔子对获麟事件的态度和情感,《左传》没有明确记载,我们只能做出合乎情理的推测。事件中的"虞人",据《周礼》记载,是"掌山林之政令,物为之厉,而为之守禁"的官员。②

　　后来成为儒家经典的《春秋》,与孔子有着密切的关系。载入《春秋》之后,麒麟在传统文化与民俗信仰中的尊贵地位,随着时间的推移,与日俱增,对后世产生了深远的影响,后人常常称《春秋》为《麟史》或《麟经》。

　　在《史记》里,西狩获麟更多地与孔子联系在一起:从感叹"河不出图,洛不出书,吾已矣夫",到以西狩获麟暗喻颜渊之死,暗喻"吾道穷矣"。面对社会现实,孔子明白自己的人生理想已经不可能实现,彻底绝望,并把原因归结为天命的安排,由此导致《春秋》的写作终止于"下至哀之获麟"的结果。可见,西狩获麟对孔子的影响极其巨大,以至使"圣人"的人生轨迹发生了改

① 司马迁《史记》,中华书局1982年版,第1926页。
② 杨天宇《周礼译注》,上海古籍出版社2004年版,第243页。

变。这一切只是史家司马迁对四百年前往事的追述，难免有推测和想象，同时也掺杂了自己的思想情感，寄予了自己的人生理想。

司马迁之后，以孔子为榜样，发奋著书的有志之士绵延不绝，如《越绝书》就明确无误地声称直接受"绝笔获麟"的影响：

> 权衡相动，衡五相发，道获麟，周尽证也。故作《春秋》以继周也。此时天地暴清，日月一明，弟子欣然，相与太平。孔子怀圣承弊，无尺土所有，一民所子，睹麟垂涕，伤民不得其所，非圣人孰能痛苦若此？万代不灭，无能复述。故圣人没而微言绝。赐见《春秋》改文尚质，讥二名，兴素王，亦发愤记吴、越。章句其篇，以喻后贤。赐之说也，鲁安，吴败，晋强，越霸。世《春秋》二百余年，垂象后王。赐传吴、越，□指于秦。圣人发一隅，辩士宣其辞；圣人绝于彼，辩士绝于此。故题其文，谓之"越绝"。①

（二）汉武获麟与司马迁封笔《史记》

1.汉武帝郊雍获白麟

除了孔子笔下的春秋时期鲁国"西狩获麟"，汉武帝祭祀途中捕获白麟之事也很有名。以下是《史记》、《汉书》的记载：

---

① 袁康、吴平《越绝书》，浙江古籍出版社 2013 年版，第 92 页。

(1)其明年,郊雍,获一角兽,若鹿然。有司曰:"陛下肃祗郊祀,上帝报享,锡一角兽,盖麟云。"于是以荐五畤,畤加一牛以燎。锡诸侯白金,风符应合于天也。①

(2)元狩元年,冬十月,行幸雍,祠五畤。获白麟,作白麟之歌。②

(3)(太始)二年春正月,行幸回中。三月,诏曰:"有司议曰,往者朕郊见上帝,西登陇首,获白麟以馈宗庙,渥洼水出天马,泰山见黄金,宜改故名。今更黄金为麟趾褭蹄以协瑞焉。"因以班赐诸侯王。③

(4)夏五月,诏曰:"朕以眇身奉承祖宗……封泰山,塞宣房,符瑞应,宝鼎出,白麟获。功德茂盛,不能尽宣,而庙乐未称,其议奏。"有司奏请宜加尊号。④

(5)朝陇首,览西垠,雷电寮,获白麟。……流星陨,感惟风,箫归云,抚怀心。⑤

(6)于是天子沛然改容……遂作颂曰:"……濯濯之麟,游彼灵畤。孟冬十月,君徂郊祀。驰我君车,帝用享祉。三代之前,盖未尝有。"⑥

(7)终军字子云,济南人也。……从上幸雍祠

① 司马迁《史记》,中华书局1982年版,第1387页。
② 班固《汉书》,中华书局1962年版,第174页。
③ 班固《汉书》,中华书局1962年版,第206页。
④ 班固《汉书》,中华书局1962年版,第206页。
⑤ 班固《汉书》,中华书局1962年版,第1068页。
⑥ 班固《汉书》,中华书局1962年版,第2606-2608页。

五畤，获白麟，一角而五蹄。……今野兽并角，明同本也；众支内附，示无外也。若此之应，殆将有解编发，削左衽，袭冠带，要衣裳，而蒙化者焉。斯拱而俟之耳！对奏，上甚异之，由是改元为元狩①。

（8）宣帝初即位，欲襃先帝，诏丞相御史曰："朕以眇身……上天报况，符瑞并应，宝鼎出，白麟获，海效巨渔，神人并见，山称万岁。"……武帝巡狩所幸郡国凡四十九，皆立庙，如高祖、太宗焉②。

（9）甘露三年，单于始入朝。上思股肱之美，乃图画其人于麒麟阁，法其形貌，署其官爵姓名③。

在解释"麒麟阁"时，张晏作注说：武帝获麒麟时作此阁，图画其象于阁，遂以为名。颜师古作注说：《汉宫阁疏名》云萧何造。④

郊天就是在郊外祭拜天帝。据传有虞氏时代就开始郊天了，夏商延续下来，均在郊外祭拜天帝。文献对西周郊天的记述较为具体。《逸周书·作雒》记载：

乃设丘兆于南郊，以上帝，配□后稷，日月星辰，先王皆与食。⑤

---

① 班固《汉书》，中华书局 1962 年版，第 2814—2817 页。
② 班固《汉书》，中华书局 1962 年版，第 3156—3157 页。
③ 班固《汉书》，中华书局 1962 年版，第 2468 页。
④ 班固《汉书》，中华书局 1962 年版，第 2469 页。
⑤ 黄怀信等《逸周书汇校集注》，上海古籍出版社 2007 年版，第 533 页。

即在国都南部营建郊天祭坛。

《周礼·春官·大宗伯》记载：

> 大宗伯之职，掌建邦之天神、人鬼、地示之礼，
> 以佐王建保邦国。[①]

郊天由大宗伯执掌，祭祀的方式是"以禋祀祀昊天上帝"。

《左传·襄公七年》称：

> 是故启蛰而郊，郊而后耕。[②]

"郊"就是郊天，一般在启蛰（古代的节气名称）后举行，汉以后，郊天祭礼后移到冬至时举行。秦时配享四帝，汉高祖增设五天帝，汉文帝之后，历代帝王开始把祖先神与天帝一起配享。郊天祭祀的活动必须由天子来完成，其他人没有资格举行，否则就是大逆不道，为"僭越"，这也是历代帝王家天下的象征。为了证明自己是正统王位的继承者，帝王即位后都要举行祭祀天帝的仪式。因此，不管王朝怎么变换，郊天的礼仪一直代代相传，影响很大，历代均把郊天放在吉礼的第一位。

从秦始皇开始，至最后一个到雍地进行祭祀活动的帝王汉成帝为止，古雍地成为秦汉王朝祈祷神灵保护的福泽、尊贵之地，也是古代帝王建"畤"祭祀神灵最集中、最多的地方。从《史记·封禅书》我们了解到，只有雍城的四畤，皇帝才亲自主持祭

---

①　孙诒让《周礼正义》，中华书局 2015 年版，第 1557 页。

②　杨伯峻《春秋左传注》，中华书局 2009 年版，第 950 页。

祀活动,是当时皇家祭祀场所。其他祭祀和建筑规格远远不能同雍四畤相比。

> 十五年,黄龙见成纪……有司礼官皆曰:"古者天子夏躬亲礼祀上帝于郊,故曰郊。"于是天子始幸雍,郊见五帝,以孟夏四月答礼焉。[1]

汉代第一个在雍地祭祀五帝的是汉文帝。史书把到雍地祭祀五帝称作"郊雍",汉文帝先后共"郊雍"三次。

汉武帝尤其敬事鬼神,对于五帝和各个天神的祭祀,汉武帝是最狂热的一位。汉武帝统治时期,把"元年祭天,二年祭地,三年祭五畤"上升为国家礼仪。汉武帝在位 53 年里,亲自郊雍竟达 13 次之多。

在一次祀畤途中,汉武帝在雍城东南的彪角周围,捕获一白麟,《史记》记载为"获一角兽,若麃然"。汉武帝认为这是吉祥的征兆,为了庆祝这次获麟,改元"元狩",且作白麟之歌来盛赞这一历史事件。从此之后,汉武帝每年都到雍地祭祀五畤。司马相如的"遗札书言封禅事",也对汉武帝获白麟之事称赞有加,认为是"三代之前,盖未尝有"的盛事。

终军认为"而获兽以馈,此天之所以示飨,而上通之符合也",上通天帝,降之以瑞,是天帝对汉武盛世的认可和祝贺。汉宣帝在追述其曾祖的功绩时,也不忘浓彩重墨地写上麒麟一笔。从春秋到西汉,麒麟兆瑞呈祥的形象得到继承和发展。

----

[1] 司马迁《史记》,中华书局 1982 年版,第 430 页。

2.司马迁封笔《史记》

在《史记》里面,司马迁记载了自己对于春秋时期西狩获麟的真实感受:孔子绝笔于获麟,有古人的天命意识,那种舍我其谁的历史自觉和担当意识。也正是从孔子"厄而作《春秋》"的壮举中,司马迁找到了自己的人生价值和努力方向,向孔子学习,发奋继续完成《史记》,不仅实现了父亲的遗愿,也使自己的人生得到升华,耻辱得以洗刷,亦借此名垂青史,辉耀千载万世。司马迁效法孔子,使得《史记》成为一部奠定自己历史成就和地位的皇皇巨著,成功立业的基础和根本。

汉武帝到泰山封禅之时,太史令司马谈因没能参与这一千载盛事而深感耻辱,故在临死之时拉着司马迁的手,流着泪说:"我们的祖先是周代的太史……从春秋时西狩获麟以来已经四百多年,诸侯兼并,但对此的记载却一直空白。现在汉朝兴盛,国家统一,上有贤明的国君,下有为国而死的忠臣,为义而死的侠士,我作为太史令却没能记载这些,荒废了历史记录,我很忧惧,希望你把这件事挂在心上。"司马迁低头流着泪答应了父亲的要求。①

司马迁遭遇李陵之祸,被幽禁在监狱里面。于是感叹命运无常:"这是我的罪过!身体残疾已经没有用处了。"司马迁认为《诗》、《书》等著作都是圣贤发愤而写,这些人都抑郁不得志,不能实现自己的理想和政治主张,因此通过叙述以往之事,使后来人有所启发。最终,司马迁完成了《史记》的撰写,从黄帝开始,一直到汉武帝获麟为止。②

---

① 司马迁《史记》,中华书局 1982 年版,第 3295 页。
② 司马迁《史记》,中华书局 1982 年版,第 3300 页。

正如司马迁在《报任安书》自述中所说："仆窃不逊，近自托于无能之辞，网罗天下放佚旧闻，略考其行事，综其终始，稽其成败兴坏之纪，上计轩辕，下至于兹，为十表，本纪十二，书八章，世家三十，列传七十，凡百三十篇。亦欲以究天人之际，通古今之变，成一家之言。……仆诚以著此书，藏之名山，传之其人，通邑大都，则仆偿前辱之责，虽万被戮，岂有悔哉！"其感情之深厚，语气之充沛，志向之远大，达到了惊天地泣鬼神的地步。在这个过程中，麒麟是史家司马迁借以抒发胸怀壮志的契机和引子。在《汉书》里，班氏对司马迁的无常命运发出了深切的感叹和同情，给予《史记》极高的评价，认为其同孔子作《春秋》一样彪炳千载。

班固认为，孔子根据鲁国的历史撰写了《春秋》，左丘明根据《春秋》写了《左传》，又写了《国语》。《世本》记录了从黄帝以来到春秋时期帝王公侯卿大夫的世系。春秋以后，战国七雄互相攻伐，最后秦统一天下，于是有了《战国策》。汉兴秦亡，有了《楚汉春秋》。司马迁根据《左传》、《国语》，采用《世本》、《战国策》的内容，接续上了《楚汉春秋》以后的事情，对于秦汉的记载很详细。……《史记》记述内容很广泛，从古到今上下几千年。……博览群书的刘向、扬雄，都称赞司马迁有良史之材，佩服他叙述事情有条不紊，事理分明但不华丽，朴实但不俚俗，文风直书其事，叙事言简意赅，不虚夸赞美，不隐讳恶行，堪称实录。①

---

① 班固《汉书》，中华书局 1962 年版，第 2737—2738 页。

第三节　麒麟原型考

麒麟成为"仁兽"的原因是什么？为什么在孔子心中麒麟应在太平盛世出现？这就涉及麒麟究竟是一种什么动物，它有哪些特点。

王晖借助动物学的相关研究成果，解开了这一千古之谜。[①]王晖的文章主要从三个方面回答这些问题。

一、麒麟及其原型

（一）甲骨文金文"麐"的含义

由《甲骨文合集》可知，[②]商代甲骨文和西周春秋时代金文中都已经有"麐"字，并且"麒"和"麟"两字联用的名称，在春秋时已经存在。"麐"应是动物类的麒麟无疑。

（二）"麐"、"麟"语源与麒麟外貌特征

根据甲骨文、金文资料，以及古籍中对麒麟外貌形状特征的描述，王晖得出了麒麟就是今天印度犀牛的结论。

首先作者把命名为"麐"或"麟"的原因归结为"身被肉甲"，把印度犀牛称作"麐"或"麟"，是对这种特殊犀牛形体特征的描写和概括。把印度犀牛称作"麐"，是因为印度犀牛身上长有斑

---

① 本节观点，主要参考引用陕西师范大学王晖教授的《古文字中"麐"字与麒麟原型考》一文，见《北京师范大学学报》（社会科学版）2009年第2期第64—75页。

② 郭沫若、胡厚宣《甲骨文合集》，中华书局1978—1982年版。

纹,因此字的形体结构从鹿从文（纹）,文亦声。后来演变为"麟",也是因为印度犀牛身上的鳞状肉甲。汉竹简中所说的"文犀",很有可能就是被称为麔、麟的印度犀。先秦文献中也有这种"文犀"的记载:《国语·吴语》《逸周书·王会》后附《伊尹朝献》中的"文犀",即有斑纹的犀牛。

当今世界范围内,印度犀牛仅产于尼泊尔、印度一带,在中国已经绝迹。根据上面所征引的古文献来看,春秋到秦汉时期,在今天的福建、江苏、湖南一带应该是有这种犀牛的。这种犀牛与古代传说的麒麟十分相似。

"文犀"即纹犀、麔犀,就是带有纹鳞的犀牛,也就是犀牛身上带有圆钉头式肉甲。《广雅·释兽》篇里描绘麔"文章彬彬",是称赞印度犀牛身上带有圆钉头式的小鼓包。麔字中"鹿"为意符,指其与鹿外形上极其相似,身上有斑纹,头上长着角,并不一定就是鹿类动物。

这种有圆泡钉状斑纹的印度犀牛,也就是东汉韦昭所说的"皮有珠甲"的水犀。《国语·越语上》云:"今夫差衣水犀之甲者亿有三千。"韦昭注:"犀形似豕而大,今徼外所送,有山犀、水犀。水犀之皮有珠甲,山犀则无。"韦昭所说"水犀之皮有珠甲",显然就是身有圆泡钉状斑纹的印度犀牛。

春秋末期越国的"水犀之甲"如此之多,不可能像韦昭所处的东汉时期那般依赖徼外所进,而应是越国本地出产的。据此可知,春秋末印度犀牛可能遍布吴越一带。到韦昭的三国时代,山犀、水犀,都要依靠国外进献,原因是东汉以后气候变得干冷,不再适宜犀牛生存,加之猎杀数量很大,便越来越少见了。

春秋时期,鲁宋一带犀牛还是很多的,但麒麟——印度犀,则是凤毛麟角了。《左传·宣公二年》:"（宋华元）使其骖乘谓之日:'牛则有皮,犀兕尚多,弃甲则那?'"唐孔颖达在为这段文字作疏时,根据晋至唐的文献记述,说犀兕的生活范围已在"武陵沅南县以南"、"九德"一带,亦即今贵州、湖南以及越南一带,并质疑《左传·宣公二年》所说春秋时犀兕在宋国大量生存的记载。

这种现象的发生,正好说明气候变迁对动物活动范围的影响。气候变得干冷之时,犀兕一类动物为了生存不得不南迁。据甲骨文的记载,商代在安阳一带既有一般的犀牛,也有印度犀;据《诗经·周南》中《麟之趾》篇的描绘,西周时期印度犀就仅限于江汉流域。据《左传·宣公二年》、《国语·越语上》的记载,春秋时犀兕在鲁宋等国仍大量存在,但作为印度犀的麒麟就稀少了,哀公十四年偶尔发现,但多数人已不认识了。唐代孔颖达疏《左传·宣公二年》引众多魏晋至唐代文献,从中看出犀兕的活动范围已缩小到湖南、贵州地区。大鳞式的铠甲,是麒麟不同于其他犀牛或兕的特征,到了宋元仍然有人明白这一点。

（三）麒麟与古犀、兕之别

根据现代动物特征,我们把犀牛分为三类五种,它们之间的区别不是很大。但古人就很容易辨别印度犀牛和其他犀牛:身上好像披了多层铠甲并长有圆泡钉式的肉包,头上一只角,这是麒麟与其他犀牛的根本不同,也是印度犀牛的基本特征。

"兕"出现得很早,商代武丁时的甲骨卜辞中就有很多"兕"的记载,其他先秦文献中记述兕的更多。《诗经·小雅·何草不黄》:"匪兕匪虎,率彼旷野。"《豳风·七月》:"称彼兕觥,万寿无疆。"《周南·卷耳》:"我姑酌彼兕觥。"《论语·季氏》:"虎兕出于柙。"

  "犀"出现在周代中期的金文中。犀伯鼎铭云："犀伯鱼父作旅鼎。"（《殷周金文集成》5·2534）其他先秦文献中亦可见到"犀"字。《左传》宣公二年："牛则有皮，犀兕尚多。"《国语·楚语上》："巴浦之犀、犛、兕、象，其可尽乎？"《楚辞·九歌·国殇》："操吴戈兮被犀甲。"

  犀、兕并不是一物，二者有区别。上引《左传·宣公二年》与《国语·楚语上》犀、兕并列而言，《周礼·考工记》篇说"函人为甲，犀甲七属，兕甲六属，合甲五属。犀甲寿百年，兕甲寿二百年，合甲寿三百年"，把犀甲和兕甲区别开来，二者的使用寿命不一样。犀的特征，古人说法不一致，有人说似水牛，有人说似野猪；有人说长有三只角，有人说长有两只角。

  古人认为犀、兕主要区别在于角的不同：从商代甲骨文中"兕"的写法看，"兕"长一只角，郭璞注《尔雅·释兽》说"犀"有三角，《说文》解释有两角。郭璞与《说文》的说法都对：今天的非洲草原上，可以见到三只角的犀牛，也可以遇到五只角的犀牛。

  犀科动物化石分布广泛，在我国多个地区发现犀科动物在第三纪时的化石。犀科动物现在仅在亚洲南部及非洲热带、亚热带地区出现。现存的犀牛有五类：印度犀、苏门犀、爪哇犀、非洲白犀和黑犀。苏门犀、非洲黑犀和白犀是双角犀，角前后排列；印度犀、爪哇犀是独角犀。生活在亚洲的犀牛有两角的苏门犀和单角的爪哇犀、印度犀。犀牛中体形最大的是印度犀牛。白犀牛和黑犀牛都是双角，生活在非洲，白犀牛体形大于黑犀牛。犀牛角是珍贵的中药材，人们为了经济利益，大量捕杀犀牛，使得犀牛数量急剧减少，苏门犀已经濒临灭绝的边缘。

  从现今犀牛的形体来看，现存于泰国、马来西亚、缅甸等国及苏门答腊地区的苏门犀为两角，与我国古书记载的"犀"形状吻合：从外形看，很像长毛野猪，全身长毛。晋代刘欣期所著《交州记》描绘犀牛"其毛如豕"，《尔雅·释兽》篇里也有"犀似豕"的描述。

　　我国传统记载的麒麟应该是印度犀，印度犀的体重一般是2000—4000千克，肩高一到两米，是当今亚洲体形最大的犀牛。印度犀身上有圆钉头似的小鼓包，身上、肩上及屁股上长有一层层的皮褶，看起来好像厚厚的铠甲。印度犀这些外在特征使其与苏门犀（古代犀）和爪哇犀（兕）区别开来。正如宋代罗泌所著《路史·余论五》篇所说，麒麟与"山犀"外形很相似，称为"特山犀"。宋代沈括在《梦溪笔谈·异事》中记载宋朝时交趾所贡献麟"如牛而大，通身皆大鳞，首有一角"，根据外在特征判断这明显是印度犀，可见宋人对麒麟的特征还是很清楚的。

二、麒麟与印度犀形状之比较

　　从古代典籍记载来看，麒麟长有圆泡钉式的肉包，身上好似披了多层铠甲，头上的独肉角与圆形马蹄是麒麟的外在显著特征。这种特征证明它是犀牛类的动物。

　　（一）麒麟"一角而戴肉"

　　麒麟有一角并且是肉质的，这是其不同于其他兽类的明显特征。《尔雅·释兽》在解释"麢"时说"麇身，牛尾，一角"，郭璞作注"角头有肉"；三国吴陆玑在《毛诗草木鸟兽虫鱼疏》中说："麢，麇身，牛尾，马足，黄色，圆蹄，一角，端有肉。"《诗经·周南·麟之趾》郑玄作笺注"麟之角"说："麟角之末有肉，示有武而不用。"一角兽且角是肉质，这在动物界是不多见的，麒麟的这个特征为我们确定它的原型提供了极大帮助。

古文记载麒麟独角的特征是"一角而戴肉"或"角头有肉"，目前世界上符合这种特征的动物只有独角犀牛。这种"角"是肉质的，是由角蛋白等元素组成的，并非真角。

先秦至两汉的文献中，有两次为人熟知的对麒麟的记载：第一次是孔子，在《春秋》哀公十四年有"西狩获麟"；第二次是班固在《汉书》的《孝武帝纪》篇写元狩元年冬十月"获白麟以馈宗庙"；他们都指出麒麟的主要特征在于角的与众不同。

（二）麒麟"马足"之圆蹄

古文献记载中非常明确，麒麟是马足圆蹄。如孔颖达在《诗经正义》中注释《麟之趾》篇引用了陆玑《毛诗草木鸟兽虫鱼疏》的看法，认为麒麟是"马足""员蹄"，"员蹄"也就是"圆蹄"。《尔雅》等辞书也解释麟为"马足""圆蹄"。

上述古文献记载麟为马足、圆蹄，这与现代动物学分类相同：犀牛、马及貘等属于哺乳纲"奇蹄目"。马、犀牛及貘等"奇蹄目"动物，其第五脚趾（小趾）已退化，但中脚趾（第三脚趾）变得发达，主要由它来支撑身体并行走。偶蹄目动物如獐、麏、鹿等，不是"圆蹄"、"马足"。"马蹄（足）"、"圆蹄"是犀牛、马及貘等几种动物才具有的特征，与其他动物的足明显不同，因此古人眼里的麟就是犀牛。

（三）麒麟与印度犀颜色之比较

《诗·麟之趾》疏所引《毛诗草木鸟兽虫鱼疏》及《尔雅翼·麟》都认为麟是"黄色"的，但《尔雅·释兽》篇疏引京房《易传》认为麟"有五彩，腹下黄"。"有五彩"是夸张的说法，今天所见犀牛正是黄色,与麒麟颜色相同。《史记·孝武本纪》中记载汉武帝巡狩雍地捕获白麟,可见麟还有白的。现存的犀牛颜色有四种,它们是褐黄色、褐色、黑色(深灰色)和白色(灰色),古书记载黄麟就是褐黄色的印度犀,白麟是白犀。

三、仁兽麒麟与印度犀之比较

《说文》等文献称麐或麟是仁兽。麟或麐不仅是仁兽,而且是瑞应之兽、圣灵之兽。《左传·哀公十四年》杜注:"麟者,仁兽,圣王之嘉瑞也。时无明王出而遇获,仲尼伤周道之不兴,感嘉瑞之无应。"《论衡·指瑞篇》说:"儒者说凤皇麒麟为圣王来,以为凤皇麒麟,仁圣禽也,思虑深,避害远。中国有道则来,无道则隐。称凤皇麒麟之仁知者,欲以褒圣人也。"由此可见,古人眼中麒麟不仅是仁兽,还是嘉瑞。古文献中对麒麟德行习性的描述,与印度犀的特点大部分都吻合,可见古人的思想并非仅仅出于想象。

(一)仁兽麒麟与印度犀性情

麒麟为什么被称为仁兽呢?《公羊传·哀公十四年》何休注:"(麟)一角而戴肉,设武备而不为害,所以为仁也。"这种解释不是虚夸、想像,这是从麟肉角的性质而言,确有现实的依据。一般来说,犀牛的角是用来进攻或者防御敌人,但印度犀牛却不这样,"设武备而不为害",能够与其他动物友好相处,这是古人称麒麟(也就是印度犀牛)为"仁兽"的真正原因。

从体形来看,犀牛仅次于大象,是第二大陆生动物。犀牛鼻上有角,全身皮革坚硬,以致刀箭很难伤到它。虽然犀牛头上有角,身披铠甲,样子十分凶猛、可怕,但犀牛性情胆小,一般不伤人,宁愿逃避也不迎接挑战,一般动物也伤害不了庞大的犀牛。狮、虎等大型猫科动物可以捕获幼犀,但对成年犀牛也无可奈何。犀牛陷入困境或受伤时异常凶猛,成年母犀牛为了保护幼犀,能致狮子于死地。可以说,在与其他动物的搏斗中,犀牛很难受到真正的伤害。就连脾气不好的非洲黑犀,除非自觉受到致命威胁,很少主动发起攻击。

(二)麒麟行为神化与犀牛生活习性

《诗经》中《周南·麟之趾》篇孔颖达注疏引《毛诗草木鸟兽虫鱼疏》,认为"麟""音中钟吕,行中规矩,游必择地,详而后处。不履生虫,不践生草,不群居,不侣行,不入陷阱,不罹罗网。王者至仁则出"。对麒麟的这种描述肯定有神化的地方,如"音中钟吕,行步中规,折还中矩","王者至仁则出"等说法,但大部分还是符合犀牛的生活习性。

《广雅·释兽》篇认为麟"不群居,不旅行",就是说,麒麟既不群居生活,也不远行,这与犀牛——尤其印度犀的习性相同。目前世界上的犀牛有四属五种,除非洲白犀一起小群生活外,大都是单独生活。这与古书记载麟"不群居,不旅行"的习性一致。

《广雅·释兽》篇说麒麟"行步中规,折还中矩;游必择土,翔必后处","不入陷阱,不罗罘罔(网)"。《说苑·辨物》篇说麒麟"择土而践,位平然后处",这正是印度犀生活规律的写照。印度犀的活动范围固定有限,与古书记载麒麟的情况相同。据当代动物学家的研究,犀牛的活动规律一般是白天在草丛或茂密的丛林憩息,活动一般选择清晨或傍晚、夜间,印度犀的休息场地有时距离水源几千米远。印度犀限定在每天能走到水源去的地方栖息，这种生活习性正与古籍描述的麒麟"游必择土，翔必后处"相吻合。

犀牛每天在一定的势力范围内活动，且路线固定。经过荆棘丛生的密林时，犀牛是靠自己的蛮力，开出一条道路。犀牛往往这样穿行在从觅食场到水源的路上。犀牛在固定的地方排便，这些粪便具有标记地界的作用，除此之外，犀牛还用排尿的方式来标记地界。犀牛通过这种方式来划出自己的势力范围，这与古书记载麟"行步中规，折还中矩"是一致的。犀牛的路线固定，行走相对安全，这与古书记载麒麟"不入陷阱，不罗罘罔（网）"的活动特征是相合的。

综上所述，我们确定了麟命名和神化的原因。古代我国境内犀牛种类丰富，为什么只有印度犀称为麟（麐）呢？从名称来看，是因为印度犀身上长有肉甲麟钉。印度犀为"一角兽"，独角特征十分明显；印度犀长有肉角却不用来进攻敌人，因此称为"仁兽"。由于气候环境变得干冷，印度犀不断南迁，在中原已经很少见到，偶尔在中原出现，就被认为是因圣王的"仁德"而来。这是麒麟被神化的主要原因。

小　结

　　一直以来,麒麟以仁兽、灵兽的形象出现在先秦诸子及此后的文化典籍里,是天下大治、祥和繁盛的征兆。这种形象受儒家影响较大,在黄老思想占主流的《淮南鸿烈》里,就有"麒麟斗而日月食",出现了麒麟凶猛威武的另一面。

　　从先秦到两汉,麒麟的形象经历了一个变化的过程:从自然界的一员,到与人和社会的关系越来越密切。从把杰出人物比喻成麒麟,到把万物之长、宇宙之长的圣人比喻成麒麟。

　　麒麟与我国史书的关系也较为密切,从孔子作《春秋》,绝笔于获麟;到汉武帝获白麟,司马迁封笔《史记》;《越绝书》的写作也是直接受"绝笔获麟"的影响。

　　最后一节,根据现代动物学的知识和历史文献记载,对于麒麟为什么是"仁兽"作了探讨。由甲骨文和金文文字,论证了商周之时麒麟的存在。根据麒麟身上似披了多层铠甲,而且有圆泡钉式的肉包的特征,把印度犀和其他犀牛区别开来;继而分析了麒麟与我国古代犀、兕之间的区别;最后从麒麟与印度犀的体形、独肉角、圆蹄、颜色、生活习性,证明了我国古代麒麟就是印度犀。同时回答了麒麟为什么是仁兽,以及人们喜爱麒麟的原因。

第五章　四灵体系形成的原因和影响

四灵作为一个体系、一个整体，是在什么样的思想背景下产生的？其形成的原因是什么？形成的内在动力是怎样的？对后世，在政治、文化、宗教及人们的心理方面产生了哪些影响？本章将就以上问题进行探讨。

第一节　四灵体系形成的原因

四灵从单个个体到形成整体，经历了一个漫长的过程，对此绪论进行了初步探讨。那么，它们形成整体的原因是什么呢？内在的动力是怎样的？本节将就这个问题展开讨论。

一、四灵体系成因研究成果

四灵体系的成因前人多有涉及，以下三种说法最有代表性。

（一）陈久金"图腾说"

陈久金在《华夏族群的图腾崇拜与四象概念的形成》一文中

提出：四象的概念源于上古华夏族群的图腾崇拜，东方苍龙源于东夷族的龙崇拜，西方白虎源于西羌族的虎崇拜，南方朱雀源于少昊族和南蛮族的鸟图腾崇拜，北方玄武源于夏民族的蛇图腾崇拜。也即四象的实质不是分布于黄道四个方位的四个动物，而是华夏族群的四个民族。[①]

陈久金从图腾研究得出结论，认为（广义上）四灵形成于华夏族群的图腾，华夏族群四个民族的图腾组成了四灵。这种说法表明，作者的研究视野较为开阔，已经跳出了他所熟悉的天文学领域，认识到四灵不是一时一地产生的，不是哪一个民族的产物，而是民族文化融合的结果。这为我们探究原因找到了方向，提供了思路。至于组成四灵的内在原因，也就是民族文化为什么融合，文章没有探讨。

（二）倪润安"天象和兵家说"

倪润安《论两汉四灵的源流》一文认为：我们可以比较清晰地认识到天象学和兵阴阳学通过相互作用，联手完成了四灵与方位的配属，同时也界定出四灵组合的功能域是天象与祥瑞。[②]

倪润安认识到四灵的形成与天象有关，并且增加了兵家学说。其实陈久金早就指出"四象的实质不是分布于黄道四个方位的四个动物，而是华夏族群的四个民族"[③]。天象只是我们看到的表象，而四灵组合的真正原因，倪润安认为与兵家排兵布阵

---

① 陈久金《华夏族群的图腾崇拜与四象概念的形成》，《自然科学史研究》，1992年第1期，第9页。
② 倪润安《论两汉四灵的源流》，《中原文物》，1999年第1期，第85页。
③ 陈久金《华夏族群的图腾崇拜与四象概念的形成》，《自然科学史研究》，1992年第1期，第9页。

直接相关,这仍然是从外形的相似来看待四灵的组成,没能找出内在原因。

（三）萧兵的"生命力说"

萧兵认为"四灵"成为"灵物",原因在于它们的生存能力、生存智慧与生存方式,"四灵"及其母型几乎都有极强的交配与繁衍能力,都是强悍而凶猛的动物。[①]

应该说,萧兵解释"成灵"原因比较深刻,抓住了问题要害,强悍而凶猛是主要原因。"灵"在《礼记·礼运》中的原意是"首领","龙"是水中动物首领,"凤"是空中鸟类首领,"麟"是陆地兽类首领,如果不强悍,不凶猛,怎能服众,怎能做得了首领？萧兵从动物的本性上升到人类的心理层面,再进入文化领域,解释较为合理,但对四灵组合的原因没有深挖,"四灵"组合的内在动力没有涉及。我们探究四灵组合的原因,必须结合四灵出现的社会时代背景,在广阔复杂的社会发展大潮流中寻找内在的根本原因。

二、"四灵"形成的原因

（一）"四灵"形成的思想背景

1.《礼记·礼运》篇的主旨

我们知道,"四灵"的提出最早是在《礼记·礼运》篇中。顾名思义,《礼运》探讨礼制的发展变化和运用,《礼运》篇提出了

---

① 萧兵《龙凤龟麟:中国四大灵物探究》,华中师范大学出版社 2014 年版。

"大同"社会的理想,认为礼制是"小康"社会达到"大顺"目标的重要保证。"故圣人乃以天下为一家,以中国为一人者,非意之也。……欲一以穷之,舍礼何以哉?"①依靠礼来实现"以天下为一家,以中国为一人"是《礼运》篇立意主旨,反映了战国时期的大一统思想。

儒家代表人物孟子也曾鲜明表达过这样的主张,《孟子·梁惠王上》篇认为将来天下必然"定于一"。②认为只有不好杀人的国君才能统一天下,并且表现出了舍我其谁的豪迈气概:

> (孟子)曰:彼一时,此一时也。五百年必有王者兴,其间必有明世者。由周而来,七百有余岁矣。以其数,则过矣;以其时考之,则可矣。夫天未欲平治天下也;如欲平治天下,当今之世,舍我其谁也?③

可见,春秋以来的诸侯争霸,战国时的激烈厮杀,使得统一成为时代主题,孟子想在统一的过程中大显身手,青史留名。孟子积极宣传自己的统一手段,主张行"王道",施仁政,轻徭薄赋,就能统一天下。

关于统一的方式,与儒家主张"王道"不同,管子一派是主张"霸道"的。《管子·霸言》篇认为:"夫争天下者必先争人,……得天下之众者王,得其半者霸。"④人是统一天下的决定性力量。

---

① 杨天宇《礼记译注》,上海古籍出版社 1997 年版,第 376 页。
② 杨伯峻《孟子译注》,中华书局 2005 年版,第 12 页。
③ 杨伯峻《孟子译注》,中华书局 2005 年版,第 109 页。
④ 颜昌峣《管子校释》,岳麓书社 1996 年版,第 215 页。

还指出谋略、形势、权力在统一过程中重要性:"夫争强之国,必先争谋,争刑,争权。……精于刑,则大国之地可夺,强国之兵可围也;精于权,则天下之兵可齐,诸侯之君可朝也。"①

可见,到战国时期,尽管对于统一的手段和策略见仁见智,诸子都已经认识到国家走向统一是大势所趋,这些主张为统一的到来奠定了舆论基础。

2. "以天下为一家"的社会时代背景

凡立论,须有针对性,针对时代急需解决的问题,有很强的社会时代背景。

《礼记》又称作《小戴礼记》,为西汉戴圣纂辑而成,共49篇,非一时一地之作,其中《礼运》篇有人认为是秦汉时的作品。② 王锷先生在综合了各家观点后认为,《礼运》是经多人多次记录整理而成,大概写成于战国初期,主体部分大概由子游记录整理完成,大约在战国晚期掺入了阴阳五行家之言,③有"四灵"的部分文字应该出现在战国晚期。④

战国末期七国争雄,尽管鹿死谁手尚不明确,但统一已是不可阻挡的潮流。战争空前残酷激烈,杀人盈城,流血漂橹,仅长平一战,赵国就有四十万将士被坑杀,当时的中华大地简直成了人间地狱。可见,经过春秋战国五百多年的战乱,和平安宁的生活是多么可贵。"以天下为一家,以中国为一人。"天下统一,恢复社会秩序,过上安居乐业的生活,是多少民众的期盼。从这个角度就不难理解提出"四灵"的意义和作用:

---

① 颜昌嶢《管子校释》,岳麓书社1996年版,第223页。
② 杨天宇《礼记译注》,上海古籍出版社1997年版,第362页。
③ 王锷《〈礼记〉成书考》,中华书局2007年版,第241页。
④ 详见绪论讨论"四灵"文字段落之写成时间部分。

> 何谓四灵？麟、凤、龟、龙，谓之四灵。故龙以
> 为畜，故鱼鲔不淰；凤以为畜，故鸟不獝；麟以为
> 畜，故兽不狘；龟以为畜，故人情不失。[①]

由上文看出，四灵在《礼记》中是家畜，作为水、陆、空三方的首领，使得自然界和谐共存，井然有序，可见"四灵"在自然界必不可少。秩序在这里被提高到极其重要的地位，由自然界上升到社会，上升到人类本身。生活在战国末期的人为战争所迫，流离失所，日夜不宁，多么渴望天下百姓新"首领"的产生，世界早日恢复秩序，能够安居乐业。

徐复观说："儒家要求统一，但统一是人民自然归向的结果，不赞成以战争为统一的手段。"[②]正如徐复观所说，儒家反对通过战争统一天下。如孟子认为："今夫天下之人牧，未有不嗜杀人者也。如有不嗜杀人者，则天下之民皆引领而望之矣。诚如是也，民归之，由水之就下，沛然谁能御之？"[③]坚决反对战争，主张实行"王道"，施行"仁"政来统一天下。

3.《礼记·礼运》提出以"礼"统一天下的主张

《礼记·礼运》认为当时天下"大同"的理想是不可能实现的，就退而求其次，通过推行礼制来统一天下。这种观点不同于孟子，更不同于管子一派，主张通过礼制来规范人的行为，维持人间秩序，明显是反对战争，反对武力的。《礼记·礼运》反复强调这一观点：

---

① 杨天宇《礼记译注》，上海古籍出版社 1997 年版，第 380 页。
② 徐复观《两汉思想史》（第一卷），华东师范大学出版社 2001 年版，第 67 页。
③ 杨伯峻《孟子译注》，中华书局 2005 年版，第 13 页。

> 孔子曰:"夫礼,先王以承天之道,以治人之
> 情,故失之者死,得之者生。……故圣人以礼示
> 之,故天下国家可得而正也。"①

借孔子之口说"礼"是秉承天道的,得之则生,失之则死,圣人用"礼"教育民众,天下国家就能治理好。又强调圣人用"礼"来治理人的七情,培养人的十义,使人讲诚信,崇尚谦让,放弃争夺。② "礼"是不能废止的,那些败国、丧家、忘身之事发生,就是因为废弃了礼。③

4."四灵"出现是儒家政治理想中实行"礼制"的结果

礼制大兴之后,天下就达到大顺局面:天降雨露,地出甘泉,凤凰、麒麟出现在郊区,龟和龙畜养在宫池里。④ 可见,"四灵"的出现,是儒家政治理想中礼制实行的结果,是战国时期的儒家学派对统一天下的一种设计和谋划。"四灵"在《礼记·礼运》篇里的出现,反映了当时人们渴望秩序,渴望和平,渴望安居乐业,渴望天下统一的早日到来,渴望统领天下的新"首领"的出现,反对战争,反对流血和杀戮的愿望。

(二)《礼记·礼运》篇:民族融合和文化整合的产物

大一统思想在中国古代历史进程中发挥了积极的作用:由于大一统观念深入人心,所以国家统一、民族融合、文化整合成为历史发展大趋势,民族地域文化整合为统一的中国传统文化

---

① 杨天宇《礼记译注》,上海古籍出版社 1997 年版,第 365 页。
② 杨天宇《礼记译注》,上海古籍出版社 1997 年版,第 376 页。
③ 杨天宇《礼记译注》,上海古籍出版社 1997 年版,第 382 页。
④ 杨天宇《礼记译注》,上海古籍出版社 1997 年版,第 385 页。

成为历史的必然。统一必须建立在民族文化融合的基础之上，一定程度的民族文化融合是统一的前提。

稷下学宫是当时各学术流派、各地域文化争鸣融合的中心，黄老、阴阳家、墨家、名家、纵横家、儒家等众多学派都有代表人物参与稷下学宫的文化交流活动。面对天下大势，各学派纷纷提出自己的政治思想主张，宣传自己的观点学说，一时人才荟萃，群星灿烂。如黄老学派的慎到、田骈，阴阳五行学派的邹衍，墨家的宋钘，名家的兒说、田巴，纵横家的淳于髡，儒家的孟子、荀子等，这些来自不同国家地域的重要人物，对中国传统文化的整合统一产生了重要影响。

到了齐王建时期，稷下学宫衰亡，稷下先生纷纷出走。吕不韦在秦国广招天下贤士，撰成《吕氏春秋》一书，汇集了阴阳、儒、墨、名、法、农家等诸家学派的思想，是"百家争鸣"的结晶。《吕氏春秋》提出用武力与恩德并施的方式统一中国，并主张建立一个统一的、中央集权制的封建国家。可见《吕氏春秋》提出了统一中国的军事政治策略以及统一后的国家管理体制构想，为统一的到来做了军事、政治及思想的谋划和准备。我们同样可以判定，《礼记·礼运》篇也是儒家一派为如何统一及统一后的施政策略做的建构和设想。

（三）"四灵"：民族认同、文化融合的结果

1. 民族认同促成了华夏文化的形成

李龙海在《汉民族形成之研究》一书中提出："但民族间的认同又是推动战国时期最终走向统一的内在动力。"[1]在民族差别

---

[1] 李龙海《汉民族形成之研究》，科学出版社 2010 年版，第 302 页。

方面,现在大多数人承认文化是"夷夏之辨"的主要标准,"礼"是
文化的一项重要内容,民族认同就包含了文化认同。民族认同
是一个长期不断发展的、互动的、渐进的过程,"多元一体"的华
夏文化是中国传统文化的核心。文化整合必然包含"礼"的整
合,我们正是在《礼记·礼运》篇里看到了"礼"在新时期的发展
与表述,认识到"四灵"的形成正是民族文化融合后的结果。

2."四灵":民族认同不断发展、民族文化不断融合的结果

李龙海在《汉民族形成之研究》一书中提出:

> 华夏族当形成于西周中晚期,夏人、商人与周
> 人是构成华夏族的三个最主要的来源。春秋战国
> 时期是华夏族群发展壮大的时期。……经过春秋
> 战国时期诸夏与周边诸族群在政治、经济、文化与
> 婚姻上的互动、交融,入主中原的戎蛮夷狄,以及
> 吴、楚、秦、越、中山等诸侯逐渐认同华夏(同时,也
> 被华夏所认可),华夏族得以迅速壮大。[1]

中华文化是以中原文化为核心,又不断融合蛮夷文化的结
果,中原文化是一种外向型文化,崇礼尚文,最大优点是开放性、
包容性。战国时期的文化融合也是中原文化与蛮夷文化相结
合,蛮夷文化色彩更浓,[2]"四灵"的形成是民族认同不断发展、民
族文化融合的结果。

---

① 李龙海《汉民族形成之研究》,科学出版社 2010 年版,前言第 7—8 页。
② 胡克森《融合——春秋至秦汉时期从分裂走向统一的文化思考》,人民出版社
2010 年版,第 12—13 页。

陈久金在《华夏族群的图腾崇拜与四象概念的形成》一文中提出：

> 四象的概念源于上古华夏族群的图腾崇拜，东方苍龙源于东夷族的龙崇拜，西方白虎源于西羌族的虎崇拜，南方朱雀源于少昊族和南蛮族的鸟图腾崇拜，北方玄武源于夏民族的蛇图腾崇拜。[①]

陈久金认识到：四灵不是一时一地产生的，不是哪一个民族的产物，它是民族文化融合的结果。

（1）龙成为"四灵"之一，是夏族、羌族及匈奴与其他民族文化不断融合的结果。

夏族祖先陶唐氏崇拜龙。《礼记·明堂位》篇记载天子行灌礼时舀酒用的勺子，夏侯氏用龙勺，殷天子用疏勺，周天子用蒲勺；悬挂钟磬用的架子，夏侯氏刻有龙纹，殷人刻有崇牙，周人刻有璧翣。[②]

甲骨文中有关于"龙方"的记载，据陈梦家研究，"龙方"与"羌方"相近，可能与匈奴有关。[③]

《史记·匈奴列传》载："岁正月，诸长小会单于廷，祠。五月，大会龙城，祭其先、天地、鬼神。"《索隐》注曰："崔浩云'西方

---

① 陈久金《华夏族群的图腾崇拜与四象概念的形成》，《自然科学史研究》，1992 年第 1 期，第 9 页。
② 孙希旦撰，沈啸寰、王星贤点校《礼记集解》，中华书局 1989 年版，第 851、854 页。
③ 陈梦家《殷虚卜辞综述》，中华书局 1988 年版，第 283 页。

胡皆事龙神,故名大会处为龙城'。"①

《汉书·匈奴传》载:"岁正月,诸长小会单于廷,祠。五月,大会龙城,祭其先、天地、鬼神。"②

《后汉书·南匈奴列传》载:"匈奴俗,岁有三龙祠,常以正月、五月、九月戊日祭天神。"③

据陈梦家研究,羌与夏可能为同族之人。④ 刘起釪认为,龙方与《山海经》中的先龙和氏羌族有血胤渊源关系,作为一个种族存在于商代,奉龙为元祖神,因而称为龙方族。⑤

我们推断,龙成为"四灵"之一的原因,是在夏族、羌族、匈奴与更多的族群融合的过程中,"龙"作为民族文化的一种标志、一个符号保留下来,改造成一个被更多人认可接受的新"龙",龙作为"首领"的精神观念,应该是其主要内容之一。

(2)凤成为"四灵"之一,是少昊族和南蛮族与其他民族文化不断融合的结果。

陈久金认为"南方朱雀源于少昊族和南蛮族的鸟图腾崇拜",从前面章节来看,这种看法大致不错。《春秋左传·昭公十七年》记载郯子的介绍:"我高祖少皞挚之立也,凤鸟适至,故纪于鸟,为鸟师而鸟名:凤鸟氏,历正也。"⑥

我们知道,早在商代,少昊氏后裔建立郯国,郯国属于今山东省临沂市。郯城是"东夷"集团中最大的方国徐国之都,是古徐州和徐国文化的源头,亦是徐姓的祖陵和发迹之地。

---

①　司马迁《史记》,中华书局 1982 年版,第 2892 页。

②　班固《汉书》,中华书局 1962 年版,第 3752 页。

③　范晔《后汉书》,中华书局 1965 年版,第 2944 页。

④　陈梦家《殷虚卜辞综述》,中华书局 1988 年版,第 281—282 页。

⑤　顾颉刚、刘起釪《尚书校释译论》,中华书局 2005 年版,第 285 页。

⑥　杨伯峻《春秋左传注》,中华书局 2009 年版,第 1386—1388 页。

三国时期,占据长江下游一带的吴国,先有开国之君孙权用"神凤",后有亡国之君孙皓用"凤凰"作年号。相比之下,魏国和蜀国的皇帝的年号没有一次用凤凰,可见"凤凰"在江浙等地影响久远。

我们推断,凤成为"四灵"之一的原因,是在少昊族和南蛮族与更多的族群融合的过程中,"凤"作为民族文化的一种标志、一个符号保留下来,改造成一个被更多人认可接受的新"凤",凤作为"首领"的精神观念,应该是其主要内容之一。

(3)龟成为"四灵"之一,是北方各民族不断融合的结果。

出土材料证明,史前时期,先民除把龟作为食物之外,丧葬、祭祀和占卜也都用龟来进行。根据范方芳的研究成果,"墓葬中出土的龟甲器以实物龟甲器为主,主要见于贾湖和大汶口文化诸遗址。除此在马家浜文化、仰韶文化等遗址中也有少量发现,如圩墩、下王岗、龙岗寺遗址等"。在丁公、城子崖和马家窑遗址中发现了一些装有小石子的陶龟,在凌家滩、牛河梁遗址、胡头沟遗址还出土了玉龟。[1] 祭祀用龟数量较少,主要包括贾湖遗址和湖南洪江高庙遗址出土的实物龟甲、邓家湾出土的陶龟和北京平谷上宅的石龟等。[2]

龟灵崇拜信仰随着大汶口文化至龙山文化的时代转变而变。商代龟卜继承了贾湖时期的龟灵观念,又结合黄淮流域的骨卜传统发展而来。在中国历史上使用龟作年号的仅有一次,是北魏孝明帝元诩(神龟,518—520)。北魏是黄帝后裔鲜卑族

---

① 范方芳《中国史前用龟现象研究》,中国科学技术大学博士学位论文,2008年,第17页。

② 范方芳《中国史前用龟现象研究》,中国科学技术大学博士学位论文,2008年,第19页。

拓跋氏所建,发源于蒙古高原,可见龟在北方民族中影响深远。龟为"四灵"之一,应该是北方各民族间文化不断融合的结果。

(4)麒麟成为"四灵"之一,是北方各民族间文化不断融合的结果。

我们曾在第四章探讨了获麟与写史的关系:孔子"绝笔于获麟",汉武获麟使得司马迁封笔《史记》,《越绝书》的作者也声称其创作直接受"绝笔获麟"的影响。

大一统王朝中使用麒麟作年号的有汉武帝和唐高宗。汉武帝在公元前122年到雍,获白麟,遂改元为元狩,也应该看作以麒麟为年号。在偏据一隅的政权里,十六国的前赵刘聪和后凉吕光用过麒麟年号。前赵(304—329)是十六国时期大国之一,是西晋晚期匈奴在北方建立的第一个少数民族政权。后凉(386—403)是十六国时期氐族贵族吕光建立的政权,统治范围包括今甘肃西部和宁夏、青海、新疆一部分。可见,历史上生活在北方的民族更钟爱麒麟。麒麟成为"四灵"之一,是北方各民族间文化不断融合的过程中,"麒麟"作为民族文化的一种标志、一个符号保留下来,改造成一个被更多的人所认可接受的新"麒麟"。麒麟作为"首领"的精神观念,应该是其主要内容之一。

第二节　四灵对后世之影响

汉代以后,四灵在历代王朝中继续发挥着影响,当然,四者发展是不平衡的,龙凤的影响越来越大,相对来说,龟与麒麟的影响弱了一些。四灵作为天下安宁太平的祥瑞,与皇权有着密切的关系;在下层,也深受民众崇拜。四灵对政治、宗教、文学、科举、民间信仰、建筑、服饰等的影响广泛而持久。

一、从年号看四灵与皇权的关系

中国历史上用年号纪年,始于汉武帝,即公元前 140 年的建元元年,终于清代宣统三年,即清朝灭亡的 1911 年。以后就采用公历,废除年号。一般说来,年号的更换与变化,是改朝换代或皇帝登基的标志之一。因此,年号就成为汉代以来,民众判断和认识重大政治生活改变的依据之一,是王朝政治生活的"晴雨表"。很多年号都与祥瑞有关,四灵就是其中之一。从四灵的使用频率与使用时间可以看出四灵在时人心目中的地位与影响。当然,年号使用时间既长,使用情况就相当复杂。同一时期往往有数个政权并存,有多个年号在不同地区同时使用。[1]

---

① 本书在统计数目时,凡是使用过的年号,就全部记录;年份统计仍以传统封建王朝正朔为准,有年号并存且都用四灵之同一种的,则剔除重复年份,不足一年的均按一年计。

（一）龙作年号的次数、朝代及时间

1.奉为正朔的封建王朝

表 5-1　奉为正朔龙年号历史沿革表

序号	年号	朝代	庙号	起止时间	姓名	年份
1	黄龙	西汉	宣帝	前 49	刘询	1
2	青龙	三国魏	明帝	233—237	曹叡	5
3	龙朔	唐	高宗	661—663	李治	3
4	神龙	唐	则天后	705	武曌	1
5	神龙	唐	中宗	705—707	李显	3
6	景龙	唐	中宗	707—710	李显	4
7	龙纪	唐	昭宗	889	李晔	1
8	龙德	后梁	末帝	921—923	朱友贞	3

2.偏据一隅政权

表 5-2　偏据一隅政权龙年号历史沿革表

序号	年号	朝代	起止时间	姓名	年份
1	龙兴	东汉	25—36	公孙述	12
2	黄龙	三国吴	229—231	孙权	3
3	龙兴	十六国后赵	337	侯子光	1
4	青龙	十六国后赵	350	石鉴	1
5	黑龙	十六国前秦	374	张育	1
6	龙飞	十六国后凉	396—399	吕光	4
7	青龙	十六国后燕	398	兰汗	1

续表

序号	年号	朝代	起止时间	姓名	年份
8	龙升	夏	407—413	赫连勃勃	7
9	黄龙	唐	761	段子璋	1
10	见龙	南诏	780—783	异牟寻	4
11	龙兴	南诏	810—816	劝龙晟	7
12	白龙	五代十国南汉	925—928	刘龑	4
13	龙启	五代十国闽	933—934	王延钧	2
14	龙兴	后理	1155—？	段正兴	
15	龙凤	元	1355—1366	韩林儿	12
16	龙凤	明	1397	田九成、王金刚奴	1
17	龙飞	明	？	张琏	

  在被尊为正朔的王朝里面，有西汉、三国魏、唐与后梁四朝七帝共二十年，使用了七个含有龙的年号。[①] 在偏据一隅的政权里面，有十四个朝代的十六个政权先后用过龙年号，时间上从汉代一直延续到明代。如果按传统正朔王朝排列，有西汉（宣帝）、东汉（公孙述）、三国（魏曹叡、吴孙权）、东晋（后赵石鉴、侯子光、前秦张育、后凉吕光、后燕兰汗、夏赫连勃勃）、唐（高宗、则天后、中宗、昭宗、段子璋）、五代十国（后梁末帝、南汉刘龑、闽王延钧）、南宋（后理段正兴）、元（韩林儿）、明（田九成、王金刚奴、张琏）。可以说，从汉代到明代，当有人要称帝或者改元之时，含有龙的年号是较为经常的一个选择，可见龙在政治生活中持久而又强大的影响力。

---

① 本文采用数据资料，据万国鼎《中国历史纪年表》，中华书局 1978 年版；李崇智《中国历代年号考》，中华书局 2001 年版。

（二）凤作年号的次数、朝代及时间

1.奉为正朔的封建王朝

表5-3　奉为正朔凤年号历史沿革表

序号	年号	朝代	庙号	姓名	起止时间	年份
1	元凤	西汉	昭帝	刘弗陵	前80—前75	6
2	五凤	西汉	宣帝	刘询	前57—前54	4
3	天凤	新		王莽	14—19	6
4	仪凤	唐	高宗	李治	676—679	4
5	凤历	五代十国后梁	郢王	朱友珪	913	1

2.偏据一隅政权

表5-4　偏据一隅政权凤年号历史沿革表

序号	年号	朝代	姓名	起止时间	年份
1	神凤	三国吴	孙权	252	1
2	五凤	三国吴	孙亮	254—256	3
3	凤凰	三国吴	孙皓	272—274	3
4	神凤	西晋	刘尼、张昌	303	1
5	凤凰	东晋	李弘、李金银	370	1
6	凤凰	十六国前凉	张大豫	386	1
7	凤翔	十六国夏	赫连勃勃	413—418	6
8	五凤	隋	窦建德	618—621	4
9	鸣凤	隋	萧铣	617—621	5
10	凤历	后理	段智廉	1201—？	
11	龙凤	元	韩林儿	1355—1366	11
12	龙凤	明	田九成、王金刚奴	1397	1

在被尊为正朔的王朝里面,有西汉、新、唐与后梁四朝五帝共二十一年,使用了五个含有凤的年号。[①] 在偏据一隅的政权里面,有九个朝代的十个政权先后用过凤年号,时间上从汉代一直延续到明代。如果按传统正朔王朝排列,有西汉(昭帝、宣帝)、新(王莽)、三国(吴孙权、孙亮、孙皓)、西晋(刘尼、张昌)、东晋(李弘、李金银、前凉张大豫、夏赫连勃勃)、隋(窦建德、萧铣)、唐(高宗)、五代十国(后梁郢王)、南宋(后理段智廉)、元(韩林儿)、明(田九成、王金刚奴)。可以说,从汉代到明代,当有人要称帝或者改元之时,含有凤的年号也是较为常见的一个选择。同龙一样,凤在政治生活中也有持久而又强大的影响力。

不仅如此,龙凤还经常连用,如汉宣帝用五凤(前 57—前 54)、黄龙(前 49);与东晋并列的十六国夏,是匈奴族建立的国家,其主赫连勃勃先后用龙升(407—413)、凤翔(413—418)作为年号;元代的红巾军起义首领韩林儿(1355—1366),明代洪武年间陕西农民起义首领田九成、王金刚奴(1397)都直接用龙凤作为年号。

(三)麒麟、龟作年号的次数、朝代及时间

1.麒麟作年号的次数、朝代及时间

在奉为正朔的封建王朝里,用麒麟作年号的是唐高宗李治,四灵中的三灵龙、麟、凤他都用过。在偏据一隅的政权里,十六国前赵刘聪和后凉吕光用过麒麟年号。汉武帝在公元前 122 年到雍,获白麟,遂改元为元狩,也应该看作以麒麟为年号。

---

① 本文采用数据资料,据万国鼎《中国历史纪年表》中华书局 1978 年版;李崇智《中国历代年号考》中华书局 2001 年版。

表 5-5　麒麟年号历史沿革表

序号	年号	朝代	庙号	姓名	起止时间	年份
1	元狩	西汉	武帝	刘彻	前 122—前 117	6
2	麟嘉	十六国前赵		刘聪	316—318	3
3	麟嘉	十六国后凉		吕光	389—396	8
4	麟德	唐	高宗	李治	664—665	2

2. 龟作年号的朝代及时间

在中国历史上用龟作年号的仅有一次,是北魏孝明帝元诩。

表 5-6　龟年号历史沿革表

朝代	年号	庙号	姓名	起止时间	年份
北魏	神龟	孝明帝	元诩	518—520	3

通过以上列表对比我们可以看出,从公元前一世纪以后,到十四世纪止,龙几乎在每个世纪都作为年号出现,前后共使用 25 次之多;凤在其次,从公元前一世纪开始,到十四世纪,凤用作年号也多达 17 次。麒麟从公元前 122 年开始,到公元 665 年止,作为年号共出现 4 次,龟只在 518—520 出现过 1 次,时间也仅 3 年。

麒麟和龟,无论时间长度还是使用频率,都远远无法同龙凤相比。可见,龙凤对政治生活的重要性是不言而喻的,深深地影响着人们的观念、思想和社会生活。

龙在春秋时期还曾让人感到害怕,从汉代开始,逐步成了皇权的象征。

麒麟曾经那样受人崇拜,直至春秋,人们都认为麒麟出现是政治清明的象征,连孔子都曾为麒麟受伤死去而惋惜流泪。唐代以后，麒麟对政治生活的影响明显下降，而作为送子神兽，得到普通百姓的喜爱，深受广大下层劳动人民的欢迎。

龟在夏商周时期是专制王权的象征，春秋战国时期的礼崩乐坏，使得龟从神坛走向世俗，从宫廷走向民间。在北魏时还有孝明帝以龟为年号，此后，龟在政治生活中的地位进一步下降。到唐宋时，龟已经在民间广泛传播开来，并且逐步走向了反面，变为胆小怕事和妻有外遇的象征。龟的境遇是最具戏剧性的，其落差之大，可以说是天翻地覆。

综合上述，龟与龙的地位变化最大，在几千年的历史长河中，龟的地位是呈下降趋势的，从最高到最低；龙呈上升趋势，从最低到最高。麒麟总的来说也是呈下降趋势，虽然变化没有龟与龙的幅度大。凤的变化幅度最小，一直比较平稳，深受上层统治阶级和下层劳动人民的喜爱。

二、四灵与宗教的关系[①]

（一）四灵与道教的关系

在道教里，四灵既指麟凤龟龙，也指青龙、白虎、朱雀、玄武，但主要是指后者，就是传统意义上的四神。四灵主要以护卫使者的形象出现，并且它们的方位和职责也较为明确固定："青龙在左，孟章敬听；白虎在右，监兵通灵；朱雀导前，灵光下临；玄武从后，执明速呈。"四灵甚至可以"带日挟月，巡行九州"。因此，在道教里面，四灵被称为"四灵神君"，它们神通广大，可以上天入地，斩妖除魔。

---

① 从这里开始，表中所引"文章内容"均为全文中仅涉及四灵的部分。

表 5-7　道教文献中的四灵

朝代	作者	出处	版本	文章内容
晋	葛洪	《抱朴子·外篇》卷五	四部丛刊景明本	是以七政不乱象于玄极,寒温不谬节而错集,四灵备觌,芝华灼粲。
南北朝	陶弘景	《真诰》卷三	明正统道藏本	八风鼓锦被,碧树曜四灵。
南北朝	陶弘景	《真诰》卷十	明正统道藏本	今墓有青龙秉气,上元辟非,元武延躯,虎啸八垂,殆神仙之邸窟,炼形之所归,乃上吉冢也,其言如此,此犹是前所服三气之范监也,四灵虽同墓法而形相莫辩,又以朱鸟为上元,亦所未详也。
五代	杜光庭	《道德真经广圣义》卷二	明正统道藏本	三曰老君降生之时,日童杨辉,月妃散华,七元流景,祥云荫真,四灵朔卫,玉女捧接,圣母因攀李树,忽尔降生矣。
五代	杜光庭	《道德真经广圣义》卷三十五	明正统道藏本	人情以为田,四灵以为畜,故人情者圣王之田也。
五代	杜光庭	《太上黄箓斋仪》卷四十七	明正统道藏本	四灵效瑞以来仪,七正循常而合度。
五代	杜光庭	《太上黄箓斋仪》卷五十一	明正统道藏本	解罪考于幽都,致福祥于庶品,四灵叶瑞,万国咸宁,得道之后,升入无形。
宋	白玉蟾	《武夷集》卷七	明正统道藏本	赠薛氏振歌 麒角独异凤毛轻,得龙之秀龟之清。麟凤龟龙谓四灵,尔曹骨气同峥嵘。
宋	蒋叔舆	《无上黄箓大斋立成仪》卷八	明正统道藏本	五德将军,龙虎骑吏,四灵神君。

续表

朝代	作者	出处	版本	文章内容
宋	蒋叔舆	《无上黄箓大斋立成仪》卷十四	明正统道藏本	功曹使者,左右前后,青龙白虎朱雀玄武,四灵神君。
宋	蒋叔舆	《无上黄箓大斋立成仪》卷十九	明正统道藏本	科仪门 毕瞑目思青龙朱雀白虎玄武次头戴斗五星日月焕然呪曰……吾召四灵,四灵既集即当游,带日挟月,巡行九州。
宋	蒋叔舆	《无上黄箓大斋立成仪》卷三十八	明正统道藏本	左列第四班醮位……八卦大神 灵坛四灵神君 中界直符使者
宋	吕太古	《道门通教必用集》卷三赞咏篇	明正统道藏本	受传于符戒,先须澡身浴德振衣弹冠,敬凭神呪,以护符请,就兰汤而灌濯,四灵备卫,九气密罗,澡浴仪文,请为宣示。
宋	吕太古	《道门通教必用集》卷七威仪篇	明正统道藏本	东方青龙……立吾左 西方白虎……立吾右 南方朱雀……导吾前 北方玄武……从吾后
宋	吕太古	《道门通教必用集》卷七威仪篇	明正统道藏本	吾召四灵,四灵既集即当游,带日挟月行九州。
宋	吕太古	《道门通教必用集》卷七威仪篇	明正统道藏本	日月星宿,五岳四渎,兵马在目前,四灵并罗列,在左右前后,次诵北斗七元星君神呪。
宋	佚名	《灵宝玉鉴》卷七	明正统道藏本	青龙在左,孟章敬听,白虎在右,监兵通灵,朱雀导前,灵光下临,玄武从后,执明速呈。
宋	佚名	《灵宝玉鉴》卷十二	明正统道藏本	呪曰:吾召四灵君,四灵毕集临。
宋	佚名	《太上三洞神呪》卷二雷霆召役诸呪	明正统道藏本	巡坛呪 巡坛一币,立召四灵,四灵既集,疾速卫坛,捧符执节,随吾而行。

朝代	作者	出处	版本	文章内容
宋	佚名	《太上三洞神咒》卷二雷霆召役诸咒	明正统道藏本	不得违吾令,上奏于四灵,若违吾令者,有如逆上清,天帝灭汝身,酆都戮汝形,急急如律令。
宋	佚名	《玉堂大法》卷二十四	明正统道藏本	行符咒对病人 九天上帝,四灵八门,七政二玄,三素九精。
宋	张君房	《云笈七签》卷之四十一摄一	四部丛刊景明正统道藏本	五云盖体四灵侍卫
金	王喆	《重阳全真集》卷九《了了歌》	明正统道藏本	动则四灵神彩结,静来万道玉光辉。
元	佚名	《法海遗珠》卷五	明正统道藏本	咒曰:四灵四灵,午急附吾兵,卯听吾呼召,统领乾坤煞,急急如律令。
元	佚名	《法海遗珠》卷七	明正统道藏本	咒曰……不得违吾令,上奏于四灵,如逆吾令者,如同逆上清,天帝灭汝身,风刀斩汝形急急如紫微大帝敕。
元	佚名	《法海遗珠》卷十二	明正统道藏本	护身咒 天帝光明,日月照临,万邪不干,四灵护身。
元	佚名	《法海遗珠》卷十二	明正统道藏本	护身保命四灵符,男左女右带之。

(二)四灵与佛教的关系

在佛教里,四灵是麟凤龟龙,是天下太平、政通人和之时出现的祥瑞之兽。

表 5-8　佛教文献中的四灵

朝代	作者	出　　处	版本	文章内容
南北朝	释慧皎	《高僧传》卷九	大正新修大藏经本	澄因而谏曰:"夫王者德化洽于宇内,则四灵表瑞政。"
南北朝	何承天	《达性论》卷第四	四部丛刊景明本弘明集	是为君长,抚养黎元,助天宣。德日月淑清,四灵来格,祥风协律。
唐	释道世	《法苑珠林》卷第七十六	四部丛刊景明万历本	澄因而谏曰:"夫王者德化洽于宇内,则四灵表瑞政。"
元	释祥迈	《大元至元辨伪录》卷三	元刻本	曰童扬辉,月妃散花,七元流景,祥云荫庭,四灵翊卫,玉女捧接,其母攀枝,万鹤翔空,九龙吐水,七十二相,八十一好,指天指地,唯道独尊,及长为文王。
明	释大壑	《南屏净慈寺志》卷五法胤	明万历刻清康熙增修本	虽无力止高之侵疆,李之燬寺,而神通独施于佛庐之坏空,岂四灵类乎!寺复有青衣入梦,自救其毙者,此真龟精也。
清	彭绍升	《居士传》卷十六	清乾隆四十年长洲彭氏刻本	颜清臣,名真卿,琅邪临河人也。……肃宗昭曰:"朕以中孚及物亭育为心,凡左覆载之中,毕登仁寿之域,四灵是畜,一气同侬。"

　　综合上述,在道教和佛教里,四灵的内容和含义是不同的。在道教里,四灵主要指青龙、白虎、朱雀、玄武,也就是传统意义上的四神,是以护卫使者的形象出现的。在佛教里,四灵就是指

麟凤龟龙,是祥瑞之兽,深受人们喜爱。

三、四灵与文学的关系

四灵产生之后,就成为古代诗歌、散文、戏曲吟咏的对象:有的直接以四灵为题,如《四灵赋》,有的以四灵之一为题,如《神龟赋》等,给文学增添了新的素材和表现主题,增加了文学的表现内容。四灵就是描写麟凤龟龙,一般与赞美皇权有关,多是作为祥瑞出现的仁兽;极少是衬托个人即将飞黄腾达的氛围,如宋代的《鄱阳湖观打鱼》篇中的四灵就是如此。

（一）四灵与古代诗歌的关系

表 5-9　古代诗歌中的四灵

朝代	作者	出处	版本	文章内容
三国魏	曹植	《曹子建集·神龟赋》卷四	四部丛刊景明活字本	余感而赋之曰:嘉四灵之建德,各潜位乎一方。
三国吴	胡综	《初学记·大牙旗赋》卷二十二武部	清光绪孔氏三十三万卷堂本	圣人观法,是儆为营,始作器械,爰求厥成,四灵既布,黄龙处中。
唐	元稹	《元氏长庆集·郊天日五色祥云赋》卷第二十七	四部丛刊景明嘉靖本	三并美于麟凤龟龙,可以与四灵而为五。
宋	白玉蟾	《武夷集·赠薛氏振歌》卷七	明正统道藏本	麒角独异凤毛轻,得龙之秀龟之清,麟凤龟龙谓四灵,尔曹骨气同峥嵘。
宋	杨时	《两宋名贤小集·席太君挽辞》卷九十九	清文渊阁四库全书本	贤配无前古,传家有子贤,四灵来荐瑞,一鹗已摩天。

续表

朝代	作者	出处	版本	文章内容
元	郑伯英	《宋诗拾遗·放龟》卷十八	清钞本	城中有四灵,麟凤神龙龟,凤翔兮千仞,麟兮不可覊。
元	成廷珪	《居竹轩诗集·瑞麟图》卷二	清文渊阁四库全书本	麟也……三代嘉祥冠四灵。
元	同恕	《榘庵集·送王君冕赴试京师》卷十二	清文渊阁四库全书补配清文津阁四库全书本	笔端清气洒秋泉,剩觉乾坤赋子偏,王者四灵才纪瑞,日华五色果成篇。
元	俞希鲁	《镇江志·郡庠四灵》卷二十一	清嘉庆宛委别藏本	麟之赞曰……凤之赞曰……龙之赞曰……龟之赞曰……
明	董应举	《崇相集·题徐玄仗见龙室》卷八	明崇祯刻本	四灵为世瑞,患苦不相图,苟不前民患,四灵何有无。
明	冯惟讷	《古诗纪·永至乐(皇帝人坛东门)》卷七十三	清文渊阁四库全书本	威蔼四灵,洞曜三光,皇德全被,大礼流昌。
明	冯惟讷	《古诗纪·九月九日云林右英夫人作》卷七十三	清文渊阁四库全书本	八风鼓锦披,碧树曜四灵。
明	李东阳	《怀麓堂集·题双凤图为崔埒》卷五十三	清文渊阁四库全书本	圣朝有道万物遂,郊有四灵何但一,已看国士多羽翼,复道郎君好家室。

（二）四灵与古代散文的关系

表 5-10 古代散文中的四灵

朝代	作者	出处	版本	文章内容
晋	潘尼	《初学记·后园颂》卷二十二	清光绪孔氏三十三万卷堂本	乃眷我皇，光有大晋，应期纳祜，天人是顺，和气四充，惠泽旁润，神祇告祥，四灵效质，游龙升云，仪凤翳日，甘露晨流，醴泉涌溢。
南北朝	何承天	《弘明集·达性论》卷第四	四部丛刊景明本	是为君长，抚养黎元，助天宣德，日月淑清，四灵来格，祥风协律。
唐	李华	《李遐叔文集·卜论》卷二	清文渊阁四库全书本	五福首乎寿，麟凤龟龙谓之四灵，龟不伤物，呼吸元气，于介虫为长。
唐	李筌	《太白阴经·龟卜篇》卷十	清初虞山毛氏汲古阁钞本	河出图，洛出书，圣人则之，则灵龟图自河而出也，是龟龙麟凤四灵，龟居其一。
宋	胡寅	《斐然集·麟斋记》卷二十一	清文渊阁四库全书补配清文津阁四库全书本	麟龙凤龟动物之殊尤者耳，既以灵目之，又称瑞焉，太平而后见，非若凡物可力致也，今易得莫如龟，而龙也人亦多见之。
宋	李昉	《文苑英华·四灵赋》卷八十四	明刻本	于惟圣人之志气如神，百物自化，四灵荐臻，是以鸟兽浸其惠泽，昆虫怀其深仁福。
元	赵孟頫	《松雪斋集·参政郝公画像赞》卷十	四部丛刊景元本	麟凤龟龙，是谓四灵，公出瑞世，仪于帝廷。

续表

朝代	作者	出处	版本	文章内容
元	朱文霆	《元赋青云梯·四灵赋》卷上	清嘉庆宛委别藏本	曰麟出而改元兮,曰龙见而改历,何灵龟之不沼兮,神雀纷其屡集。
元	林同生	《历代赋汇·四灵赋》卷五十五	清文渊阁四库全书本	乾清坤宁,圣作物睹,当四灵之毕来,知万物之得所。
元	林仲节	《历代赋汇·四灵赋》卷五十五	清文渊阁四库全书本	粤若先民,伤时思昔,纪礼运以成书,表四灵之为德。
明	程敏政	《明文衡·芝颂》卷二十	四部丛刊景明本	龟龙麟凤诸福之物靡不毕至,而国之大瑞备矣。
明	陆深	《俨山集贺圣朝》卷二十三	清文渊阁四库全书补配清文津阁四库全书本	奏抚安四夷之舞,贺圣朝华夷一统,万国来同献方物,修庭贡远慕皇风,自南自北自西自东望,天官佳气郁重重,四灵毕至麟凤龟龙。
明	汤显祖	《玉茗堂全集·四灵山赋》	明天启刻本	乃得佳城艮坤幽妥淑魄耳,记言龟龙麟凤四灵,形家本天文星气。

（三）四灵与古代戏曲的关系

表 5-11　古代戏曲中的四灵

朝代	作者	出处	版本	文章内容
明	梅鼎祚	《六十种曲·玉合记》	明毛氏汲古阁刻本	说起今上是神尧皇帝五代玄孙,践祚三十余载,朔更天宝,讳曰隆基,武戡圣功一怒,风霆迅扫,文成睿藻,片言云汉昭,回试看万国咸宾,平尧柳通舜梧,梯山航海,若问四灵毕至,献玉环,出银瓮,援契应图,况兼那天纵多能李三郎风流得数,合配这春生百媚杨太真秀色可餐,他果然降自瑶台,却好的贮来金屋神光。

四、四灵与科举的关系

我国古代科举制度,是从隋开始的,唐以后大兴,对以后历代的政治、经济、军事、文化、文学等各方面产生了重要而又深远的影响。而四灵作为科举考试的题目之一,受到封建统治者的重视。

表 5-12　古代以四灵为题的科举考试

朝代	作者	考试级别	出处	版本	文章内容
元	谢应芳	浙江乡试	《龟巢稿·四灵赋》卷一	四部丛刊三编景钞本	维龟维龙维凤维麟,应时毕至,以彰圣神,乃咏厥事,以耀于黎民。
明	程端学	浙江乡试	《谰言长语·四灵赋》卷上	民国景明宝颜堂秘笈本	
明	欧阳玄	浙江乡试	《新安文献志·积斋程君端学墓志铭》卷七十一	清文渊阁四库全书本	癸亥予以鸠兹宰浙省聘为秋闱试官,第二场四灵赋本房得一卷……此四明处士程敬叔先生之弟时叔也。

续表

朝代	作者	考试级别	出处	版本	文章内容
明	华叔阳	部试	《华礼部集·圣人在上而凤皇仪论》卷五	明万历刻本	天之气通于人而其灾祥之报恒验于物,是故王道得则蓍荄生,信顺协而四灵至,盖神异之物不常有于天下,而其现也必有俟乎。

从考试层次来讲,既有乡试,也有部试;从所出题目来讲,既有直接以四灵为题,也有以四灵之一凤凰为题。科举是统治者为了选拔笼络人才而大力推行的考试制度,而以四灵为题,可以看出士子对皇权的感情和态度,对封建政权忠诚和热爱的程度,以及对历史和时势的把握程度,同时也可以表现士子的文学才华。对四灵的赞颂,也就是对当今皇帝的赞颂,对当今封建政权的赞颂,较为委婉和间接,不是那么直白和露骨。

五、四灵与封建上层的关系

(一)御书中的四灵

皇帝御书中提及四灵的有唐肃宗和宋真宗,见下表。

表 5-13　御书中的四灵

朝代	作者	出处	版本	文章内容
唐	唐肃宗	《唐文粹·御书批答》	四部丛刊景元翻宋小字本	朕以中孚及物,亭育为心。凡在覆载之中,毕登仁寿之域。四灵是畜,一气同和。江汉为池,鱼鳖咸若。卿慎微盛典,润色大猷。能以懿文,用刊乐石。体含飞动,韵合铿锵。成不朽之立言,纪好生之上德。唱而必和,自古有之。情发于中,予嘉乃意。所请者依。
	附①(颜真卿)	《唐文粹·乞御书题天下放生池碑额表》	四部丛刊景元翻宋小字本	臣真卿言,臣闻帝王之德莫大于生成,臣子之心敢忘于赞述。
宋	宋真宗	《(景定)建康志·观龙歌》	清文渊阁四库全书本	歌曰:四灵之长惟虬龙,虬龙变化固难同。三茅福地旱仙宅,灵物潜形在此中。池内仙人驯扰得,至今隐显谁能测。乘云蠢动独标奇,行雨嘉生皆荷力。常人竞取暂从心,才出山楹兮无处寻。中使勤求深有意,欲献明廷兮陈上瑞。初梼一龙朝魏阙,偶抱二龙离洞穴。人心龙心若符契,一去一住何神异。我睹真龙幸不惊,至诚祝龙龙好听。但期风雨年年顺,庶使仓箱处处盈。

　　唐肃宗的御书,是应颜真卿所请而题写的天下放生池碑额,里面明确提到了四灵,"四灵是畜,一气同和",认为四灵也与大唐臣民一心,为天下的太平安宁祈祷,是仁兽。

　　宋真宗的御书《观龙歌》,有实物为证。现茅山道院收藏宋

---

① 　为了更加清楚地说明唐肃宗批答御书的来龙去脉,颜真卿作为附录列表于上。

代御制观龙歌并序碑。此碑为青石,高 1.8 米、宽 0.8 米、厚 0.13 米,乃北宋真宗皇帝赵恒撰文并御书。《御制观龙歌并序》中有载:"茅山记云:雷平池,火浣官池并有小黑龙游其中。今少睹者,又有郭真人池,池中常有之。盖灵物变化所处不一,人或取之出山,虽缄闭于器皿中,皆潜失焉。近遣中使任文庆醮祭名山,为民祈福,文庆祷取两龙来献,因将二龙以行,中路风雨,果失其一,持一龙至阙下,细观其形。诚有可异,故为歌以纪之……"此碑毁于清咸丰年间。1983 年 8 月,在元符宫五层台道观遗址大龙池边,发现御制观龙歌碑片 2 块,收回藏于元符万宁宫内。[①]

宋真宗在《观龙歌》里也提到了四灵,并祈求借着龙的威力,使得年年风调雨顺,五谷丰登。可见,四灵之一的龙在皇帝心中的重要位置。

唐肃宗和宋真宗对四灵的重视,说明四灵在唐宋时期,在当时的思想和意识形态内,对上层统治阶级稳定国家和社会的秩序,起着较为重要的作用。

(二)古代各类公文中的四灵

表 5-14　古代公文中的四灵

朝代	作者	出处	版本	文章内容
唐	许敬宗	《文苑英华·贺常州龙见表》卷五百六十五	明刻本	谨按熊氏瑞应图曰:有仁圣君子在位,不肖斥退,则见惟皇作极感而遂通,惟德动天远无不应,是使四灵嘉瑞,叶千祀之登期。

---

① 　杨世华、潘一德《茅山道教志》,华中师范大学出版社 2007 年版,第 234 页。

朝代	作者	出处	版本	文章内容
唐	狄仁杰	《文章辨体汇选·檄告西楚霸王文》卷四十二	清文渊阁四库全书补配清文津阁四库全书本	膺赤帝之贞符,当四灵之钦运,俯张地纽,彰凤纪之祥,仰缉天网,郁龙兴之兆。
唐	元稹	《元氏长庆集·郊天日五色祥云赋》卷第二十七	四部丛刊景明嘉靖本	臣奉某日诏书曰:……三并美于麟凤龟龙,可以与四灵而为五。
唐	苏颋	《文苑英华·唐中宗孝和皇帝谥议册文》卷八百三十	明刻本	故能百宝用,四灵臻,嘉禾神芝日献于府。
唐		《唐大诏令集·天宝十三载册尊号赦》卷九	民国适园丛书刊明钞本	自南自北,有截来成,五教聿兴,家服仁孝,四灵感应,物必纯诚,百郡公卿,万方夷夏,金奉玄贶。
宋	李昭玘	《乐静集·代济州命官学生道僧耆老请皇帝封泰山乞车驾经幸本州表》卷十四	清文渊阁四库全书本	竹实供九苞之食,野蚕增卒岁之衣,双莲骈芯,不并生于庶草,赤乌白鹊,独先至于四灵。
宋	曾巩	《元丰类稿·顺济王敕书祝文刻石序》卷十	四部丛刊景元本	臣巩言:世称麟凤龟龙,王者之嘉瑞,则盖不常出而德有不能致者,又称麟凤龟龙四灵以为畜,则至治之世盖可狎而扰也。
宋	赵汝愚	《诸臣奏议·上徽宗论起居注书祥瑞不应经典》卷六十	宋淳祐刻元明递修本	臣闻人君忠利以导民,则民安。其政信顺以事神,则神缋。其德神民不相杂扰,则天下之物有非人力可校而自至者,故《礼记》言四灵为畜,谓至和浃治而物遂其性也。

续表

朝代	作者	出处	版本	文章内容
明	杨士奇	《明经世文编·瑞应麒麟颂》卷十五	明崇祯平露堂刻本	此陛下圣德之得天心者也,亦岂必麟见而后始验于今日哉,然麟仁兽也,四灵之首,王者至仁则出,出则天下平非若其他祯祥之比,今兹之出实以彰上天嘉祐圣仁之隆且厚也,而率来自远方者,又以彰圣德之无远弗届也……粲粲其文,循循其仪,厥名曰麟,四灵之首,见于夷邦,夷其敢有。
明	高拱	《高文襄公集·圣节恭贺疏》卷五	明万历刻本	四灵毕至,剩有琼毛玉羽之奇,兹者神启贞符,皇揆初度,拟帝舜百有十岁,如日方中。
明	胡广	《胡文穆公文集·麒麟赋有序》卷九	清乾隆十五年刻本	濯仁风之汋穆,协四灵之嘉生。
明	沈一贯	《敬事草·贺徽号礼成揭帖》卷十	明刻本	古者谓内外兴治四夷宾服之类为人瑞,品物咸亨四灵毕至之类为天瑞,今典礼备成,禧事交治,天人合应,家国同祯,能不拜手稽首,入告于上,谨具题称贺以闻。

　　以上所写贺表、檄文、册文、疏议、颂等各类公文,作者身份均为官员,或直接写给皇帝本人,或昭告于天下,文中都用到了四灵。在这些文章里,四灵是瑞兽,衬托出皇帝仁圣,天下安宁,国家大治,人民欢庆,万国来宾的大好局面。可见,赞颂当时的皇帝,赞颂当时的朝廷,都离不开四灵。四灵每每起到锦上添花,象征天下歌舞升平的作用。

　　总之,不管是皇帝本人还是文武官员,都把四灵看作瑞兽,看作天下太平的象征,在肯定执政的政绩,歌颂国家繁荣昌盛之时,常常用到四灵。

六、从《梦林玄解》看四灵与下层民众的关系

《梦林玄解》共有 34 卷,是关于解梦的类书。明朝人何栋如在序中称这本类书原为葛洪所作,经过邵雍纂辑,陈士元增删,最后由何栋如重辑。[①]《梦林玄解》可分四个部分,分别是梦占、梦禳、梦原和梦征。梦占部分内容最长,26 卷,梦禳有 2 卷,梦原有 1 卷,梦征则有 5 卷。

涉及四灵的是卷十九梦占和卷三十四梦征,其内容是对人们梦到麟凤龟龙之事判定吉凶,并给出解释。在卷十九梦占部分,解释麒麟的,有麒麟降自天吉、麟吐书、麟入室中 3 种;解释凤凰的,有凤鸣高冈大吉、凤凰飞下斋前、凤凰高翔吉、口吐白凤、五色云化凤集左肩、凤集其身、凤鸟集手上凶、身化为凤大吉8 种,有吉有凶;解释龟的有神龟、黄龟吉 2 种;解释龙的有乘龙上升、苍龙大吉、苍龙据腹、龙头、龙无尾、日化为龙、两龙入怀中、龙飞西南自天而落、龙无首凶、乘六龙吉、龙在屋上、龙罩体、龙有异状、龙坠地尾断、龙吐棋经、入水取一龙、黄龙吉、蛇化龙、黑龙蟠树上、龙出领下、身化龙 21 种。[②] 在卷三十四梦征部分,有玄龟衔符、苍龙据腹、口吐白凤、龙头授巳、两龙枕膝、乘龙至屋、白龙夹舫、捉龙脚、龙据屋、四梦龙祥、灵凤集身、龙出身中、凤鸟集手、龙吐棋经、金龙绕身、吞金龟、赠龟一枚、龙降、麟入

---

① 　何栋如辑《梦林玄解》,齐鲁书社 1995 年版,第 214—220 页。
② 　何栋梁如辑《梦林玄解》,齐鲁书社 1995 年版,第 559—562 页。

室、二龙绕斗、争骑龙项、龙头一枚 22 种。[①]

　　根据上述内容，我们可以推断在宋、元、明、清时期，四灵已经成为普通百姓所熟悉的精神层面的一个意象，成为日常生活中谈论的精神层面的东西，在极广的范围内影响着普通百姓的日常行为、喜怒哀乐：一句话，和普通百姓的生活紧密联系在一起。

　　综合上述，从纵向来说，四灵的使用范围从战国末期到清代，由小到大，由经学扩展到文学、宗教、史学、科举、民俗等各方面；从横向来说，从一般学者扩展到上至帝王将相，下至平民百姓。过去连结着现在，历史昭示着未来。四灵文化从产生那天起，就影响和塑造着我们的民族心理，民族精神，民族品格，甚至我们民族的思维方式。我们只有更好地研究和了解包括四灵在内的民族文化，才能更为深刻地理解积淀在民族心理深处的文化品性，才能更好地继承传统文化。这样，在中华民族复兴之时，我们就会创造出新的灿烂的文明成果。

---

① 　何栋梁如辑《梦林玄解》，齐鲁书社 1995 年版，第 828—830 页。

小　结

本章首先回顾四灵形成的研究成果。学术界探讨四灵成因的文章不少,其中以陈久金"图腾说"、倪润安"天象和兵家说"和萧兵的"生命力说"最有代表性。

其次,从三个方面论述了"四灵"的成因。一、论述战国时期深入人心的大一统观念是"四灵"形成的思想背景;二、从民族融合和文化整合的角度,探讨了《礼记·礼运》篇出现的原因;三、提出了"四灵"形成是民族认同不断发展、民族文化不断融合的结果。

最后,较为详尽地考述了四灵对后世的影响。一、以年号为例,论述了四灵与皇权的关系。四灵之中,龟与龙的地位变化最大:龟的地位呈下降趋势,龙呈上升趋势。麒麟虽呈下降趋势,但没有龟龙的变化幅度大。凤的变化最小。二、论述了四灵与宗教的关系。在道教中,四灵主要是指青龙、白虎、玄武和朱雀;在佛教里,四灵是指麟凤龟龙。三、论述了四灵与文学的关系。从四灵与古代诗歌、四灵与古代散文、四灵与古代戏曲等方面进行了考述。四、论述了四灵与科举的关系,分析了四灵作为科举考试的题目之一,受到统治者的重视。五、论述了四灵与封建上层的关系,分析了皇帝笔下的四灵和各类公文中的四灵。六、以宋代邵雍《梦林玄解》为例,探讨了四灵与下层民众的关系。

结　语

　　一部四灵文化发展史，贯穿中华文明的发展，直到现在四灵文化仍然保持强大的生命力，龙、凤、麒麟依旧活跃在当下的社会生活中。四灵文化源远流长，在原始宗教和神话传说中，在古代信仰和动物崇拜里，四灵文化是重要内容。四灵文化的形成是一个极其漫长而又复杂的过程，它同原始宗教和氏族部落信仰密切相关，同民族形成、融合和迁移密不可分。四灵文化是中华大地上各民族间文化交流碰撞的产物，伴随着华夏统一而逐渐形成。从单个个体形成四灵整体的过程，也是中华各民族从松散结合走向真正融合的过程，四灵文化各氏族部落或民族间文化交流孕育出来的结晶。

　　四灵起源于《礼记·礼运》篇，产生于战国末期，是指麟、凤、龟、龙四种灵物，其中麟、凤、龙分别是兽类、鸟类、鱼类首领，龟帮助人做事，恰到好处，没有闪失。在汉代，四灵是祥瑞，象征天下大治，人民安居乐业。汉末魏初，在四灵的基础上，产生了"天之四灵"概念，就是青龙、白虎、朱雀、玄武，是人们为了更好地概括与记忆星象，把地上的名称用到了天上，把"四象"叫作"天之四灵"，简称"四灵"，常见于神话和传说，后来在道教也得到广泛应用,主要以护卫使者的形象出现,宋代之后,四灵成为道教的尊神。

四灵个体或整体,从产生时起就对当时社会产生了重要影响,在三千多年的历史长河中,随经济文化的发展和社会结构的变化,四灵个体的地位和对社会的影响发生了巨大改变。从长远来看,四灵之中,龟与龙的地位变化最大,龟的地位呈下降趋势,龙呈上升趋势,麒麟虽呈下降趋势,但没有龟龙变化的幅度大,风的变化最小。

龟在商周时期的地位和影响达到了顶峰。商代是龟崇拜的繁荣时期,也是龟卜在中国历史上占据最重要地位的时期,商代建立了完备的专门的占卜机构和严密的占卜程序,无论作战、祭祀等国家大事还是生子、梦境等个人琐碎小事,都要通过占卜来预测吉凶,商王是国家最高统治者的同时,也是国家级别最高的"巫师"。整体来说,从秦代以后龟卜归于沉寂。唐宋以后,"缩头乌龟"成了胆小怕事的代名词。

春秋时期龙是凶猛而又带来祸患的灵异之物、人神坐骑,到汉代喻指皇帝或英雄俊杰。受大一统思想影响,司马迁在《史记》中创造性地把龙和皇帝联系在一起,秦始皇是第一位被比喻为龙的皇帝,在刘邦身上运用了龙脉系统,来证明大汉王朝是正统的、应天命而建的、不可替代的封建政权。至少从晋朝开始,龙喻人君的用法已经为皇权垄断,龙的高贵程度无以复加,这种做法越来越严格,一直持续到清代。

清王朝灭亡后,皇权统治随之消亡。随着现代社会的建立,虽然组成"四灵"的个体在现实生活中继续广泛应用,但"四灵"作为一个整体概念,已经失去了使用的社会环境,逐渐消失在历史长河里。

　　深入研究中国古代历史、风俗习惯、政治制度、民族宗教、神话传说,不少方面都涉及四灵整体或个体。本书欲对中国汉前四灵文化作一次相对完整的梳理。由于研究涉及学科众多、时间跨度较大,加之本人学识浅陋,写作过程中遇到了很大困难。书中海外文献运用较少,理论深度有待进一步加强,无论在观点的确立还是材料的引用方面,都存在诸多不足,敬请读者批评指正。

参考文献

一、古籍

1. 《今文尚书考证》，皮锡瑞撰，盛冬铃、陈抗点校，中华书局，1989 年。

2. 《尚书今注今译》，屈万里撰，新世界出版社，2011 年。

3. 《尚书校释译论》，顾颉刚、刘起釪撰，中华书局，2005 年。

4. 《诗经今注》，高亨撰，上海古籍出版社，2009 年。

5. 《周礼译注》，杨天宇撰，上海古籍出版社，2004 年。

6. 《考工记译注》，闻人军撰，上海古籍出版社，2008 年。

7. 《大戴礼记解诂》，王聘珍撰，中华书局，1983 年。

8. 《礼记集解》，孙希旦撰，沈啸寰、王星贤点校，中华书局，1989 年。

9. 《礼记译注》，杨天宇撰，上海古籍出版社，1997 年。

10. 《礼记训纂》，朱彬撰，中华书局，1996 年。

11. 《春秋左传注》，杨伯峻撰，中华书局，2009 年。

12. 《春秋繁露义证》，苏舆撰，钟哲点校，中华书局，1992 年。

13.《论语译注》,杨伯峻撰,中华书局,1980 年。

14.《孟子译注》,杨伯峻撰,中华书局,2005 年。

15.《说文解字注》,许慎撰,段玉裁注,上海古籍出版社,1988 年。

16.《史记》,司马迁著,中华书局,1962 年。

17.《汉书》,班固撰,中华书局,1962 年。

18.《汉书艺文志注释汇编》,陈国庆编,中华书局,1983 年。

19.《后汉书》,范晔撰,中华书局,1965 年。

20.《三国志》,陈寿著,中华书局,1982 年。

21.《古本竹书纪年辑校订补》,范祥雍撰,上海古籍出版社,
　　2011 年。

22.《古本竹书纪年辑证》,方诗铭、王修龄撰,上海古籍出版社,
　　1981 年。

23.《资治通鉴》,司马光著,中华书局,2012 年。

24.《逸周书汇校集注》,黄怀信等注,上海古籍出版社,2007 年。

25.《国语》,左丘明撰、鲍思陶点校,齐鲁书社,2005 年。

26.《战国策》,刘向集录,上海古籍出版社,1998 年。

27.《越绝书》,袁康、吴平著,徐儒宗点校,浙江古籍出版社,
　　2013 年。

28.《吴越春秋校注》,赵晔著、张觉校注,岳麓书社,2006 年。

29.《三辅黄图校释》,何清谷撰,中华书局,2005 年。

30.《合校水经注》,郦道元著、王先谦校,中华书局,2009 年。

31.《(嘉庆)大清一统志》,穆彰阿、潘锡恩等纂修,四部丛刊续编
　　景旧钞本。

32.《四库全书总目提要》,纪昀等编纂,中华书局,1965 年。

33.《说苑校证》,刘向撰,向宗鲁校证,中华书局,1987 年。

34.《新序校释》,刘向编著、石光瑛校释,中华书局,2009 年。

35.《盐铁论校注》，王利器撰，中华书局，1992年。

36.《管子校注》，黎翔凤撰，中华书局，2004年。

37.《韩非子集解》，王先谦撰，中华书局，2013年。

38.《吕氏春秋集释》，许维遹撰，中华书局，2009年。

39.《风俗通义校注》，王利器撰，中华书局，2010年。

40.《山海经》，郭璞注，上海古籍出版社，1989年。

41.《山海经校注》，袁珂撰，北京联合出版公司，2014年。

42.《尸子译注》，朱海雷撰，上海古籍出版社，2006年。

43.《文子疏义》，王利器撰，中华书局，2009年。

44.《列子集释》，杨伯峻撰，中华书局，1979年。

45.《庄子集解》，王先谦撰，中华书局，1987年。

46.《淮南鸿烈集解》，刘文典撰，中华书局，2013年。

47.《楚辞今注》，汤炳正等注，上海古籍出版社，2012年。

二、今人论著

专著

1.《金文编》，容庚，中华书局，1985年。

2.《殷虚卜辞综述》，陈梦家，中华书局，1988年。

3.《泗水尹家城》，山东大学历史系考古专业研究室编，文物出版社，1990年。

4.《登封王城岗与阳城》，河南省文物研究所、中国历史博物馆考古部，文物出版社，1992年。

5.《凤麟龟龙考释》，杜而未，台北商务印书馆，1966年。

6.《龙虬庄：江淮东部新石器时代遗址发掘报告》，龙虬庄遗址考古队，科学出版社，1999年。

7.《中国思想史》，葛兆光，复旦大学出版社，2001年。

8.《郑州商城——1953～1985年考古发掘报告》，河南省文物考古研究所，文物出版社，2001年。

9.《河姆渡：新石器时代遗址考古发掘报告》，浙江省文物考古研究所，文物出版社，2003年。

10.《扬子鳄研究》，陈壁辉等，上海科技教育出版社，2003年。

11.《甲骨文编》，中国社会科学院考古研究所编，中华书局，1965年。

12.《中华龟鳖文化博览》，吴遵霖等，中国农业出版社，2007年。

13.《中国古代的天文与人文》，冯时，中国社会科学出版社，2006年。

14.《〈礼记〉成书考》，王锷，中华书局，2007年。

15.《龙凤文化源流》，王大有，中国时代经济出版社，2008年。

16.《诸神的起源（第二卷）：论龙与凤的动物学原型》，何新，中国民主法制出版社，2008年。

17.《中国古代天文与历法》，陈久金、杨怡，中国国际广播出版社，2010年。

18.《中国天文考古学》，冯时，中国社会科学出版社，2010年。

19.《龟之谜：商代神话、祭祀、艺术和宇宙观研究》，艾兰著，汪涛译，商务印书馆，2010年。

20.《斗转星移映神州——中国二十八宿》，陈久金，海天出版社，2012年。

21.《中国文明起源新探》，苏秉琦，人民出版社，2013年。

22.《龙凤龟麟：中国四大灵物探究》，萧兵，华中师范大学出版社，2014年。

硕博论文

1.《中国崇凤习俗初探》，钟金贵，湘潭大学 2005 年硕士学位论文。

2.《中国古代崇龟习俗初探》，盛律平，湘潭大学 2007 年硕士学位论文。

3.《中国崇麟习俗初探》，廖建福，湘潭大学 2007 年硕士学位论文。

4.《中国史前用龟现象研究》，范方芳，中国科学技术大学 2008 年博士学位论文。

期刊文章

1.《四川中生代爬行动物的新发现》，杨钟健、周明镇，《古生物学报》1953 年第 1 期。

2.《上海市松江县广富林遗址初探》，上海市文物保管委员会，《考古》1962 年第 9 期。

3.《河南鲁山邱公城古遗址的发掘》，河南省文物局文物工作队，《考古》1962 年第 11 期。

4.《中国近五千年来气候变迁的初步研究》，竺可桢，《中国科学》1973 年 2 期。

5.《济南大辛庄商代遗址调查》，蔡凤书，《考古》1973 年第 5 期。

6.《河北藁城台西村的商代遗址》，河北省博物馆文物管理处，《考古》1973 年第 5 期。

7.《上海马桥遗址第一、二次发掘》，上海市文物保管委员会，《考古学报》1978 年第 1 期。

8.《河姆渡遗址动植物遗存的鉴定研究》，浙江省博物馆自然组，《考古学报》1978 年第 1 期。

9.《河南柘城孟庄商代遗址》，中国社会科学院考古研究所河南一队,《考古学报》1982 年第 1 期。

10.《山东兖州王因新石器时代遗址中的扬子鳄遗骸》,周本雄,《考古学报》1982 年第 2 期。

11.《1978－1980 年山西襄汾陶寺墓地发掘简报》,中国社会科学院考古研究所山西工作队、临汾地区文化局,《考古》1983 年第 1 期。

12.《江苏海安青墩遗址》,南京博物院,《考古学报》1983 年第 2 期。

13.《山东滕县北辛遗址发掘报告》,中国社会科学院考古研究所山东队等,《考古学报》1984 年第 2 期。

14.《河南濮阳西水坡遗址发掘简报》,濮阳市文物管理委员会、濮阳市博物馆、濮阳市文物工作队,《文物》1988 年第 3 期。

15.《1988 年河南濮阳西水坡遗址发掘简报》,濮阳西水坡遗址考古队,《考古》1989 年第 12 期。

16.《越国鸟图腾和鸟崇拜的若干问题》,王士伦,《浙江学刊》1990 年第 6 期。

17.《华夏族群的图腾崇拜与四象概念的形成》,陈久金,《自然科学史研究》1992 年第 1 期。

18.《河姆渡人的宗教观念和"凤"的起源》,周庆基,《河北大学学报》1993 年第 2 期。

19.《山东汶上县东贾柏村新石器时代遗址发掘简报》,中国社会科学院考古研究所山东队,《考古》1993 年第 6 期。

20.《1991 年安阳花园庄东地、南地发掘简报》,中国社会科学院考古研究所安阳工作队,《考古》1993 年第 6 期。

21.《道教与四灵崇拜》,丁常云,《中国道教》1994 年第 4 期。

22.《论两汉四灵的源流》,倪润安,《中原文物》1999 年第 1 期。

23.《中国龙文化的特征》，何星亮，《思想战线》1999 年第 1 期。

24.《从北方神鹿到北方龟蛇观念的演变——关于图腾崇拜与四象观念形成的补充研究》，陈久金，《自然科学史研究》1999 年第 2 期。

25.《浅谈敦煌晋墓出土的四神砖》，萧巍，《丝绸之路》1999 年第 5 期。

26.《江苏高淳县薛城新石器时代遗址发掘简报》，南京市文物局等，《考古》2000 年第 5 期。

27.《广西横县江口新石器时代的发掘》，广西壮族自治区文物工作队，《考古》2000 年第 1 期。

28.《1985 年江苏常州圩墩遗址的发掘》，常州市博物馆，《考古学报》2001 年第 1 期。

29.《上海市松江县姚家圈遗址发掘简报》，上海市文物保管委员会考古部，《考古》2001 年第 9 期。

30.《汉代的四灵信仰——从天之四宫到住宅(墓门)守护神》，贾艳红，《济南大学学报》2003 年第 1 期。

31.《西汉早期柿园墓四神云气图壁画保护研究(一)——历史与现状调查》，铁付德，《文物保护与考古科学》2004 年第 1 期。

32.《高句丽壁画墓四神图像与中国的天文学、神话学》，张碧波，《北方文物》2005 年第 1 期。

33.《隋唐墓志四神十二辰纹述论》，董淑燕，《碑林集刊》2006 年第 00 期。

后　记

　　2011年春,承蒙山东大学文史哲研究院徐传武先生不弃,我得列先生门下,攻读博士学位。先生不但学问文章让吾辈敬仰,为人更是宽厚仁和,爱徒如子。从课业学习到家庭琐事,无一不为学生着想。每至徐府,尽管师母的身体一直靠药物维持,却总是打起精神,给学生端茶倒水,陪学生细聊家常,让弟子们忘却了劳累和紧张,享受一种只有家里才有的温暖愉悦。2012年暑假,师母病重在床,诸生欲尽绵薄之力,徐师婉拒再三,师母亦坚拒之,并曰:"做好论文,方为至重之事。"2012年10月30日晚,我与同学李华前去医院探望师母,师母说话已非常吃力,却一再叮嘱我们要好好学习。看着躺在病床上同病魔顽强斗争的自信乐观的师母,我们心底肃然起敬。让人意想不到的是,仅仅过了30个小时,一向慈爱温婉的师母,竟于2012年11月1日离开了人间! 师母丧礼当日,天空也下起了小雨,为师母的离去呜咽不已。在此谨表示我的哀思和怀念!

　　本书写作更是凝聚了先生的大量心血,从选题到框架结构,从词语修饰到文章标点,先生都一一推敲,耐心指导,须知这是在先生身体不便的情况下完成的,弟子感喟,没齿不忘!

　　读博期间,有幸多次聆听郑杰文先生的讲座,深邃中透着幽默,收益匪浅。

　　读博期间,有幸多次聆听王承略先生的讲座,渊博中带着风趣,收获颇多。

　　读博期间,有幸多次聆听刘心明先生的讲座,平实中充满睿智,收益良多。

　　读博期间,无论在学习还是生活上,杜泽逊先生都曾给予热心帮助;程远芬先生是我的大学老师,经常嘘寒问暖,关怀备至。

　　读博期间,文史哲研究院的巴金文书记、李鹏程老师、刘丽丽老师、王敏老师,都曾给予热心帮助,在此表示衷心感谢。

　　读博期间,河南王坚、上海刘捷、安徽李飞、诸城刘文杰、郓城吕晓钰、临沂齐鹏、利津高金霞、新疆徐溪,同门刘勇波、王荣鑫等,都照顾颇多,在此表示真诚感谢。

　　读博期间,我的硕士研究生导师李润强先生,一直督促激励我潜心学习;李先生的导师霍旭东老先生,尽管年逾八十,身体多病,也一直挂念我的学业,想来让我感念不已。

　　2011年秋,我得以在不惑之年重返校园,坐下来安心读书,还要感谢我所在单位——东营市技师学院的大力支持。在我求学的日子里,学校在生活和学习上给了我无微不至的关怀和照顾。学院党委书记尚观华先生,谆谆教导我要珍惜学习机会,好好学习,努力进取。学院党委副书记任典云先生,教育我要严谨治学,勤奋刻苦。言犹在耳,我不敢有些许懈怠,亦无以为报,惟有学业上点点滴滴的进步,才能报答领导厚爱于万一。

　　感谢我的小学启蒙老师许志刚先生,多年来他给了我无私的帮助,也给了我学习的信心。

　　感谢我的高中老师王建忠先生,多年来对我倍加关心和爱护,我一直心存感激。

我还要感谢我的家人、亲戚和朋友,尤其是我的父母和岳父母,如果没有他们的无私付出,我不可能走到今天;感谢爱人对我学习上的支持和鼓励,没有她的帮助和支持,我不可能完成学业。每当电话的那头传来女儿"爸爸,你啥时候回家?"的声音时,我明白,我欠女儿及他人的已太多太多,她让我明白了自己肩上的责任,增加了我生活中向上的勇气。

从小到大,自我感觉是一个较为驽钝的人,但我深感幸运的是,一个又一个"贵人"对我伸手相助。上天是公平的,在给每个人绝望的同时,又不吝惜她的仁慈,使得吾辈这样的"弱势群体"也能生活下去。

谢谢! 谢谢所有关心和帮助过我的人!

二〇一六年三月

出版后记

　　毕业七年，我这篇博士论文在修订后终于要正式出版了。感谢的话在后记里已经说过了，借此机会我还是想絮叨一些题外话，来回忆和记录我生命中的一些感受片段。

　　过去岁月中，最令我难忘的是 1987 年的暑假，母亲与奶奶先后因病住院，父亲在县城学习，家里只有年迈的爷爷和我们兄妹三人。妹妹在家做饭，家中二十亩地农活的重担，自然而然落在了我和十岁的弟弟身上：每天和弟弟一起赶着那头黑牛，迎着朝霞下地，带着星星归来。耘地、施肥、打农药、除草、修棉，日复一日。鲁北三伏天的气温常常有三十六七摄氏度，中午有时高达四十摄氏度以上。我很奇怪，这个时间干农活，却常常浑身冷战，打喷嚏。身体的劳累还能扛过去，最忍受不了的是年仅十岁的弟弟整天沉默不语：本该是无忧无虑的年纪，本该是淘气调皮的顽童，却变得心事重重的样子。好在有大伯家、大姑家及左邻右舍的帮助。我们家没有多少农具，几乎都是从村子的东西南北各处借来用，除去一两家之外，几乎家家户户都满怀同情，乐于借农具给我们，还教我使用窍门，叮嘱注意事项。这让我受到人生第一次暴风雨洗礼的同时，更觉得那些大方慷慨的帮助是人间最美最珍贵的金子。街坊邻居一个关爱的眼神,一句温暖的话语,一次不经意间不计报酬的帮助,都让我感觉肩上的重担减轻了不少,心里的压力、难受减轻了许多。这些举动如北方数九寒天的阳光,让人感觉暖暖的:人真的不是仅仅靠吃馒头活着。当奶奶和父母都回到家里团圆之时,我深切感受到了一个在家长庇护下的孩子有多么快乐和幸福!

其实,在我的人生中有许许多多这样酸甜苦辣的时光。听奶奶讲,小时候因为娘的奶水不够,奶奶经常抱着我从前村走到后村寻奶吃。有一次甚至半夜三更敲开姑妈家的大门,哄我吃饱,以免我夜里饿得一直啼哭。我还记得初一想要退学,常常是周日离家回校的时刻,围着我家那颗老枣树,娘手握一根烧火棍撵着追着,在街坊邻居的劝说声中,我坐上爸爸的自行车后座往学校去;又常常在半路上自己跳下来不想走了,爸爸边推着自行车边给我做思想工作,有两次遇上下雨,干脆在嫁到六里外村庄的一个姑姑家住下。还有几次是送到学校,爸爸离开一段时间后,我忍受不了孤单,又追赶着出去,边追边哭喊着"爸爸"。追上爸爸后,他又把我送回学校,最后在我住的大通铺宿舍搂着我睡下,第二天我出去跑早操、上自习,他才悄悄回家。

忘不了奶奶虽是小脚,却常常执意带着我走亲戚的一幕幕;忘不了小时候去老姑家,她拿出花生招待我;忘不了在阎坊一中,暑假里一夜下 260 多毫米的大雨。忘不了在我考研艰难时期,王建忠师、许志刚师和张华兵、张云涛、朱存建与杨银权诸兄雪中送炭,出手相助;读研三年期间,忘不了导师李润强先生中秋节提着月饼、香蕉,执意到我住的六楼宿舍看望我的情景;忘不了读研时常常到袁建亮兄家吃水饺,聊乡情;忘不了同宿舍钱光胜兄家的土鸡和枣园;忘不了王东峰兄经常请吃手抓羊肉;更忘不了回老家看望姥姥时,她老人家的反复叮咛。

东营工作期间,忘不了任典云副书记无微不至的关怀;忘不了尚观华、马洪军书记的无私帮助;忘不了陈卫国主任、刘新建兄的工作生活照顾;忘不了单飞、吴玉平、孔生、王兵、宋建志等诸位同事的帮忙。没有他们,我攻读博士的路就会变得异常艰难。

2018年8月,我离开了故乡山东,来到五千里外的贵州兴义工作。兴义师院学校领导、文传学院领导和校各部门领导在工作、家庭各方面对我照顾有加,文传学院诸多同事也在各方面为我提供了尽可能的便利,让身处异乡的我有宾至如归之感。贵州的气候风景确实同鲁北平原有很大不同,曾让我流连忘返,但思乡之情一直缠绕着我。山水间游玩时写道:

其　一

秋至无秋色,经冬河水流。

南国漫山绿,可融故乡愁?

其　二

毕竟秋风至,焜黄草叶枯。

翩然一飞鸟,溪边踟蹰立。

怅惘日久久,不喜亦不怒。

知音虽去远,往事忆成趣。

友朋游天涯,念念涌暖意。

春暖花盛开,翱翔可相聚?

其　三

脉脉余晖里,徐徐溪边行。

漫山浮翠色,晴空鸣苍鹰。

花红艳几时,人生如浮萍。

还将来时意,散落小径中。

2021年春节游贵州醇景区时写道:

山中一年四季,

小溪流水淙淙。

最是岁末除夕夜,

忽忆北方醉酒翁,

浊泪落杯中。

2022年10月7日的朋友圈写道:

五十余年前,也许像这样一个寂静的夜里,鲁北平原一个偏远乡村,一个四五个月大的婴儿因奶水不够充饥啼哭不止,惊醒了祖母。祖母披衣下炕,打起灯笼,抱起婴儿,深一脚浅一脚走向村西南角侄女家,完全顾不上一路狗子们狂吠。咚咚咚敲开大门,侄女看着号啼不止的婴孩,赶紧抱过来让婴儿吃了一个饱。看着心满意足进入甜蜜梦乡的婴儿,侄女交代:不管天早晚,什么时候饿了,什么时候来吃。这样的场景以后不止一次。十多年后,祖母讲给了长大的孙子。五十多年后,2022年10月7日过17时,祖母的侄女走了,永远地走了,她多次喂奶的那个孩子身处几千里外异乡,没有守护在她身边。善良仁慈的地母啊,愿祖母和姑姑在您那宽厚怀抱里永享安康幸福!

人活在世上,不可能事事称心如意,正如东坡先生所言:"但愿人长久,千里共婵娟。"亦已足矣!

论文出版得到兴义民族师范学院硕士学位授予立项建设重

点支持学科建设项目(050104 中国古典文献学)和兴义民族师范学院博士科研基金项目资助;

　　我的导师徐传武先生近年来看东西非常吃力,却洋洋洒洒写下两千字的序言,让弟子感佩不已;王荣鑫兄在论文出版过程中做了大量工作,在此一并表示感谢!

许继莹

辛丑年甲午月甲午日于兴义